教学名师的经验与智慧

YUWENSHENCHU
DESHIYI

新教育文库

孟宪军／著

语文深处的诗意

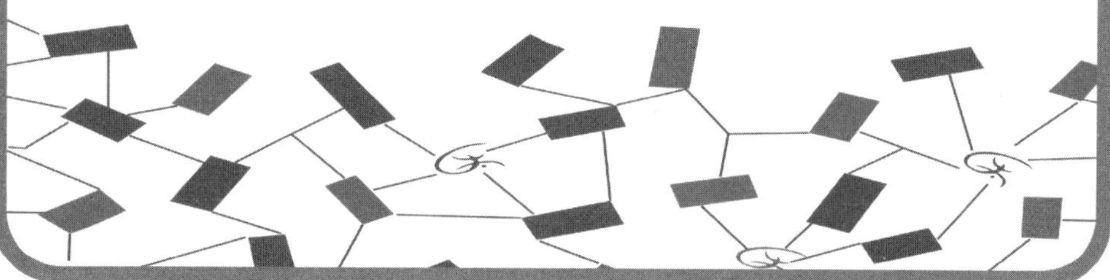

济南出版社

图书在版编目(CIP)数据

语文深处的诗意 / 孟宪军著. —济南:济南出版社,2014.12
ISBN 978-7-5488-1378-1(2019.1 重印)

Ⅰ.①语… Ⅱ.①孟… Ⅲ.①中学语文课—教学研究—文集
Ⅳ.①G633.302-53

中国版本图书馆 CIP 数据核字(2014)第 290917 号

责任编辑 宋 涛
封面设计 焦萍萍

出版发行 济南出版社
地　　址 济南市二环南路 1 号(250002)
经　　销 新华书店
发行热线 0531-86131729
印　　刷 山东省东营市新华印刷厂
版　　次 2015 年 1 月第 1 版
印　　次 2019 年 1 月第 2 次印刷
成品尺寸 170 毫米×240 毫米 1/16
印　　张 17.5
字　　数 242 千字
定　　价 48.00 元

教学的三重境界（代序）

王国维《人间词话》云：“古今之成大事业、大学问者，必经过三种之境界：‘昨夜西风凋碧树，独上高楼，望尽天涯路。’此第一境也。‘衣带渐宽终不悔，为伊消得人憔悴。’此第二境也。‘众里寻他千百度，蓦然回首，那人却在，灯火阑珊处。’此第三境也。”

教学可谓“大事业”了，教师要成就教学的大事业，亦必经过此三种之境界。

凡是选择教师职业的人，都具有很高的文化素质，具有真诚、善良、美好的心灵，同时也是教学事业的忠诚者、热爱者和多彩理想的追寻者。然而这并不意味着每个人都能成就教学的“大事业”，这是因为：对事业的热爱程度不同，正可谓“知之者不如好之者，好之者不如乐之者”；理想的内涵不同，这正如麻雀的天地是房前檐下，而苍鹰的追求是宽广辽阔的天空。“人无志不立，志无高不升”，欲成就教学大事业者，必先树立远大之志向与宏伟之目标，绝不能心有旁骛、朝秦暮楚。将追求美好的教学理想、达到美好的教学境界作为人生夙愿，而不甘于平庸，随波逐流；继而整体把握教育的理念和发展方向，了解自己所从事的教学领域的改革状况，通过多种途径掌握这个教学领域的主导理念和一些成功的经验，兼收而并蓄，博观而约取；然后，规划自己的教学人生，勾画行动的路径，描绘出教学追求的蓝图。此教学第一境也！

从现实通向教学理想境界的路是曲折而坎坷的，并非付出了汗水和心血就有等价回报，这是由教学工作的复杂性和高智力化特点所决定的。因此，勇于面对改革探索中各种困难和挫折的抗打击能力成为高贵的品质，百折不挠的坚强意志成为必要的素质。如果在困难和挫折面前望而却步、一蹶不振，那就只会前功尽弃、半途而废，前行的火焰就会永远被淹没在畏惧的黑暗中。同时，也需要不断沉下心来回味反刍，我们的教学改革是否偏离了学生的学习需求，是否违反了学科教学的内在规律。“循理则所行俱通”“顺性则所至皆适”，而要做到“循理”“顺性”，一则需要“识见”，二则需要“智慧”，而识见和智慧又来自于深入的观察体验、不懈的实践探索和归纳提炼。然而，一位教师不可能也没有必要切身经历学科教学改革发展的所有历史过程，因此也不能仅仅依靠个人的实践“闭门造车”。“君子生非异也，善假于物也”，而这个“物”便是古今中外教育大家的思想精华，尤其是当代学科教学的教授学者、专家名师的教学理念和教改经验。教师首先要钻进“巨人”的大脑，将其理念和经验的精华作为营养吸收到自己的大脑中；其次要站到“巨人”的肩上，“假物”不是“搬用”，而是在“物”的基础上结合教学实际有所创新、有所突破、有所发展。每一个学科都是一座宝藏，每一位学生都是一个神奇的世界，每一位专家名师的思想都是一部充满智慧、蕴含哲理的书，教师一旦真正走入其中，就会情绪高涨、全神贯注、物我两忘、流连忘返、欲罢不能，进入痴狂状态，就会“兀兀穷年”“呕心沥血”，让深夜的灯光“漂白了四壁”。此教学第二境也！

教师在专业成长的过程中，在吸收、实践、研究、反刍的经历中，对于学科的本质，对于教与学规律的认识，“晦暗了又明晰，明晰了又晦暗”，一个问题刚获解决，新的疑惑应时而生，循环往复，以至无穷。然而也就是在这样的历练中，教师的学科底蕴不断增强，教学视野逐渐开阔，教学功力愈加深厚起来，于是量变激发质变，一个崭新的自我涅槃再生。教师的思想境界和教学水平脱颖而出，于是就有了“最终永远明晰了的大彻大悟”，问题都如庖丁解牛般迎刃而解，方法皆同江中汲水而左右逢源，新的思想亦像无心插柳而绿柳成荫，实现教学从必然王国向自由王国的跨越。此教学之第三境也！

这三种境界为一个轮回，一位真正成就大事业的教师的教学生涯，都会有几个这样的轮回；如果在一位教师的教学生涯中能经历几个这样的轮回，那么他必然会成就教学的“大事业”！他也必然成为造诣深厚、思想深邃、贡献卓著的名师大家！

（原载《东营教育研究》2014 年第 3 期）

目　录

第一章　语文教学的思路与策略

阅读教学构思的五种视角

由于受生活视野、阅读经验、理解认识能力等多种因素的制约，学生仅靠个人甚或同伴是根本不可能在学时极其有限的情况下去有效构建起文本的意义。而阅读教学承载着国家课程理念，体现着教育者积极的价值取向，教师主体思想与智慧的发挥，是实现教学目的的必要前提。如果抛弃教师的有效预设与科学构思，学生的阅读就会像飘絮飞花，教学也必然陷入“虚无主义”的泥潭。因而，阅读教学应是教师、学生、文本等多方智慧碰撞交流的过程，是新的思维、观点和情感不断创生的过程。因此，教师的价值是“支架”，教师的智慧是“养料”，教师角色是“军师”。而教学构思则是教师多种价值作用和角色智慧的集中体现，可以说，教学构思是否适切、新颖和具有层次梯度，决定着学生阅读需求的强度、过程投入的力度以及思维参与的深度。那么，创生教学构思着眼的角度和着力的方向有哪些呢？

一、立足于文本的主要内容

语言及其所表现的生活内容、承载的思想情感、展示的思维是相互依存、不可分割的整体，我们不可能脱离语言所承载的内容去学习语言，而且对于经典文化作品来说，其思想内容就是课程内容或教学内容，是需要继承和传扬的。因而，从文本所表现的生活内容入手，可以去探寻作品内容所蕴含的意蕴哲思、感情倾向，品味传达内容所运用的语言表现方面的魅力和匠心，从而构建起阅读教学的思路。它可以是中心事件，也可以是核心话题，还可以是作品传达的情感倾向、思想观点。例如《邹忌讽齐王纳谏》的中心事件是“讽”，可围绕“讽”来展开教学，引导学生解读文本。首先，思考为什么用“讽”而不用谏、谤、讥、刺？后者的意思分别为“直言相劝”“背后议论或批评别人的短处”“委婉地讽刺”“用尖锐的话斥责、指责”，而“讽”则是用委婉的言语暗示或劝告，足见用“讽”何其恰如其分！其次，探究邹忌“讽”的缘起和方法。再次，观察“讽”的收效。最后，感悟“讽”的技巧。这样就建立起解“讽”义—赏“讽”术—观“讽”效—悟“讽”道的话题式构思。在这个过程中，学生既获得了语言积累的方法，又欣赏到了类比的妙用，体会到了因果相陈、起伏跌宕的精巧构思，还感受了古典文化的魅力，从而获得智慧的启迪。

再如《记承天寺夜游》，其字里行间隐藏着的浓厚鲜明、一以贯之的情感是“快乐”，抓住“快乐”也就找到了本文叙事、状景、抒情的“意脉”，解读也就有了蹊径，依此构建教学思路：相与闲游感受快乐—共赏月色体验快乐—知人论世领悟快乐。在此过程中，学生对“快乐”的体验领会并非停留于一个层面上，而是有着由探索到发现的曲折，也有着由浅入深、由拨雨撩云到豁然开朗的意外享受。通过月光造访、偕友闲游、月景如诗如画的愉悦畅快，学生感受到的只是“闲逸”中的“快乐”；而“知人论世”却让学生能猛然发现“快乐”背后隐藏的坎坷命运和胸中悲愁，进而认识到这种“快乐”变成了作者敢于面对不幸挫折、勇于超脱现实苦难的人生态度，变成了作者宽广胸襟、豁达情怀、坚韧品格的注脚。如果说话题式构思是从文本的外部入手，有选择地设点挖潜，实现对文本由表及里、由浅入深的解读，那么这种主题式构思则是直接从表层深入到文本内层，沿着思想情感的脉络行走，直到挖掘出作品的神髓。

二、聚焦于文本的教学价值

文本的教学价值，是在充分把握作品本来蕴含的意义（即文本价值）、教材编写者用来构建学生知识能力的意图（即课程价值）以及学生学习需求的基础上确定的重难点和教学意向。确定文本的教学价值，必然会着力于文本的显著特色、阅读迁移的典范性，而教学构思也就找到了新的视角和入口。文本的显著特色就是文本在展示的内容、表现生活的角度以及语言载体方面独有的个性或精彩鲜明的亮点。以《变色龙》为例，其文本价值是对沙皇专制统治的讽刺和批判，其课程价值应该是学习欣赏人物形象，把握人物形象的性格特征，其教学价值应该是在鉴赏作品的人物形象、认识人物形象所包含的深刻意义的基础上，突出人物表现和塑造的方法，那就是对人物语言描写的感受和体验。据此构建起“赏形象—演色变—剥外衣—溯本源”的版块式教学构思。其中“赏形象”是通过欣赏人物语言中多变的“称呼”、尴尬的“中断”和摇摆式的“反复”，领会奥楚蔑洛夫这一形象的性格特征。“演色变”由学生自主演读人物语言，使学生能够读出言不由衷的虚伪、胆战心惊的畏惧、摇摆不定的窘迫和令人不寒而栗的媚态。“剥外衣”“溯本源”是从人物语言深入到人物的内心世界和对这种畸形灵魂生成土壤的叩问。可见聚焦文本的教学价值来设置教学构思彰显了语文本色，有利于对文本的显著特征、独特个性深入解读，有利于学生语文能力的高效发展。

三、解悬于文本要素的逻辑关系

教学构思自然不同于作品的行文脉络，应依据各种需要和文本的各个组成要素对教学内容进行重构，而这个重构的过程也正是对文本要素关系的破解。立意与构思、内容及其载体、人景物事和寄寓其中的情感倾向等作品的构成要素，不是孤立存在的，而是有着因果、表里、深浅等多样的逻辑关系，理清这些要素之间的关系就是对文本进行有效解读。链条式教学构思便是建立各要素之间有机联系的适切载体。例如《华南虎》中遭受戕害和轻慢凌辱的笼中虎的姿态及其“咆哮”着“腾空而去”的虚幻情境，诗人如华南虎一般的处境与遭际，复杂变化的情感过程，深寓诗中的生命真谛，象征隐喻的艺术表现等，构成了诗歌的要素。如何使学生有层次地、整体地去体悟诗歌意境呢？可以构建“听虎诉——体诗情——悟世理”的解读思路，由“华南虎倾诉”树立的华南虎形象，联系到“观”虎心理情绪的发展变化及其原因；由诗人心理情感的变化，联系到诗歌所表现的人生信念。在《爱莲说》中，作者“说”出了“爱莲”的三种理由：莲之“形貌气质”卓然不群，品性与众不同，爱好者清高孤傲。在陈说这三种理由的过程中，作者运用了整散结合的句式以及衬托和托物言志的写法。要使“爱莲”的理由以及文本的表现载体建立起相关的联系，使学生从中获得对文本整体的感知和理解，可以按“赏莲花形象—悟君子品质—探莲君关系—辨所爱异同”构建教学构思，通过想象画面展示莲花的风姿形象，从对莲花形象的描写中提炼和感悟君子品质，从莲花与君子之间的关系领会托物言志的表现手法，在知人论世和比较衬托中感悟作者的思想追求。可见，从文本要素的逻辑关系入手构建教学构思，不但可以整合教学内容，而且能够将作者的写作思维过程与学生解读文本的心理规律融合统一起来，从而实现阅读主客体的深度交流。

四、定位于过程方法的习得与迁移运用

学生对于教科书文本的学习至少有两种目的，一种是“学会”，一种是“会学”。传统文化经典作品，其中包含着丰富的思想精髓和文化智慧，需要学会和继承，以增强学生思想文化的积淀，这部分课文需要“教教材”。另有一些作品的价值功用可以定位于学生阅读经验和阅读方法的提炼，并将这些经验和方法迁移运用到阅读中去，进而使阅读能力获得发展和提升，这就需要“用教材教”。迁移性阅读教学构思形成的基础和必要性正在于此。这种构思一是着力于一篇文本内部阅读经验与方法的习得与迁移，二是着力于从一篇具有典范性的课文中提炼出阅读经验和方法，迁移运用到解读同类文章的过程中去。这两种情况都有解读建模和阅读示例的功用特点，其目的在于突出“语文”的教学价值。从文章写作的过程来看，无论是赋形思维的“重复”和“对比”，还是路径思维中的过程“分析”与“综合”，都使文章组成要素具备了“同中有异”“异中有同”的特点，这就为阅读迁移提供了条件和基础。例如《春》就是通过有关春天情景的多次“重复”来表现春天的生机活力、诗情画意，抒发作者对春天

的热爱和赞美之情的，因此可以确立“欣赏领悟—迁移运用”的教学构思，指导学生从“入情入境地诵读”“有情有味地鉴赏”“设身处地与人草对话”的三个角度或“品味语言美”“欣赏意境美”“体验情感美”的三个方面学习欣赏“春草图”，然后依照这种角度和方式自主赏析“春风图”“春花图”“春雨图”等内容。某篇作品所表现的生活题材和在写作方面的思维方式具有典范性和“类”的代表性，在教学意向上可立足于引导学生解读“这一篇”而着眼于解读“这一类”，体现“这一篇”在解读“这一类”作品中的经验提取和方法教示功能。例如鉴赏像《望岳》这类写景抒怀、状物寓理类的古诗词，最难做到的就是把学生领进诗词中去，因此如何让学生在鉴赏过程中“入韵”“入境”“入情”“入理”就显得十分重要了。由此可设立“一读感诗韵—二读辨诗意—三读创诗境—四读悟诗理”的非指示性阅读构思，引导学生通过体验鉴赏过程和反刍提炼，领悟“写景状物”类古诗词的解读途径、鉴赏方法，实现能力的自然迁移。

五、着力于文本体验的深度和效度

对于文本的理解与感悟，如果学生只是以旁观者的身份单纯去读、赏、评，往往失之肤浅和轻淡，很难进入到文本所表现的情境和作者的思想深处，因为毕竟作者、文本与学生隔着一定的时空距离。而要使学生产生深刻的体验和认识，就需要创建活动载体，让学生走进文本，体验角色，融入情境，与作者、作品中的人物、情境展开对话交流，以达到深度体验、深刻领会的目的。鉴于这种教学立意，需要创设体验性教学构思，有创意、有载体、有深度地解读文本。《送东阳马生序》所表现的“学习经历”和“教学思想”与学生的生活就有着一定的距离，学生体会理解很难到位，需要创设立体化教学情境，构建活动载体：“理文意—懂人物—辨事理”，以文中“藏书者”“先达”“媵人”“同舍生”的身份，以“我所了解的宋濂”为话题说一段话，有创意地翻译课文，这是“理文意”；分别以宋濂的口吻，概括求学过程遇到哪些艰难困苦，以“我眼中的宋濂”为题谈对宋濂品性的认识，这是“懂人物”；穿越时空，以当代中学生身份或“宋濂”“先达”的身份，展开对话，就从师为学和文章写法展开探讨，这是“辩事理”。着力于体验的深度和效率构思，有利于构建立体化教学态势，活化教学内容和情境，加强了与文本、作者交流碰撞的力度，使有效解读和能力发展成为必然。

如果说确定教学内容依靠的是眼光识见，那么，创建教学构思依靠的则是教师的智慧。无论从哪个视角或入口创生教学构思，均需要坚持“文本”“生本”的理念，有效利用文本的教学价值，遵循文本解读的一般规律，满足学生建构文本意义、发展阅读能力的诉求，“循路”方可“识真”。尽管教学内容是教学构思的基础前提，但教学构思作为“载体”具有鲜明的个性化和丰富的生成性。因而教学构思贵在“创新”，只有勇于开辟蹊径，教学才会“曲径通幽”，学生才会满怀兴致，欣赏到“奇山异水”，以至如痴如醉，流连忘返。这或许是我们所共同追求的阅读教学之理想境界吧。

（原载《语文学习》2014 年第 7、8 期合刊）

用智慧浇灌，让阅读课堂结出丰硕果实

阅读教学要践行“以学为主”的理念，突出学生的主体地位，激发其自主探究的积极性，使其有丰富的智慧创生，从而造就阅读教学的理想境界。那么，教师的主体智慧该投入在哪些地方？应起到怎样的作用？下面结合自己的实践体验谈一点粗浅的看法，以就教于各位方家。

一、人无我有，人有我特

古今中外经典诗书文赋作为人类文化的宝贵财富，大都是作者呕心沥血探索的成果和智慧创造的结晶，“披阅十载，增删五次”“两句三年得，一吟双泪流”就是写照。从这个意义上说，读者要深入地理解领悟作品的思想意蕴及作者的艺术风华绝不是一件唾手可得的事情。

我们不应该以课的好看程度来评价课的优劣，有许多课并不多么好看，但是学生却能深入其内，沉于其中，对文本的解读感悟十分到位，创见也层出不穷，其中当深藏机杼，但重要的是如下几点：第一，教师能直接触摸文本，获得切身感悟，而非依赖和搬用教参。这样，教师直接体验阅读过程，易于形成切实的教学构思和采取有的放矢的教学策略，也利于形成作者、教师、学生三者的共鸣与沟通，以便开展多维互动。第二，深层次挖掘教材内涵，有创意地利用文本资源。例如《春》是通过描写春天的景物，表达对春天的盼望、热爱、赞美之情，但也可以理解为它描写春天景象、传达审美追求：诗情画意、生机蓬勃、富于创造。因此可以引导学生欣赏春景之美，品味绘春语言之美，感悟寄寓“春”中的情感之美。教师对文本做多角度探究，就是为学生构建具有开放性、发展性和挑战性的教学支架，有助于保持学生探究的热度，提高探究的价值。第三，对教材美点有新颖见解或独特发现。阅读教学要以个性催生个性，以创新促进创新，需要教师的个性化解读和创见。唯其如此，教材文本才会常读常新，常教常新。《邹忌讽齐王纳谏》是一篇传世佳作，但能上出好课的教师却非常罕见，这是因为教师往往把眼光集中到人人都能看到的比美话题、设喻方式和以小见大的写法上面，文本解读陷入思维定式和表面肤浅的泥沼。此文之所以历经千百年而依然魅力四射，很重要的恐怕是因为故事本身天衣无缝的内在逻辑和前呼后应、步步推进的行文构思。由此便可揭开这篇课文的神秘面纱：由邹忌同妻、妾、客关于“孰美”问题上的“三问”“三答”，引发“三思”，由“三思”促成在齐威王面前作“三比”，纳谏后威王下达“三赏”诏令取得了“门庭若市”等“三变”之功效。因此，抓住“三”字进行探究，即可牵一发而动全身，取得出奇制胜的效果。

二、失之东隅，收之桑榆

教材文本资源的丰富性为教师选择教学内容提供了广阔空间，却也带来了取舍上的困难。这既需要提高教材研读的精深度，又需要我们在资源选用上有一双慧眼：至少要做到“取精用宏”“见微知著”。例如选择“孔乙己受到哪些方面的摧残”作为教学内容，则不仅能扣紧“描写一般社会对于苦人的薄凉”的创作意旨，而且可以实现对文本的深入理解：一需探究孔乙己的谋生手段以及因此而遭受的皮肉之苦和断骨之痛，二要领会周围人寒彻骨髓的取笑对孔乙己自尊心的虐杀，三可认识封建科举对人们灵魂的毒害、扭曲。“取精用宏”追求的是对课文核心资源的利用，而不能再陷入面面俱到地分析人物、环境、情节等内容的泥潭之中费时耗力了。我们还可以把“孔乙己与他周围的笑声”作为教学内容，探究“笑”的前因后果、“笑”的丰富内涵和“笑”中透出的世态炎凉。此谓“见微知著”：抓住的是一个点，但连起的是一条线，带起的是一个面。

教学内容的取舍要“删繁就简”“从有到无”，而创生则是“添枝加叶”“无中生有”。教材文本包含着丰富而宝贵的隐性资源，需要引导学生去深入挖掘和有效利用。例如处理《七颗钻石》，先可“改头换面”：让学生用“小姑娘”自述的方式讲述文中故事。这种叙述角度的变换，有利于唤醒学生的生活体验，拉近与文本的距离。然后“节外生枝”：小姑娘抱着水罐为生病的母亲四处找水，但哪儿也找不到水，累得躺在草地上睡着了；如果这时候她做了个梦，请你发挥想象，描述梦中的情景。不管这个梦是噩梦还是美梦，不管它是否与课文情节有直接关系，这种情境都会有效激发学生的思维活力，从而对水的重要性、对小姑娘的内心世界乃至对课文主旨做出恰如其分的阐释和揭示。接下来“返璞归真”：还原小姑娘及其母亲的“真实”遭遇，以领悟作品深邃的思想内涵和创作手法的艺术魅力。在这样的过程中，学生不但能深入地解读文本，而且创造性思维和语言表达能力也得到有效锻炼和培养。

三、众里寻她千百度，蓦然回首

要深入解读文本，提高教学的有效性，一是必须寻找生本对话交流的基点，即教材的亮点、美点、疑难点或发散点，同时也可能是学生探究的思维兴奋点、问题聚焦点、情感触发点。一是需要设置悬念和挑战，形成生本交流碰撞的态势，以增强探究的力度、深度。例如《社戏》以“社戏”为题，但“社戏”很不精彩，这是学生一个共同的兴奋点。但这样设疑缺乏激发力和探究价值，可将角度换成：“戏”并不好看，“豆”也还是阿发家地里的“豆”，但文章为什么说“一直到现在，我实在没有吃到那夜似的好豆，——也不再看到那夜似的好戏了”？这个问题就具有很强的挑战性，既利用文意与说法上的“矛盾”造成思维势能，又引发了学生对全文内容的重新审视和深入阅读，从而去探究体味那如诗如画的乡村景致，小伙伴们那真纯、朴质、善良的品性以及自由浪漫的趣事给“我”带来的幸福快乐和留下的美好印象，进而找到作者如此眷恋这段童年生活的缘由，那夜的“戏”和那夜的“豆”好的根本原因便昭然若揭。

对每篇课文来说，学生大都会有共同的疑难，这就是问题的聚焦点。教师应伺机引导化解疑难，从而实现学生阅读方法的建构和能力的跨越。例如《土地的誓言》，学生共同的疑点是：只有结尾处的几句话是“誓言”，这样写是否偏离了题意？对此，教师可先做第一步引导：题目还包含一个字眼“土地”，课文内容多与“土地”有关。第二步创设问题链：①这一方土地时具有哪些特征？②作者面对这一方土地时情感在“泛滥”，这“泛滥”的情感有哪些内涵？③在“泛滥”的情感的驱使下，是谁发出了怎样的誓言？最后引领小结：“土地”与“誓言”是什么关系？这样，学生在逐步化解悬念的过程中，不但领会了题目与文意的联系，文章内容因果相承、互相勾连的逻辑关系，而且也做到了透彻到位地解读文本内容。

有许多课文具有感人肺腑的情感力量，但若忽略了对作者及作品人物情感产生的因果关系和情感发展过程的理解探究，学生情感则无法酝酿；倘不能找到生本情感的结合点，学生情感就难以触动；如找不到恰当的体验方式，学生情感就无以宣泄。《小巷深处》中“我”得知是那让“我”感到不光彩的盲母亲，高中三年里每个月都摸着路到县城送来钱物的真相之后，心灵受到强烈震撼，禁不住泣不成声。情境感人至深，但如何让学生去体验这份特别的情感呢？可以先用母亲的口吻或母女对白的方式复述故事内容，摸清母女情感变化发展的脉络，完成情感酝酿；然后联系自己类似的经历和体验引发共鸣；接着发挥想象，置身于“我”和“盲母亲”的角色，再现那感人的情景。只要教师能够潜心研究把握学生的阅读心理规律，就一定会收到投石击水、琴瑟和鸣的效果。

四、循理则所行俱通，顺性则所至皆适

这里的“循理”“顺性”是指尊重个性阅读规律，这是采用教学策略的依据。“阅读是学生的个性化行为”，那么，教师怎样才能使学生的个性发挥展示得更自然、更充分、更突出？第一，让学生“原汁原味”地“品尝”课文，反对教师“先入为主”。第二，为学生的探究和展示提供足够的空间，思想观点和展示方式上力求见仁见智、百花齐放。例如教授《与朱元思书》，疏通文意时，既允许学生通过拟写导游词的形式有创意地翻译课文，也鼓励通过拍照片做介绍的活动方式或撰写景点“景区介绍”的途径把握内容；既可以引导学生通过演读的方式展示对文意的理解，也可以创作或引用古诗词去阐释文章的情境。这样，一方面充分利用了文本的内容特点和资源优势，另一方面激发了学生的兴趣，张扬了个性特长，从而造就了良好的阅读情境，形成了充满活力的过程状态。第三，相机应对突发意外。无论教师在课前准备得多么充分完备，教学中总会有意外发

生。比如学生不理解《与朱元思书》“经纶世务者”中的“经纶”的意思，教师便应启发学生，“经”是织物上纵向的纱线，“纶”是钓鱼用的丝线。“经纶”就是梳理、整理这些纱线、丝线。然后让学生去解释“经纶世务”的意思，学生茅塞顿开。在这里足见教师深厚的积淀和临场机智有多么重要。第四，在多维互动的过程中能因势利导、推波助澜。有学生认为最后一段中“鸢飞戾天者，望峰息心；经纶世务者，窥谷忘返”表达了规劝友人归隐山水的主旨，应删去其后累赘的写景语句。教师借此提出另一种观点引发争论：我认为这两句是写景，大家发表自己的看法。通过讨论争辩，这一难点很巧妙地得到了解决：是间接写景句，与上下文一脉相承；但又融写景、抒情、言志于一炉……学生的思维火花，经过剧烈的碰撞，耀眼地迸发出来，意外的精彩便这样产生了。

课堂教学需要教师从学生的角度设计教学方案，在研究学法的基础上生成教法，这对教师也是一种严峻的挑战。而方法的优劣高下则是甄别教师教学水平的重要标准。阅读教学应恪守“因材施教”和“有的放矢”的原则，这是根本和灵魂，前者指有效利用文本教学资源，后者指尊重学生的个性差异。教师既要发挥自身和作者的聪明才智，又应积极利用教材编写者的智慧。例如教授《端午的鸭蛋》，探究高邮鸭蛋的特点，可用拟写产品说明书或广告词的方式；体悟本文语言特有的情味，则利用“研讨与练习”关于语言特点的提示，让学生采用以读代析的美读法，即正确把握感情基调，恰当确定重音，合理调整语气，读出语句的意蕴和情味。如学生对“我在北京吃的咸鸭蛋，蛋黄是浅黄色的，这叫什么咸鸭蛋呢”一句中的“浅黄色”“这”用轻蔑语气重读，读出了作者对高邮鸭蛋的痴情和偏爱。在这里，如果说教师的智慧是水，是火把，是春雨，那么，学生的智慧就是船，就是干柴，就是会开放的鲜花和丰硕的果实！

阅读教学中教师主体的智慧还表现在多项活动、多种层面和多个细节当中，但无论怎样，教师智慧不是东施效颦般的模仿，更不是无源之水、无本之木，而是由美好的教学理想、锐意创新的精神和求真务实的探索共同作用结出的果实、成就的精彩。

（原载《语文教学通讯·初中刊》2010 年第 10 期）

以活动促探究，开辟科技文教学新蹊径

时至今天，阅读教学在经历痛苦的“涅槃”和无悔的“坚守”之后，发生了历史性的变革，焕发出蓬勃旺盛的生命力。然而当我们回眸和审视时就会发现，科技文再度成为阅读教学改革的难点和薄弱点。或许我们已经摒弃了落后的传统而代之以崭新的理念和“先进”的方式，然而科技文课堂教学的状况常常令人大失所望。

当前科技文课堂教学存在的问题主要表现为：第一，松散杂乱。一是教师操控课堂，但教学立意和线索的模糊致使课堂探究缺乏应有的逻辑层次，致使学生思维出现堵塞、倒逆和混乱。二是教师为体现所谓尊重学生独特体验，将文本抛给学生而放手课堂，一切由学生“做主”。于是学生各取所好，各行其是；学生跟着感觉走，教师跟着学生走，课文被肢解得七零八落，师生只见树木，不见森林，陷入文本解读误区。第二，枯燥乏味。在教学内容的选择上，将学生的精力集中到探求科学现象、科学探索以及科学理论上面，语文课被泛化成地理课、生物课、物理课，丢掉了语文课的本质内涵；更严重的是，课文编写的目的本不在增长学生的科学知识，选文内容学生大都已耳熟能详，工夫花在这里，势必造成学生对科学神秘感的丧失和对文本阅读的厌倦。有些教学，虽不以掌握科学知识为重点，但是只把课文作为印证文体知识的工具，给阅读主体和客体的鲜活思维带上枷锁，同样导致学生心理的疲惫和兴趣的丧失。第三，粗陋肤浅。尽管科技文的言语内容不如文学作品形象感人，却有着十分珍贵的教学资源，比如它在展现事物的外部形态和内在本质上的独特视角与精到运思、在平凡质朴中蕴蓄着严谨精确的语言表达等，而教师对此缺少发现，因而不能引导学生进行充分、细致、深入的探究。还有一种现象是寻真立意的缺失，即忽略对文章所蕴含的科学精神和科学思想方法的探究，学生的解读只停留在肤浅的层面，于是“逐步养成实事求是、崇尚真知的科学态度，逐步掌握科学思想方法”的“课程目标”就只能落空了。

科技文教学普遍存在这些问题，原因有多个方面：一是科技文自身的特点。科技文内容上的抽象性、表达上的客观性、交际上的媒介性相对弱化了形象的描绘、情感的抒发和与读者思想的交流，而这与初中学生形象思维相对活跃的心理特征构成了矛盾，从而形成阅读教学上的困难。二是现行初中语文教材体例的局限性。现行版本的初中语文教材均为文选式，这种体例模型历史悠久，优点很多，但最大的弱点是难以体现语文课程的实践性特征，不能关注学生的学习过程，实际教学中缺少文本探究的载体，这就为科技文教学人为设置了障碍。三是教师还没有彻底挣脱传统教学思想和模式的桎梏。

要从根本上改变科技文教学效率低下的状况，就必须从遵循学生心理规律出发，在文选式教材上面构筑动态的文本探究平台，以活化教学过程，激发学生探究的内驱力，促使立体化教学形态的形成。这就需要活动建构：以独立的或互相联系的活动为载体，将语文学习纳入活动过程，在活动中获得知识、掌握方法、锻炼思维，在活动中体验领悟、发现创新。

那么，如何在科技文教学中引导学生在活动中探究呢？下面试做举例说明。

一、示意图勾画活动

在知识习得的过程中，多种感官并用与单一感官参与，效果截然不同。而对内容丰富、结构较复杂的科技文，采用勾画示意图的方式，可以有效地捕捉信息、梳理层次，并将抽象的内容直观化，实现感性与理性的互补，提高学生学习的兴致与效率。

例如，教授《故宫博物院》，可把课文教学命名为“故宫览胜”，分为“游览故宫”“解说故宫”“欣赏故宫”三个活动。其中“游览故宫”，由学生先勾勒出故宫的轮廓图，然后捕捉有关信息，标画出游览故宫线路示意图，向同伴做介绍，并相互修改、补充。在此基础上，学生再重点勾画出太和殿的外观形态及内部布局示意图，然后拿着示意图以导游身份向游客做详细介绍。两次示意图勾画活动使学生在意趣盎然中把握了文章的主要内容及说明的顺序，不但为学生感知文本提供了凭借的载体，促使学生快速有效地搜集、提取和处理信息，而且化语言文字为图示形象，既创造了动手的机会，也为学生思维的创新提供了空间，因为学生可以打破教材内容的顺序，别出心裁地勾画出具有自己特色的示意图。

二、艺术实践活动

以《苏州园林》为例，可将本课的教学设计为“艺术摄影”活动，分为“美景浏览”“镜头定格”“美点品味”三个活动。其中“镜头定格”首先让学生做摄影师，选取自己喜欢的场景画面拍成照片，然后为照片题写富有诗意的名字，再向同伴介绍所拍照片景物美在哪里，说出拍这幅照片的理由。这个过程，引发了学生对文本情景的联想和想象：由语言文字变成形象立体的画面，有创造性思维的积极投入；由画面变成学生自己的语言，说明“照片”景物美在哪里，实现了对文本深入细致的解读；诗意地概括“照片”内容，则使学生将已有积累与文本建立联系，在分析与概括、揣摩与运用中有效促进了学生言语生成能力的提高。

三、研究性阅读活动

研究性阅读，即把文本探究定位在研究层次，以有效提高学习立意，拓展探究深度。实施研究性阅读，有必要让学生领悟研究的方法。比如，首先采取分工合作的方法，确定研究内容或者研究专题。如事物特征、文体特征、行文思路、说明技巧、语言运用等。其次，确定阅读方法，如圈点勾画、批注点评、摘录要点、整理卡片等。再次，探究研究方法。要对材料进行分类；要同其他科技文联系对比；要分析概括，总结出规律。

以《中国石拱桥》为例，学生对课文分专题进行研究，关于行文思路研究的结论和观点如下：1. 整体布局是“总分”式结构，由总述到分述，由一般到个别。框架结构和行文层次使文章具有了赏心悦目的建筑美和引人入胜的艺术效果。开头两段从总体上描述介绍石拱桥的外形及特点，下面再说到个别：中国的石拱桥。然后又以中国石拱桥作为总说内容，以传统的石拱桥和新中国成立后的石拱桥为分述内容进行说明。总体思路上"总—分（总）—分"的解析式的框架思路，逻辑严密，梯次鲜明，整饰美观。2. 局部对传统中国石拱桥分说中又包含着新的"总分"式结构，即对赵州桥和卢沟桥进行分述。说明赵州桥的几个特点，是并列结构样式。关于"我国的石拱桥会有这样光辉成就"原因的解析，则与上文构成了本质与观象、原因与结果、浅层与深层的逻辑关系。文章框架结构既统一又多样，既层次清晰又浑然一体，表现了作者谨持的科学精神和对事物深刻透彻的认识。

四、角色描述活动

只有走进文本才能深入地解读文本，而走进文本的方式不同，体验的深浅程度也就有很大的差距。对于媒介特点鲜明的科技文，运用角色描述的方法便是一条有效的途径。

例如，可将《花儿为什么这样红》一课的教学构想为"科学探索"活动，分为"横看成岭侧成峰""半亩方塘一鉴开"两个过程。其中"横看成岭侧成峰"由学生通过勾画文章结构示意图领会作者从多个角度揭示花红奥秘的思路。而"半亩方塘一鉴开"则是从某一个角度揭示花红的秘密，让学生从一个角度，以花的身份，用第一人称介绍花朵色彩斑斓的原因。这样创新的学习情境，使文本解读变得生动形象，充分调动了学生探究的积极性。在此过程中，学生需要改变教材的思维方式，把科学语言转变成个人语言，发展了学生的言语表达与思维创新能力。

五、科学报道活动

关于介绍科学探索、发现和发明的科技文，采用科学报道的活动方式，可用以培养学生捕捉、提炼信息的能力，根据对象、场合、目的确定表达方式以及创造性思维能力。

如教授《月亮上的足迹》，可以安排"阿波罗登月报道"活动，再分为"轨迹跟踪""现场直播""人物采访"三个活动。其中"轨迹跟踪"

是由学生画出登月过程的示意图，并向同伴做出解说。“现场直播”是具体感知课文内容，学生以发射现场记者、随船记者、宇航员等身份向电视观众、休斯敦地面中心、美国总统做报道或汇报。“人物采访”是通过与宇航员对话，借以了解宇航员的登月感受，探究登月所体现的科学精神和重大意义。

以活动创建立体化课堂，为科技文教学开辟了崭新的天地：以活动为载体，变静态的文本阅读为动态的文本探究，激发了学生的兴趣和学习的热情，增强了探究的内驱力；创建了崭新的教学情境，使教学过程呈现立体化态势，促使学生肢体语言与口头语言、书面语言、心灵语言有机融合，共同作用，实现了多元智能的有效开发；使学生在体验文本、习得语言的过程中增强了与文本、教师、同伴协作互动的密度和力度，使合作学习成为学生的需要，使深入体验变成现实；活动建构改变了传统的阅读思维方式，为学生在解读文本过程中进行思维创新提供了自由广阔的空间，促进了个性化理解和独特感悟的生成。因此可以说活动建构不仅可以使科技文学习成为学生所爱，而且使学生语文素养的不断提高成为必然。

（原载《中学语文教学》2008 年第 9 期）

试谈语文课堂教学的高潮

一

学生在课堂获得知识和技能的多寡与水平，与学生的情绪、思维、参与意识紧密相关。课堂教学要取得高效率，教师必须激起学生情感的波澜，撞击其思维的火花，激发其参与的愿望，做到教师、课文、学生三者的沟通共鸣，从而形成教学的高潮。

文章的形成，标志着思维和情感过程的完毕。因为语言是思维的结果和情感的物化，而语言学习自然也离不开思维和情感的活动。一篇课文是一条源流河，那么，语言学习过程便是汇入源流的支脉。而教师的作用就在于设计和引导学生思维和情感的支脉如何与源流交接、融合、撞击……整个课堂成为一条思维奔腾的江水。因而，课堂教学就应或悄然无声，蓄积爆发之势；或蜿蜒而行，起伏而畅达；或势如破竹，涛声雷动，激浪怒放……在这些过程中，学生的情感得到陶冶，思想得到升华，智力得到开发。

然而，目前中学语文教学的现状却十分令人悲观，课堂是一潭死水，无从谈什么“高潮”“低潮”。有人把这归咎于升学压力，不得不满堂地敲硬梆子卖豆腐块儿，教学中掀起的不是情感思维的波澜，而是僵化的冷冰片。一篇小说，情节起伏，扣人心弦，我们非把它上成令人作呕的臭水沟不可；那么生机盎然的散文，经我们一上则成枯木荒丘；逻辑严密的议论文，也被讲得“横三竖四一湾麻”。

语文教学出现这种情况，实际上表明我们已走向了歧路，必须进行再改革，必须去创造新的境界，实现语文能力在宏观和微观方面的迁移渗透。

二

例如处理《祝福》这篇小说，我抛开了一切，只提出两句话让学生去思考探索。第一句话是：祥林嫂是一个在春天里失去春天的人，为什么呢？学生经过阅读讨论后争相发言，有的说，祥林嫂“是春天没了丈夫的”，“那女人……说她特来叫她的儿媳回家去，因为开春事务忙……”，“春天快完了村上反倒来了狼”。有的同学还做出了归纳：孟春之日，丧夫；仲春之日，逼嫁；暮春之日，失子。有的还进行了引申和评价：春天是充满生命力和希望的季节，祥林嫂的不幸发生在这样的时候，有特殊的象征意义。

此后我又提出第二句话：祥林嫂是一个在祝福中被剥夺幸福的人。于是学生带着疑问和好奇，再一次进入课文。精读后，学生的思维又活跃起来：祝福是祥林嫂生活的环境，这环境便是封建势力、封建迷信的统治；鲁四老爷在“祝福”时让四婶剥夺了祥林嫂做奴隶的权利，而祥林嫂的幸福或许就在于能做一个奴隶；祥林嫂惨死在新年的“祝福”氛围中——“祝福”直接促成了祥林嫂悲剧结局的到来；“祝福”的描写反映了祥林嫂悲剧命运的必然性。

由于这两句话都强烈地引发了学生的好奇心和探索兴趣，因而有效地激起了学生思维的波澜。而且这两个问题前者涉及祥林嫂大半生经历和悲惨遭遇，后者则触及了祥林嫂悲剧命运的社会根源，可以说是交给了学生解决小说中若干问题的两把钥匙。

高潮的到来，是热闹沸腾的，有时表面看又似“不动声色”，但只要教学目标得到深层次的强化，只要推动了学生情感的潮水，激起思维的浪花，就应该算创造了高潮。

课堂高潮的出现，并非神秘莫测，也非高不可攀，但就教学主导者来说，也需具备几个基本的条件。

首先，要充满激情。作为一个语文教师，不管其生活遭遇，对社会、对人生的态度如何，而对待语文教学理应满腔热忱，悉心投入，否则就会失却创造崭新教学境界的基础。进而要去发现课文的闪光之处，营造自觉倾慕之情感，唯其如此，方能深层次体验作品的思想感情的浓度和艺术技巧的精湛，才能“披文以入情”，洞烛其深涵，实现与作者心灵的沟通、思路的吻合、情感波浪的激烈撞击。

其次，要对教材进行大胆的改造制作，教学设计敢于标新立异。改造制作教材，就是重构教学内容。课堂教学的整体性，绝不是指教师顾及文章整篇，更不是要求处理要点面面俱到。教师应依据教学目标将内容进行剖解，再组建一个新的课堂教学整体，这是一种艰辛的创作。比如一篇作品，精彩或闪光之处在中间，但课堂教学却未必按作者思路，而课堂高潮当然也未必设在此处。例如处理《荷塘月色》，就可单刀直入，中心开花，首先切入写景状物的精彩片段：荷塘上的月色、月色下的荷塘，抓住特征，依景见情；然后瞻前顾后，顺藤摸瓜，梳理整体情绪变化；再揭示情感之源让学生彻底领悟情景结合的方法及作者人格；最后进行思维迁移训练，从而使课堂教学达到高潮。

再次，延展思维，多方蓄势。例如要让学生触摸到《绿》所抒发的感情就需要进行延展和蓄势，可分步设计以下几个问题：（1）作者运用哪些方法表现梅雨潭的绿？（博喻、比较、想象）运用这些方法的目的是什么？（为表达对绿的倾慕）（2）作者为何还要写梅雨亭和梅雨瀑？（衬托对绿的惊诧）（3）那么，作者的情感为何如此浓烈？（联系背景；与王安石写“绿”满江南的《泊船瓜洲》的背景做类比）（4）与《荷塘月色》所抒写的感情有何不同？（借此揭示作者人格，进行思想渗透）（5）请运用本文写“绿”的方法，以“暴雨”为题进行口头作文。（将知识教学与能力培养结合起来）这样处理教材，是为了突破难点和重点，往往不是轻而易举的，而是需要设计几个层次的前后勾连、上下衔接、步步逼近，需要旁征博引、追根究底。只有这样疏通了思维渠道，蓄积充足，一旦开启思维的闸门，便能波涛滚滚，造就壮阔美丽的景象。

课堂教学是艺术，也是科学；它是创造性劳动，但也需遵循一定的规律。因此关于课堂教学——

第一，要具有一定深度。一堂课要做到表现上的活跃热闹并不难，但最重要的是这活跃热闹是否有实际意义，是否具有一定的深度。“水深方能起波浪”，只有具备一定深度和高度的课堂教学，才能真正激发学生的情感活力、想象力和创造力，才算真正创造了高潮。因而需澄清模糊的认识，要深研教材，做到驾轻就熟。大到重点难点的突破、过程的设计，小到珍珠式字词句的多角度透视，乃至寻找激活客体思维活动的关键，抓住掀动学生情感波澜的把手，都需要教师下一番功夫。

第二，要讲究一个“活”字。课堂教学既然是创造性劳动，就应该“百花齐放”。高潮的设置，就教学进程来说，可安排在中间，亦可放于结尾；就其频率来说，一节课可有一次，也可有两次、三次；就其性质而言，可以是与作品情感的共鸣，也可以是与作者观点的共通，可以是精妙语言成果的品尝体味，还可以是汲取了知识之树的营养后创造性思维花朵的怒放……

第三，要顺依一个原则，那就是围绕教学目标设置。一般地说，一堂新授课的教学目标不超过三个。课堂教学高潮的设置和呈现，不应是随心所欲的，也不能主次颠倒，更不可与教学目标“井水不犯河水”。因为高潮设置的根本任务在于有效地实现教学目标；离开了教学目标，高潮便失却它应有的内涵和价值。

（原载《二十一世纪课堂教学改革的探索》，教育科学出版社2003年版）

“探索—发现—再创”式课堂运作思路例说

教育要从选拔性向发展性转轨，就必须改变单向知识传输的状况，形成学生自主探索、独立发现、自觉运用、大胆创新的学习能力和思维习惯，从而将培养学生创新精神和实践能力落到实处。笔者对两年来本地区实施课堂教学改革举办的近三百节课进行了分析概括和抽纳提炼，试图创建一种经验性的伸缩度较大的课堂操作运行思路，以求取改革的高效率和高质量。

一、创设平等、协作的教学关系和陌生、新奇的学习情境

没有学生学习的主动性，教育势必会变成“驯兽式”的活动，而学生自主探索的积极性有赖于教师的激发。因此，首先，教师应改变自己“权威”的身份，放下师长的架子，使自己成为一个热心于与学生一道研讨的参与者。有的教师执教《摆渡》一文，一开始就声明：“我作为第一组同学的一员，扮演文中‘作家’的角色，研究他的人生观、文学观，并设想他的后续故事，其他组研究其他人物……”；有的教师让学生做仲裁，自己充当辩论的一方，与学生就该不该将“羚羊木雕”送给好朋友的问题展开辩论，学生把老师当作对手，积极性空前高涨；甚至有的教师将《我的叔叔于勒》一文中的情节改为菲利普夫妇在船上认出发了大财、风流倜傥的于勒，并跟学生争辩两种情节的优劣高下。只有这种师生的平等，才会有协作，才会有学生思想的解放和探究的积极性与创造力的爆发。

其次，要引发探究的动力和兴趣，还需创设使学生感到陌生、新奇的情境。多数学生在语文课上打不起精神，很重要的原因就是教师设置的情境平淡、陈旧、脸谱化，不能引发学生的好奇心、思维活力和表现激情，

而这些又是探索活动取得积极性进展的必要因素，这就需要教师认真地开动脑筋。有位教师在引导学生领悟《变色龙》的深刻思想内涵时，在黑板换上新标题“狗”，并声称契诃夫将小说命名为“变色龙”是一个失误，让学生与教师展开辩论。这样的情境设置应该说是十分有鼓动性和挑战性的。有位教师让学生给《最后一课》加副标题，并倡导以某一学生所加副标题“小弗郎士的转变”为研究内容，不但学生的热情被激发出来，而且对作品的品读找到了有效的突破口，可谓事半功倍。还有的教师录制了《听潮》的 MTV 和《皇帝的新装》的动画课件，甚至将《石壕吏》《变色龙》等课文改为课本剧让学生表演……这样就提供了脱俗、新颖的情境，为学生的自主探索、积极发现造就了势能，积蓄了动力。

二、自由感知教材，树立丰富多样的探索目标

此前语文教学过分注重设置知识能力的梯度和序列，形而上学地谋求台阶式的提高，因此往往是教师专制地下达“教学目标”，根本不考虑学生富有个性化的体验、思维方式和心理愿望，这违背了语文自身的特点，更违反了学习的心理规律。按照接受美学的观点，“一千个读者有一千个林黛玉”，包括各类文章，不同的学生对它的兴趣点、疑点、感悟结果乃至评价会各有不同，因而其探索意向和研究目标就不会雷同。这种情况下，教师下达命令性划一的目标，强迫大家都去研讨，必然使学生变成戴着镣铐在皮鞭下服役的奴隶，学生那富有个性的体验被抹杀，自主研发的热情被熄灭，疑难自然得不到解决。因此教师应充分发扬民主，允许学生多种多样的探索目标共存，然后对这些目标进行变形、提炼、归类，以取得大多数学生的认可，在此基础上方可展开自主探索研究活动。比如《七根火柴》，有的学生以线索与事件的关系为研究对象，有的着重研究细节描写，有的着眼于环境与人物的关系，有的以象征手法为研究内容。每个学生完成自己的研究目标后可自行研究其他感兴趣的问题。这样，既实现了真正的自主学习，又能使探索活动集中深入，也避免了散乱和肤浅。

三、自研自悟，展现收获

既为学生的自主探索活动，那么，就要变教师讲明白为学生自己醒悟

明白，教师的任务就是了解进展、预测结果，抛弃滔滔不绝的灌输和越俎代庖的讲析，这是首要的。其次，教师应角色易位，设身处地，着眼于绝大多数的学生，立足现有的水平和能力，给他们比较充分的研究时间，不可揠苗助长，使其浅尝辄止。再次，教师应注重探索过程的指导和帮助，包括借助参考资料、使用圈点批注的方法、俯读仰思、手脑并用、及时记忆习惯的养成等。另外，展示收获、交流研究结果，可使所有学生进行“信息联网”和“文件下载”。自研自悟、展示收获是培养学生专注研究习惯、形成探索能力的重要环节，同时对于培养学生自我表现的心理品质、处理信息和口头表达的能力起着十分重要的作用。

四、质疑问难，讨论答辩

学生的自研自悟无非有两个共存的结果：一是有所省悟收获，二是产生疑难困惑。后者是促使学生再度探求的内在动力，而且这些疑难困惑能否解决、解决方式如何以及解决质量的高低，直接影响着学生的积极状态和心理趋向，因此要改变过去课堂上教师提问为主的做法，把质疑问难、释难解惑的任务交给学生，从而造成学生间问答争辩、多维互动的态势。在这个过程中，教师要相机指导、适时点拨，不断激发学生思维活力，令其智慧火花互相撞击，令探究过程更加热烈、丰富和深入。而从实际的教学情况看，一是质疑解难次序混乱，漫无边际。在学生探索目标的过程中，由于教师没有科学地控制时段，没有明确质疑的大范围，结果出现一问一答的机械状况，而且问题一会儿涉及字音，一会儿又涉及观点情感，一会儿又说到背景手法或疑难句意，东一棒西一槌，信息交流呈现无序无效状态。二是提问答辩质量低下。有的课给学生省悟的时间太少，学生对教材缺乏深入的思考，提出的问题缺乏思维价值，结果出现“无疑而问”或“明知故问”的情况。三是教师调控应变能力不足。不少教师不能迅速地弄清学生发言的本意并使其正确表述，致使许多问题“蒙混过关”；有的教师指导学生讨论时，“请君入瓮”，硬拉着学生往教师设计好的答案里钻。比如有位教师让学生为《谁是最可爱的人》中第一个典型事例命名小标题，学生答“血战松骨峰”“血染松骨峰”，老师都否定，只有答“激战松骨峰”才算对；有的教师上完课后颇有一番感慨：“这节课我准备的东西，学生一个也没有问，他们问的问题我一个也没有准备着。”这种课堂失控的状况，从反面说明自主探索式的课堂教学需要教师备课有一定深度和广度，要有较强的预测能力和驾驭能力。

五、纠正提炼，内化体认

由于受生活经历、知识视野和认识水平的制约，学生对许多问题的探索，肯定是片面甚至是错误的，这就需要教师指导他们进行补充和纠正。比如学生概括的《阿长与山海经》中“我”对“阿长”有两种对立的情感：憎恶与感激；有的学生则认为《荔枝蜜》以“蜜蜂”为组材线索；甚至有不少学生认为《愚公移山》是对愚蠢者的辛辣讽刺，激烈批判《摆渡》的有关内容违反生活逻辑。而对有些问题的探讨则失之粗疏和肤浅，比如对《散步》中“好像我背上的同她背上的加起来，就是整个世界”一句的理解，对《白蝴蝶之恋》中“唉，人啊人……”一句的把握，以及《皇帝的新装》故事背后掩盖着的社会本质等，这些就需要教师指导学生进行提炼和深化，从而开拓学生的思维，逐步提高认识能力。

语文教学要有效地进行感悟熏陶，就不能忽视体认内化，其途径之一：对教材思想、情感、妙处的实践体认，活化教材，让学生设身处地，口说、手动、形演、容变，激活学生情感和思维，造成立体化的态势。比如让学生模拟《口技》中的各种声音、表演奥楚蔑洛夫处理狗咬人的场面以及葛朗台纵身扑向梳妆匣的情景等。途径之二：联系生活，引发感想。学习了《我的老师》《背影》，就可让学生谈自己的老师和父母；学习了《紫藤萝瀑布》就可以让学生谈自己对生命的看法；当然也可以对《卖炭翁》《我的叔叔于勒》做赏析性的评价。有位教师处理《白蝴蝶之恋》这样激发学生：假如你就是那只白蝴蝶，在翱翔离去前，打算说些什么？这就是建立起教材生活与学生生活的联系，联系越紧密，越容易产生共鸣，熏染就越有效力，内化就越深入。

六、推断猜测，拓展创新

学生创造性思维品质和创造能力不是凭空产生的，有赖于对教材的自我省悟和深刻把握。在此基础上，教师有必要进一步创设情境，激发学生创造的活力，开发创造潜能。比如让学生推断孔乙己挨打和死亡的情况，设想《皇帝的新装》中游行大典后皇帝回到宫中的境况；可以将《莺》换写为《飞燕》，将《我的老师》改写成《我的学生》；可以改变《我的叔叔于勒》中的某些情节，甚至可以让学生与松骨峰战斗幸存者李玉安通信对话；可以“范进落榜”或“孔乙己中举”为话题，让学生展开联想和想象，进行再创造；闻一多在李公朴追悼会上做了“最后一次讲演”后，倒在了血腥的屠刀下，假如学生就是当时的一位爱国青年，聆听了闻一多慷慨激昂的讲演，面对反动派乌黑的枪口，面对广大的市民，在追悼闻一多的大会上再做一次讲演。推断猜测、拓展创新，是学生自主探索、主动发现的必然结果与至高境界，这个过程的质量将直接影响着语文学习的热情程度、发展方向和良好习惯的形成，失却了它，便失去了语文素养中最宝贵的部分。

（原载《语文教学与研究》2002 年第 5 期）

浅谈语文教学中的实践体认

学生语文能力的习得靠积累、靠熏陶领悟、靠多读多写的使用，然而教师在实际的语文教学中往往走极端：要么把能力进行无限度的切割，做无休止的机械重复的“训练”；要么无边际地放任，目标模糊，重点淹没，一味瞎子摸鱼，以期“水多泡倒土墙”；要么是形而上学地将积累、熏陶、领悟、习演使用等这些相互联系、共同作用的因素孤立起来，使其分割而制。如此急功近利、钻牛角尖似的教学，违背语文教育自身的规律，因而必然是高耗低效的，也就难以提高学生的语文素养。

笔者以为语文教学要实现由客体素养向主体素养的转移，中间需要一个消化中转的过程，而且要寻找一种能将形成语文能力诸要素融合为一的载体。而这“中转过程”和“载体”就是实践体认。所谓实践体认，就是语文学习过程中学习主体调动心智技能、动作技能、语言技能，体悟客体语言艺术、展现客体情境、实践客体运行思路、拓展客体思想的综合语文素质培养和能力展示活动。从现象上看，它是从客体教材到主体学生，由书面的语言材料到学生的口头表达及身心投入的表演，而实际上却是主客观诸因素融合的产物。因此这种实践体认，既不等同于以电影、电视、多媒体取代诵读、体悟的新型“越俎代庖式”教学，因为这样的情境展现没有学生语言实践和积极性思维的参与，而且容易把语文教学引向歧途；也不等同于一般意义上的或读或写或说的迁移实践，因为这种实践，与笔者所说的“实践体认”相比较，还显得十分单一、乏力和低效。

按照在教学进程中出现的契机和功能的不同，实践体认大致可分为：

一、动力性实践体认

为了营造悬念式、积极性的教学氛围，增强所创设的教学情境的目标指向性，且拉开心理距离，造成教学“电势差”，激发学生探究的兴趣，可设计动力性或称尝试性实践体认。比如以《分马》为范例让学生领悟人物对话描写的要求，就可首先设置情境让学生去尝试表演：某某同学数学考试得了59分，回到家里要让家长在试卷上签字……可以由一个学生也可以由几个学生登台进行“小品”表演。从表演者来说，实践的过程首先是一次立体的信息传递技能的表现过程，更是一次创造性思维锻炼的过程，因为这个过程必然包含了关于人物语言描写的一些基本方法和要求的思考。而“观众们”通过对表演者在实践人物动作表情、语言语气乃至性情心理等方面的优劣巧拙的评价，自然会领悟到有关的要领，尽管这只是一些感性的、模糊的东西，却会使学生对求得典范、获得“真谛”产生急切的向往。

二、运作性实践体认

语文教学应该给学生留出充分的自主学习的时间，以求其在学习中“忘我”、在读书中“无我”，因为只有达到这种境界，才有可能出现如同艺术创作上的“迷狂”状态，而情感、思维乃至生活经验的参与投入达到一定程度，必然产生一种强烈的表现欲，从而出现一种或说或演或写而不吐不快的状态，这时实践体认的时机也就成熟了。例如，如果学生已经基本把握了《沁园春·雪》的背景和意境，就可以换一种方式从另一个层次让学生去体悟作者的旷达胸襟、恢宏的豪气和思维的运作过程：将时光拉到那段战争岁月，你就是当时的毛泽东，带着长征胜利的喜悦和对革命必胜的信念，站在西北黄土高原，面对壮丽河山，心潮翻腾，浮想联翩……伴随着学生语言实践而来的是创造性体验的爆发：叉腰或背手、挺胸、昂首的姿势，远眺、闭目（如吟诵“须晴日”句时）、回思、自信的神情，以及激越饱满的豪情、高扬的语调。这样的语言实践带来的是心智技能、语言技能的飞跃式发展。自然，我们也可以让学生去实践孔乙己在咸亨酒店分豆给围观孩子们的情景，甚至将整篇的《石壕吏》改变成课本剧搬上讲台。

三、变向性实践体认

例如《分马》一课，若学生通过阅读已大致了解了郭全海和老孙头的人物个性，那就可做一个假设：假设他们两个分到的马换一下位，即郭全海分到的是栗色小儿马，老孙头分到的是青骒马，当老王太太来挑换牲口时，他们会有怎样的表现？再如《我的叔叔于勒》，如果菲利普夫妇在船上遇见的于勒，不是一个可怜的乞丐，而是一个百万富翁，那他们该另有一番姿态吧？这些可以让学生思考、讨论，充当角色去创造性地习演。如果说运作性的实践体认受到原有材料的制约而具有局限性、缺乏力度的话，那么，这种变向性实践体认则为学生的语言实践增加了质量，也提供了更宽裕的空间。它首先是改变原材料的思维方向，继而对思维过程和语言表现进行新的构建与创造。因为这种实践体认对学生的思维活力和表现欲、创造欲具有很强的鼓动性，所以能大幅度地开掘学生的语言潜能。

四、延展性实践体认

为了捍卫和平、民主争取光明，闻一多做了“最后一次讲演”后，英勇地躺在了血泊中，假如你就是当时的一位爱国青年，在追悼闻一多先生的集会上，面对广大的市民，面对敌人乌黑的枪口，再做一次慷慨激昂的讲演；假如五年以后，警官奥楚蔑洛夫还是在那个广场上遇见了正在散步的赫留金及其已经成为将军的哥哥，那会是怎样激动人心的场面？请同学们展现这些情景。这样的实践体认，虽然以教材为基础，但已摆脱了教材的束缚，学生可以在原有材料语言技巧和思想的观照下，展开联想，驰骋想象，是一种极富积极性和开放性的创造活动，为学生的语言实践、思维运作、个性表现提供了自由广阔的天地，学生可以借用、可以模仿、可以扩展、可以翻新、可以创造，使心智技能和语言技能的锤炼达到高峰，从而实现学生语文素养的提高。

语文教学中实践体认的内涵是十分丰富的，形式也是多种多样的，上述几种只是端倪而已，但我们从中也可窥见它给语文教学带来的清新气息和生机活力：

首先，实践体认沟通了教材和学生生活。教材所表现的生活可能是精彩的，艺术技巧可能是精湛的，但却都是“彼时”“彼地”“彼人”的，与学生的距离十分遥远。而实践体认的作用就在于拉近这种距离，使彼此融为一体。距离越近，学生越能设身处地，体悟就越深，熏染也就越有效力。

其次，实践体认改变了语文教学由读到读、由读到写的机械简单的程式，使语文教学形成立体化态势。它有效地活化了教学环境：由静态的语言材料，变为动态的情境展示，是极具吸引力的；由抽象呆板的文字变成学生充满活力、具有创造性的表演，那么课堂教学不可能是一潭死水。而且，“纸上得来终觉浅，绝知此事要躬行”，语文教学若只是盲目地提倡多读多写，而不能开拓思路、加大力度、突出重点、创设立体态势，那很可能多劳少得，事倍功半。实践体认在读写进程中，加进了说和演，为学生提供了语言实践的机会，加大了学生领悟和运用语言的力度，因此说它为语言能力的形成和语文综合素养的提高，找到了有效的途径，开辟了崭新的天地。

再次，实践体认有效地激发了学生再造想象的积极性和创造性思维的活力。实践体认的前提是对客体语言材料准确深刻的领悟，实践体认本身也是一个很有思维密度的过程，这个过程绝不是随心所欲的，而是特定背景下的语言表现、动作表现和心智展示。语文能力的提高有赖于语言实践和思维的参与，如果我们的目光滞留在静态的语言文字的空壳上，那么语文素养的培养和提高就只能是一句空话。

（原载《语文教学与研究》2001 年第 5 期）

摭谈阅读教学中的思维能力培养

中学教育要为高一级学校培养具有学习潜能的优秀人才，而这“学习潜能”至少可以理解为学习的潜力和能力，它带有鲜明的指向性、开拓性。这种潜能从何而来？恐怕除去基本的先天素质外，就要靠后天造就了。就语文学科来讲，现代科学认为，语言和思维同时产生，“思想不是在词中体现，而是在词中完成”（维戈斯基），语言能力的习得，还有赖于思维能力的习得。因此语文教学如果把侧重点仅仅局限于语言，那是必要的，但同时也是狭隘的；而且教师如果一味单向传输，让学生被动接受，而忽视思维训练，那就不能使学生获得这种潜能。如何在语文教学中培养学生的思维能力？我认为应做到以下几点：

一、摆正思维主体、思维客体、思维媒体之间的关系

“教材无非是例子”，近年来许多教师拿它挂在口头，然而对其含义真正理解的并不多，甚至还存在许多模糊认识，比如使用“例子”的目的是什么、怎样去运用这个“例子”等。这里就涉及学生、教材、教师三者的思维关系。在语文教学中，是教师逼迫学生钻进教材和教师的思维，还是以教师思维和教材思维为凭借去引发学生思维的活力，从而去锻炼学生的思维呢？这个问题不解决，思维培养就会迷失方向，就会走向歧途，就不会取得理想效果。有位教师教授《藤野先生》时问学生：文章通过对清国留学生漫画式的描写，表达了作者对他们怎样的思想感情？学生答“厌恶”或“憎恨”，教师都一概否定，直到一个学生答出“憎恶”时，教师方眉开眼笑：“对呀，对极了！这个同学就是聪明！”教师带着这样的教学观念去培养学生，只能造就谨小慎微的别里科夫式的“人才”。表面上看

教师像在启发学生思考，实际上是拉着学生往教师思维上靠，而不是把学生当作思维的拥有者和主动者，因而不能激发其探索欲望和思维活力。教师思维的枷锁将学生的思维活力禁锢在了绞刑架上，这就偏离了方向，不能算真正意义上的思维培养。

二、拉开心理距离

在实际教学中常有这样的现象：教师采用同样的方法进行某一类课文教学时，得心应手，效果很好，而处理另一些课文时，学生却反应迟钝，昏昏欲睡。这其中最重要的原因就在于思维客体、思维媒体不能激发思维主体的思维兴趣，即客体对于主体来说，缺乏心理距离：一方面，思维客体在时间、空间、内容、形式诸要素方面与思维主体处在一个平面领域，两者没有“电势差”，因而缺乏思维流动的“势能”；另一方面，思维媒体创设的思维入口、途径和模式，陈旧单一，缺乏新意和变化。鉴于这种情况，教师首先应该注意设置认知距离，以避轻就重，舍易就难。比如《警察与赞美诗》的栅栏式情节、富有喜剧色彩的人物形象、充满酸涩味的环境以及平角式构思，学生均已领悟把握，教师不必在这方面下过多的功夫，而应设创具有一定思维力度和难度的问题，引导学生的思维向深处发展：如果用一个词来概括本文的情节、人物、环境、手法乃至主题，你会用哪一个？这样就是要在较高层次上有效地拉开心理距离，大力激活学生的思维。其次，教师要构建梯次进增的教材训练序列。现行中学语文教材虽然提示了训练重点，但有许多是重复、交叉而又笼统的，遗漏残缺的内容也不少，并且连贯性不够，梯度不明显。因此，在教材构建方面，应体现一个由低到高、由易到难、由浅入深、彼此关联而又不机械重复的语言、思维培养序列，强调每一节课有“一得”，在这“一得”上扩广度、增高度、加深度，使学生常学常新，一堂一个台阶，以此来拉开认知距离，引发思维欲望，彻底改变“语文课，皮厚课，半年不学不后落”“作文课，如撞钟，天天撞，无二声”的状况。这就需要教师付出艰辛的努力。

三、优化思维培养的程序

从信息论角度来说，信息如果彼此间组织紊乱甚至相互干扰，那就不利于甚或无法在大脑中进行编码（即进入长期记忆的信息系统），这样，信息在输入时，神经系统中的“感觉登记处”会对它排斥和拒绝。因此在课堂教学中设计一个环环相扣而且整体性强的思维训练过程显得尤为重要。目前多数教师优化程序的观念十分淡薄，有的仅一节课就树起四五个目标，而这些目标之间又缺乏有机联系，或教师不能将这些目标依科学顺序使之贯串为一个整体，课堂教学显得七零八落，甚至训练要点间风马牛不相及，学生如堕雾海，思维被搅得一团糟。更有甚者，教师设置的思维程序，违背学生的思维规律，前后颠倒，堵塞了学生思维的通道。有位教师教授《变色龙》时，依次处理了以下问题：1. 主人公奥楚蔑洛夫有怎样的性格特征？2. 小说叙述了一个怎样的事件？3. 小说具体写了人物的哪几次变化？4. 小说反映了怎样的主题？5. 人物对话有什么作用？这里教师首先让学生讨论人物的思想性格特征，就相当突兀，缺乏思维的基础，结果并不复杂的问题变得复杂起来。后面四个问题次序也很混乱，整个课堂疙疙瘩瘩，很不顺畅。有的教师注重思维程序的设计，就取得了很好的效果，如有位教师处理《从甲骨文到缩微图书》时做了如下设计：（教师在黑板上画上台阶，台阶上面再画上山峰）1. 看到这个图形你想到了什么？人类社会的顶峰是共产主义，那么最低一级台阶是什么社会形态？3. 这两种社会的差距的原因是什么？4. 社会进步的力量是什么？5. 科学技术的载体是什么？6. 书籍的演变经历了怎样的过程？7. “从……到……”表明本文是以什么为顺序进行说明的？8. 表示时间的词语和出现的书有哪些？9. 文章对哪几种书进行了详写？为什么详写？10. 怎样抓住特征对事物进行详细说明？11. 你知道哪些事物是按由低到高的层次发展的？请你设想一种未来的书。这样的课堂设计，像一座立交桥，既能使学生思维畅通无阻，又可向四处发散；像一条奔腾的河流，以教师思维、教材思维去引发学生思维的波澜，从而展现绚丽多彩的智慧浪花。

四、提高思维的价值

较高层次的语言思维能力和思维品质的形成，往往需要强烈的信息刺激，盲目简单、蜻蜓点水似的培养是难以奏效的。当前，教师的课堂教学在这方面还存在问题。一是缺乏诱思意识。教师没有真正树立起以培养学生的语言和思维能力为主的观念，表面上看有诱思设计，但在诱思过程中，往往还未等学生动脑思考，教师便迫不及待地将结论说出来，更不能对学生的思维进行纠正和深入诱导，这实际上是重验证、轻探究的一种变式表现。有的教师对学生的认知现状、思维水平和情绪倾向缺乏正确把握，在学生诱而不思、启而不发时，便越俎代庖了。一味的思维代替，必然造就缺乏思维捕食能力的"笼养虎皮鹦鹉"。二是缺乏深刻性。教师由于缺乏学生意识，教学中那些真正有思维价值的地方便顾及不到，而往往在那些简单浅易的问题上兜圈子，把学生当成傻瓜，表面上看课堂活跃异常，实际上却没有什么用处。前段时间一位教师参加市教学能手评选上课时这样启发学生："'花鸟草虫，凡是上得画的'，那原物怎样?"学生答："'往往也叫人喜欢'。"又问："'蜜蜂是画家的爱物'，'我'却怎样?"又答："'总不大喜欢'。"这种教师提问课文前半句，让学生回答后半句的思维培养方式，或许算不上普遍现象，却很有典型性。在这些教师的观念中，只要有问有答就不是单向传输，就是思维培养。而更多的教师在思维培养方面做得肤浅，主要是由于他们局限于教参，不敢越雷池一步，对教材诸要素没有深刻的把握，缺乏独到的见解，因而也就不可能启发学生在那些具有思维深度的问题上，进行深入的探索和研究。比如《雨中登泰山》中有一段刻画松树千姿百态的文字："它们不怕山高……显出一副潇洒的模样。"应怎样理解该段的描写目的?不少教师仅着眼于修辞手法表现的特征以及作者对祖国河山的热爱之情，而不能引导学生将作者雨中勇登泰山的气度与松树"不怕山高""和狂风乌云争夺天日"的"潇洒"联系起来，进而理解作者的描写目的在于赞颂松树"在逆境中奋斗"的品格。三是缺乏针对性。教师在思维培养设计时，抛开学生的认知基础和智力差异，按一个标准要求学生，不分层次，优生吃不饱，差生吃不了；要么只面对个别优生，只与他们进行交流，让大多数的中下游学生当"看客"和"听众"，这样的思维训练付出了时间、代价，却谈不上什么力度和高效。

（原载《语文教学与研究》2001年第8期）

对高中语文教学“高耗低效”问题的思考

正视现状，令人苦恼

在推进素质教育时机尚未成熟而十分艰难的情况下，衡量教学水平的唯一尺度是高考结果。至少，多数语文教师这样认为，大概社会上多数人的看法也是如此。搞教学改革，闯教学新路，人们仰慕，可是改来革去，成绩上不去，人们不信服。高考成绩不能衡量一个学生的语文水平，高考成绩差不能说明学生语文水平低，但是没有谁会否认高考语文成绩优秀是语文水平高。近十年来，高考命题的材料和内核，几乎不与现行教材挂钩，甚至可以说高考已将教材扔到了爪哇岛上。或许这是因为现行大纲教材无论从容量还是内容构建上，已不能适合当今时代选拔人才的需要，存在着诸多缺陷和弊端。高考命题的依据是《考试说明》，而非教学大纲和教材。高考的能力立意已经十分鲜明，传统的教学理念和教学方式已经不能适应高考的需要。

大学是精英教育，高考的功能是选拔优秀人才，语文教学的要求和使命自然不会与之背道而驰。

面对这一现状，不少教师进行了雄心勃勃的“改革”：有的以课本为材料，进行豆腐块切分式教学；有的则扔掉课本，分解《考试说明》，以语文基础知识为序列，进行大规模的“知能训练”；有的干脆模仿高考试题，进行“画葫芦”教学；更有一大部分教师抱定“以不变应万变”的信念，在崎岖的老路上气喘吁吁地拉着破车……有的却主张语文传统教学的回归，有的却主张抛弃传统；有的主张传授知识，有的却倡导提高学生的人文素养……

上述种种无论哪一类，教师都可算是呕心沥血、“衣带渐宽”了，可悲的是教师和学生相依为命地花费了巨大的精力，付出了几年的时间和心血，可谓“九牛二虎之力”，可是结果不过是“一毛”之得。这“正如煤的形成，当时用大量的木材，结果却只是一小块”。因此常听见同行们摇头苦诉：现在的语文着实没法教了，上了一辈子语文课，到头来两眼一抹黑，不知道上什么、怎么上了！笔者亦身感同受。

那么当今语文教学高消耗低效率的原因何在？语文教学的出路何在？笔者试图结合个人实践和思考谈点浅见。

追根溯源，发人深省

当前高中语文教学存在诸多问题，高消耗、低效率的原因有种种，大致有如下几点：

一、对于“语文”内涵的理解方面，不少教师仍抱定“语言文字”或“语言文章”的观念，把语文课上成知识课或文体课。

教师一味夸夸其谈，课上讲，课下讲，自习还讲，犹如把食物嚼烂，再将学生的嘴撬开填进去。而“知识是教不尽的，工具拿在手里，必须不断地使用才能练成熟、练得技能的。语文教材无非是例子，凭这个例子要使学生能够举一反三，练习阅读和作文的熟练技能；因此教师就要朝着促使学生‘反三’这个标的精要地‘讲’，务必启发学生的能动性，引导他们尽可能自己去探索”（《叶圣陶语文教育论集》）。传授知识在某些时候是必要的，但着实有个“度”的问题，教师往往对学生什么都不放心，面面俱到，力求讲深讲透，不得不把语文课上成“教师口才炫耀课”“催眠课”。更为重要的是，长此以往，学生学习的知识得不到运用，没有机会“反三”，个个只会“纸上谈兵”；学生不能亲自获得对语言的感受和理解，很难产生情感上的共鸣和思维上的互动。1996 年国家教委颁布的试验用《全日制普通高级中学语文教学大纲》明确提出“语文是最重要的交际工具”，这种“工具”是用来交流思想信息的，因而突出了语文学科实践性、应用性的特点，强调要培养学生的语文技能，进而形成能力。这才应该是语文教学的目的所在。这种提法与叶圣陶先生“口头为语，书面为文”的语文观念是十分吻合的。

很多教师由于抱着陈腐的、模糊的观念，而没有认识到语文既是交际的工具，也是思维的结果，因为交际不能离开思维。当代科学认为语言和思维同时产生，“思想不是在词中体现，而是在词中完成”（维戈斯基）。比如作文过程，其内容并非是用文字传达出来，而是伴随语言同时形成。文章写不好，其实也就是思维没形成；语言文字水平低，主要是思想水平低。既是如此，语文教学中概括、浓缩、提炼、分解、筛选、判别、组合引申、变形、评价等思维能力的培养就显得尤为重要了。而要形成思维能力，必须依靠训练、积累和感悟。“语文能力是练出来的，不是讲出来的”；“语文能力是读出来的，而不是老师传授出来的”。有的教师提出“训练”之说，可谓真知灼见。一般地讲，能力是指顺利完成活动任务的个性特征；技能是指人们运用有关知识完成任务的一种活动方式或智力活动方式。因此学生学得知识、获得能力，必须通过中间环节——技能这个实践的过程来完成才能真正学会，只懂得要领是无用的。语文教学应该把“训练”教师转变为“训练”学生了。值得一提的是，这里所说的训练，绝不等于课后的练习作业，也不等于讲了之后的练习，更不等于只起复习巩固知识作用的练习，同时也不等于杂乱无章缺乏内在联系的练习，而应该是在知识教示下的系统有序、科学有效的练习，是贯串听说读写各个部分，与课堂课外同步进行的各种思维能力的训练。

二、对语文教学的外延的认识十分狭隘。

教育要“面向现代化，面向世界，面向未来”，语文学科的教学自然不能例外。而实际上不少教师连面向“现实”尚做不到，更何况面向未来呢！师生被封闭在与世隔绝的“斗室”之中，不阅新闻，不读报纸，不看电视，导致摸不准时代脉搏，根本无法面对外面的世界，思想僵化，心胸狭窄，视野浅近。因此教学只能死抠课本，玩文字游戏。教育的目的是为了创造未来，而绝不是复古和倒退。语文教学也必须有超前意识，重在培养学生在继承现代科技文化的基础上去发现真理、追求真理的潜能，而这种潜能的形成，单靠课堂，往往是杯水车薪、无济于事的。试举一例。1996 年全国高考语文试题第 2 题是关于错别字的考查，山东省抽样试卷正答率为千分之三。其中“家具店”一词最具迷惑性，大多数考生失误在于对这一个词把握不准。倘若我们在平时注重指导学生将学习语文和社会生活做些联系，类似问题会迎刃而解，哪个城市、哪个乡镇没有几家“家具店”呢？而以“家俱店”冠名者司空见惯。倘若我们的学生见后生疑、查阅，真情昭然。

语文教学视野狭窄，也根源于对语文特点的认识不足，教师没有真正认识到语文除其工具性特点外，还具有思想性、社会性、综合性的特点。就致力于教改的老师而言，凡是成功者都是课内、课外并重；凡在高考中取得优异成绩的学生，没有一个不是得益于课外。这就要求教师做好导向工作，要让学生能在课外“受益”，就需要让他们在课内“得法”。

平时我们只是感叹学生作文空洞无物，讥之为“头重脚轻根底浅，嘴尖皮厚腹中空”，而没有考虑教师在这方面做了哪些方面的工作和应负怎样的责任。学生作文的无话可说包括真无话可说和假无话可说。假无话可说是有材料而不知怎么说。这种情况可做些疏导工作，指点提炼，寻找突破，修渠导流。“有米不怕难下锅”，这只是技巧问题。真无话可说，那就属于“腹中空”“根底浅”那一类了。这就需要下大力气，指导学生观察思考，阅读、记忆、消化，需要向古人学习，向现实生活学习，需要引导学生广泛涉猎政治、经济、哲学、文学、科技、环境等领域，丰富头脑，树起大语文观念，为写作寻找活水源头。这样不但可以解决“有米下锅”的问题，而且还拓展了视野，提高了学生的思想认识能力。事实上不少教师在开辟第二课堂的同时，还进一步搞起第三课堂，将语文学习与社会生活（即语言实践）结合起来，向日常交际、影视媒介物、各种集会活动、艺术作品学习语文。有的教师引导学生借用思想政治课中的辩证唯物主义原理来观察生活、分析现实，指导作文立意和成文构建，从而提高思想认识水平。还有一些教师运用口头作文堂堂练、读书笔记周周写、演讲辩论会月月开的方法，促进语文能力的整体提高。这些都是适应了当代语文学科的社会性、思想性、综合性的特征而进行的有益有效的尝试。

三、教学的进程上缺乏科学序列和梯次进增。

语文是环形大纲，因而长久以来被认为是一门玄妙而笼统的学科，它的教学目标和规格不具体明确。就统编教材而言，文体系列缺乏科学性，对能力培养的要求含混不清又杂乱无章，知识的教示缺乏内在联系。这样一来，教什么、教多少，教师心中没有数，学什么、怎样学，学生茫然无知，双方都无所适从，但又不得不教，不得不学。于是课文教了一课又一课，教材学了一本又一本，作文写了一篇又一篇，到头来费时耗力却还是“多数不过关”。

在高考复习上，不少地区采取三年课程两年上完，最后一年进行复习的战略。但是由于训练缺乏层级标准，对各个训练点应达到的高度、难度没有明确要求，所以教师在操作过程中该强化训练的内容缺乏力度或直接遗漏，不该强化或不必再强化的内容却机械重复。又由于训练进程缺乏梯次进增的精确设计，需拓展的得不到延伸，需深化的得不到夯实和开掘，需上高度的得不到升华，各种能力广不到边、深不到底、高不到顶。更有甚者，徒有复习计划，却照搬外地资料，将学生糊里糊涂地按入题海。这样的训练路子自然是漆黑一团，使学生需掌握的知识杂乱无章，世界观混淆不堪，再求效率，那只能是天方夜谭了。

语文是环形大纲，语文能力的形成，需要借助语言环境进行反复训练，但绝非简单重复，而应是螺旋上升；需要波浪式前进，绝不是没有层次梯度的平面运动。

有鉴于此，有的教师便进行了教学改革。如陆继椿的“分类集中、分阶段进行语言训练”，即“双分”教学体系，采用“语言训练序列”教材构建方法，将语文能力分解成若干能力点和相应训练点，强调每节课有明确具体的教学要求或训练侧重点。而这些训练点是由浅入深、由简到繁、由形象到抽象，排列成相对集中又循环往复的序列，构建起学科教学程序。这样做是十分科学的，避免了弯路和无效劳动，确为事半功倍之举。

四、教学方法上，教师沿袭以陈腐的讲解为主要手段的教学观念。

教师讲得多，首先是表现了对学生的不尊重，因为这是不信任学生；其次是遏抑了学生的自觉性和积极性，因而也就扼杀了创造性。孔子早在两千多年以前就提出“不愤不启，不悱不发”的方法论，而我们现在的语文教师在这方面仍然是无动于衷！当然，不少的教师进行了一些有益的尝试，注重了启发和诱导。但是由于思想观念没有发生根本的转变，这些尝试往往成为华而不实的空架子，其目的仍在于“为了让学生学到什么，而不是让学生学到怎样学，即学会学习”，因而在“导”和“诱”遇到一些困难时，觉得白费气力，便又“越俎代庖”了。更有一些教师树起改革的旗帜，也似有些名气，但看看成绩，令人摇头。究其原因，便只是形式上的改变，表面上看热热闹闹、很有活力，实际上仍没有放弃教师主体的位置。有的教师搞教改则因为平时的统考测验反馈短期内未见成效而半途而废。“教课之本旨并非教师讲一篇课文与学生听，而是教师引导学生理解此课文，从而使学生能自观其他类似之文章。”（《叶圣陶语文教育论集》）因此教师教课的任务，就是“教”会学生“学”，“教是为了不教”，使学生自能读书，不待老师讲；自能作文，不待老师改。

勇于探索　希望在前

高中语文教学还正在艰难曲折的道路上攀登，还在黑暗中摸索，我们身上重负累累，眼前迷雾重重。这需要我们这一代教师实现一个转变：由勤奋型的教书匠转变成科研型的导师，用新的先进的教育理论点燃我们智慧的灯光，用大胆的革新精神为开拓武器，以科学的方法论和辛勤的汗水建筑起向上的石级。这样我们就会甩掉重负，轻装前行；拨开迷雾，认清方向；照亮黑暗，展现无限风光，万千气象。

（原载《山东教育学院学报》1997 年第 5 期）

溯源寻根，务本求真

——初中语文面临的困境及解决策略

大家都在关注语文教学，那么语文教学的现状是怎样的？该向哪个方向走？于此谈点个人浅见，以求抛砖引玉，就教于方家。

一、语文教学面临的问题和困境

（一）教学目标和任务的模糊不清。1. 单元、单课教学目标模糊不清。语文课程标准有总的课程目标和内容，7～9 年级这个学段也有五个方面的分项目标与内容，但是到了一本教材、一个单元、一篇课文里面，我们的目标是什么，需要培养学生的哪些方面的语文能力，很多教师就两眼一抹黑了。2. “语文”目标模糊不清。现行教科书按人文话题编排单元，重视了“人文性”，而工具性成为附庸。每个单元情意观目标似乎很清楚，但是“知识与能力”“过程与方法”的目标却模糊了，“语文”的读写听说方面的目标却缺失了。3. 教学内容模糊不清。有的校长说，这语文课怎么同一篇课文每个老师都上得不一样？例如学习郑振铎的《猫》，是教学生体会描写小动物的方法，是体会选材构思的特点，还是探究作者表达的悲悯情怀？这篇课文我们到底要教什么、学生要学什么？它的哪些方面才是教学资源？

（二）课堂教学的状态不理想。教学状态不理想表现在多个方面。第一，教师语文专业化程度较低。语文教师上课，要让学生动容、动脑、动心。半数以上的课，表现出教师专业水平的薄弱和教师主体智慧的短缺：一是教学语言档次太低，干巴生涩，缺少情感的鼓动力、思想的穿透力、审美的感染力和文学色彩。二是朗读水平低。经常有教师课堂上说：“下面老师范读课文。”这既体现出师与生的不平等关系，又不够实事求是、不够谦虚，因为有些教师的朗读根本称不上范读。教师读不精彩很遗憾，但更重要的是让学生读精彩。三是缺乏开发课文阅读资源的能力。有些教师教材解读的专业功底薄弱，离开了参考书根本上不了课。第二，看不到学生有效合作、深度投入的状态。课堂上提问讨论多，默读涵咏少，学生真正深入到文本中的时间极其有限。学生不能在默读细读中咀英嚼华、涵咏浸润。没有学生自主的深度投入，就直接小组内讨论，其探究只能浅尝辄止，缺乏真意、深意和新意。有些内容学生已经会了，教师却仍在纠缠不止，而“愤”“悱”之处却不启不发。第三，缺少精彩的亮点和丰硕的生成。尽管学生语文素养的发展有一个生长发育的缓慢过程，但正因为缓慢，我们才要去追求眼前过程的精彩和丰富的生成。没有精彩的亮点，说明学生情感没有被激发，思维没有激活，语言潜能没有被开掘。

（三）教学设计缺少智慧含量，不能使学生“更好地学”和“学得更好”。当前教师教学设计的实际水平并不令人称道。1. 教学构思缺乏逻辑，与学生学习心理规律相悖逆。不少课不是基于学生的“学”，而只是基于教师的“教”去设计思路，自然不会有合理的梯度。有的教师重视学生的“学”，但是却表现出无所作为，课堂随性而为，不能开创自己的教学思路，只是照搬他人的套路或机械地走“教学模式”。2. 教学环节过于烦琐，问题情境开口狭窄，内容被肢解，学生也失去自主。教师不敢让学生质疑答辩，只兜售一厢情愿的思路。3. 情境设置缺乏诱发力、新颖性和探究价值。教语文就像做厨师，在食物匮乏的年代，教师做出粗茶淡饭即可；小康年代，学生希望能吃到山珍海味，而且要求色香味俱全。4. 师生交流和教学评价不到位。在“自主”理念的指导下，课堂只是少数几个尖子生展示的舞台，教师不去引导那些“无动于衷”的学生参与学习；对学生廉价赞扬，学生有被“涮”的感觉；教师的储备不充足，缺少空间扩展和深度追问。5. 教学策略粗拙。教学过程缺少教学载体，策略原始；丢失阅读体式特征，方法泛化。

（四）过于强调人文性，使语文教学变质。有些教师过于突出语文课的思想情感价值取向，丢掉学科教学本质，为他人做嫁衣，却费力不讨好，结果把语文课上得像思品课、生物课、地理课、科学课。

（五）学校教研活动力度、深度不够。学校虽有半日教研制度，搞集体备课，但基本是浮于表面，流于形式。多数学校良好学术研究氛围并没有形成，对问题的研究浅尝辄止，也缺少名师、专家的引导；虽是学科组整体考核，但智慧共享的机制并没有形成，教师之间缺少合作、共享和共赢。

（六）学科教学被应试教育异化。超课程教学，加快进度，三年课程两年上完。"吃夹生饭"是语文学科之大忌。当前中学教学从初始年级开始就与毕业应考接轨，教师拿课本当训练材料。语文需要多方面的积累，积累达到一定程度才会有质的飞跃。就像酿酒，没有发酵的过程，酿不出好酒。

（七）学生阅读量少，轻视写作教学。经常有老师问我："我很自信自己的工作态度、业务水平和教学能力，可是为什么学生的语文成绩总是不那么理想呢?"我说："学生的阅读数量和质量上去了没有？学生喜欢写作吗?"实际情况是学生没有课外阅读、自由写作的习惯和时间。懂语文的人都知道，仅靠课堂学习，要使语文水平发展到理想程度，那是白日做梦。

二、应对策略与解决途径

（一）开展落实教学目标的研究。1. 将课程目标转化为教学目标。将语文课程标准中课程总目标、阶段目标、五个分项目标，化解落实到每册教材、每个单元、每篇课文。比如七下第二单元"热爱祖国"中都德的《最后一课》，就可以把文学作品教学的目标贯彻进去，并且要按小说体进行教学。这就是从鉴赏的角度去教课文，有效提高学生阅读审美水平。2. 将人文话题单元转化为语文能力单元。例如七上第三单元，人文话题为"感受大自然"，可以转化为语文能力单元"写景与抒情"，然后分解这个单元目标，树立每篇课文的语文能力培养目标。过去老师教学也去考虑课程目标，但只是想当然，随意性很强，现在需要踏踏实实地做这项工作。2013 年山东省初中语文远程研修，着重面对当前"语文"要素缺失和"语文"资源开发这两个问题，研究如何在人文单元环境下，挖掘"语文"资源，构建"语文"目标，发展"语文"能力。这是语文学习本真的回归，势在必行。

（二）建构阅读教学内容。为什么相当一部分学生对语文学习兴趣不高？其中一个重要的原因出在教师身上，学生已经懂了、会了、无价值的内容，教师还在引着学生纠缠不休，反之亦然。浅的教（学）不新，深的教（学）不透，有价值的教（学）不到。这已经成为制约语文教学效率提高的瓶颈，值得深思。选择和确定教学内容需要考虑四个方面的因素：1. 独有资源。考虑课文之所以被编入教材的特色或亮点，例如《最后一课》以学生视角，展示在国土沦陷、民族文化即将被毁灭的时刻，人们精神崩溃、心灵抗争的外在表现。“视角”“时刻”“外在表现”为其独有资源和独到之处。2. 体式特征。体式即作品本质属性、功用和价值，淡化静态文体知识。例如科技文，传递科学信息和科学知识，介绍事物的属性特征，呈现科学探索和科学发现的过程和成果，弘扬科学精神和科学思想方法。文学作品是通过形象塑造、情感渗透、情境创造向人们反映生活世界的真相，使人们获得真的感悟、善的警醒和美的享受。据此我们可对课文做多种分类。关于不同体式作品的特征，冯骥才有过很经典的表述：“一个人平平常常走在路上——就是散文；忽然被推到水里——就成了小说；从大地上被弹射到月亮里——那就是诗歌。”例如散文，就可以从以下几个方面考虑：其一，作者个性化的言语表达、语句章法；其二，作者个人化的所见所闻及言说对象；其三，作者独有的所思所想、情感认知。再如小说：其一，形象及形象活动的轨迹、生存环境；其二，形象所折射的社会生活面目及思想意义；其三，独有的叙述艺术和表现载体。再如文言文：总体上说文言文内容确定不能“得意忘言”，也不应“得言忘意”。具体来说，其一，积累语言，感悟阅读规律与方法；其二，抑扬顿挫，因声求气；其三，咬文嚼字，品味欣赏；第四，吸收传统文化的智慧，古文今读，古为今用。3. 学生需求。不同的学生对语文学习的需求是不一样的，例如学生读过一篇课文，兴趣点不同，收获与感悟不同，存留的疑难问题不同，学习意向也就不同。这些差异教师怎样去把握？面对这些差异，教师如何确定和处理教学内容？4. 语文本体。确定教学目标朝着发展学生语言文字的运用能力的方向用力，而不能心有旁骛。

（三）创建具有生成性的教学思路。语文教学需要因材而异，重构教学内容，创建具有生成性的教学构思。下面是笔者同老师们在参加省优质课、教学能手评选备课过程中研究的几种思路，略作提炼，供大家参考。

1. **板块式教学思路** 教学的过程、内容呈板块状并列而又步步逐层深入。这是最实用也是艺术化的一种思路。如郑振铎的《猫》一课的板块思路为：（1）读“猫”——理解形象特征；（2）体“情”——感受心理历程；（3）探“因”——领会思想内涵；（4）寻“道”——感悟方法创意。

2. **主题式教学思路** 归纳提炼资源和问题的聚焦点，形成一个主题，课堂教学便围绕这个主题去展开。如《水调歌头（明月几时有）》可以“月亮”作为主题，探究词中的隐喻意义：（1）探究古诗文中的“月亮”；（2）解读词意，说“明月”含意；（3）解小序，悟“明月”情怀。

3. **非指示性教学思路** 教师隐藏教学指向，让学生在学习活动中原汁原味地体会文本的思想意蕴和艺术奥妙。一种思路，先让学生阅读探究，然后展示其收获，出示具有思考探索价值的问题。以此为基础，教师归纳学生的探究意向和重要问题，组织学生开展深入研读。另一种思路，在不同角度和层次的阅读中即时生成思路。如《乡愁》可设置为“四读”：一读，体验情感之美；二读，体验内容之美；三读，体验语言之美；四读，体验韵律之美。

4. **体验式教学思路** 过去的阅读教学，学生以观赏者的角色去领会文本，新课程提倡让学生走进文本，进入角色，融入情境，与作品中的人物、作者展开对话，以达到深度体验、深刻领会的目的。如《送东阳马生序》：（1）读文意——以文中“藏书者”“先达”“媵人”“同舍生”的身份，以“我所了解的宋濂”为话题说一段话，有创意地翻译课文；（2）懂人物——以宋濂的口吻，和以“我眼中的宋濂”为话题，谈对人物品质的认识；（3）悟法理——以当代中学生或“宋濂”“先达”的身份，展开相互对话，就文章写法和从师为学展开探讨。

5. **迁移式教学思路** 将学习与运用、方法感悟与解决问题、领悟与创造有机结合起来，突出语文能力的习得。例如《春》：示例——教师指导学生学习“春草图”，角度有三个：（1）读课文，读出抑扬顿挫和蕴含的情味；(2) 赏析语句特点及传达的情感；(3) 与春天里的草和人对话。迁移——按照这种角度和方法，自己赏析“春风图”“春花图”“春雨图”等内容。

（四）开展团队课堂“研磨”活动。课改以来，教师教学的理念和行为经历了变革，能力水平也有了一定程度的提高之后，再度提高和发展却十分艰难。如何走出这个高原地带，使教师的专业成长注入新的力量，使教学质量得到持续攀升？当前最有效的途径是“课堂锤炼”（“磨课”）。要点有四个：1. 基于课程标准；2. 基于教师教学中真实的问题；3. 基于教师的专业能力持续发展和教学水平的不断攀升；4. 基于专家、名师的引领。其基本过程为：制定磨课计划——基于个人经验的教学设计——基于同伴协助的教学设计——上课与观课——评课并形成基于实践反思的教学设计——反思和总结。需要说明的是：1. 从教学中出现的实际问题出发，而不是从课题出发；2. 磨课不是优质课，但像优质课形成的过程，把普通老师的常态课打磨成好课；3. 要组成磨课组，制定观课标准、制作观课工具、分工观课。

（五）把指导学生阅读当作语文教学一项重要的教学任务。阅读的功用似乎妇孺皆知，可到了语文教学身上却成了另一番境况。当前，半数以上的初中学校没有开设语文阅读课，课外作业也不安排阅读；开设阅读课的学校，教师在指导学生阅读、提高阅读效益方面思考的很少。“教育就是培养习惯”（叶圣陶），语文教育就需要养成良好的倾听、阅读和写作习惯，其效益是使阅读成为一种生活方式，为学生的一生奠基，使其受益终生。语文教学应构建两条线：以高质（课堂教学）促质变和以量变（大量阅读）促质变。大量阅读，有没有个量的要求？课标提出的要求是 9 年 400 万字，平均每年 40 多万字，每学期 20 多万字，也就是教材的 1.5 倍。阅读的“量”和“质”都有了，那么一切也就都有了。教学工作中我们都在做，但也需要思考在做什么，为什么要这样做以及怎样做才能取得最大的效益。在语文教学上，我们需要做的是“溯源寻根，务本求真”。

（原载《东营教育研究》2013 年第 4 期）

课改·课堂·效率

——南京师大研修报告

前　言

本次南京师大教研员研修，内容涉及课程改革、教研科研、课堂教学、效益评价等多个方面。笔者由此提升了思想认识，开阔了教学视野，吸收了宝贵的经验，解决了许多疑惑，也明确了工作努力的方向。从某种角度说，专家教授与我们关注的话题或问题是有共通之处的，其中包括“课改—课堂—效率”这条主线。下面就这方面谈谈自己的研修收获。

专家视点回放

面对现实，正视问题。南京师大教授、博士生导师杨启亮认为，基础教育是面向全体学生的国民素质教育，是促进学生全面发展的教育，是朴素简单的、深刻扎实的教育。他认为十年课程改革有成效，但也存留了问题，这些问题是：第一，课改与发展中国家实践水平的不相适应；第二，课改与课程文化的传承关系的处理欠妥当；第三，课改与教学评价制度不相适应；第四，课改实际与科学方法不相适应。他认为课改的出路在于，一是要正视问题、面对挑战，二是要从根本上改变教育教学理念，三是要走出一条本土化实践的道路。

超越教学模式，自主创建思路。南京市白下区教研室蔡建明认为，有效教学是通过教学使学生获得具体进步或发展的教学；高效课堂是以最小的教学投入获得最大学习效益的课堂。教学模式的建立是具有个性化的，是特定时间、地点、环境和教育对象的产物；模式不是一成不变的，也不是放之四海而皆准的；不论什么模式，都应充分有效发挥师生两主体的作用。

长效短效并重，个性共性并存。南京市二十七中贾玮认为，有效课堂应着眼于学生终身发展和学业精进所需要的素质培养；课堂目标设计要注重整体性、阶段性和差异性；建立有效的师生关系是提高教学效益的前提；要运用有效的教材解读方式；要设计具有思维张力、发散性、开放性的问题，要鼓励学生猜想和推理验证；教师“理答”要言之有物、言之有意、言之有度；教师还要善于开发各种资源。

以学为主，启智扬思。南京市教科所肖林元认为好课的特征是：“学生要学习”“学生会学习”“学生学得很有收获”。观察和评价课堂要特别关注学生的思维活跃度、思维深广度、思维成功度，要看教师课堂的问题、空白和变式设计的水平与质量。

视点批判与现象举隅

课改，怎一个“新”字了得！十年课程改革轰轰烈烈，如火如荼，一定程度上做到了破旧立新：理念是新的，行为是新的，方法是新的，思路也是新的。课改的成效和成就大家有目共睹，基础教育也因此获得了跳跃式的发展。但是，我们不能否认，课改过程也存留了一些问题，而且这些问题不容我们忽视。那么，对此我们是否重视并着手解决了？首先，教学与评价改革还不同步。杨启亮教授说“不能让孩子输在起跑线上”的思想断送了孩子的前程，基础教育断了大学的后路，这不是危言耸听。笔者认为让孩子过早地卷入竞争，一定程度上扼杀了人的创新欲望和发展潜能。课程改革是开展起来了，但社会上“学而优则仕”的思想理念并未得到根本的改变。我们试图改变基础教育的评价方式，但中国高等学校的校园却不能容纳所有愿意接受高等教育的高中学生。这也就说明我们没有解决好课改与评价的关系，而由此产生的奇怪现象也比比皆是：初始年级是素质教育，毕业年级是应试教育；课堂上是培养素养，课下是培养应试能力；公开课是学生自主探究，日常课是教师灌输……其次，理念与行为要革新。如何对待传统教育教学的思想精华？“不愤不启”“不悱不发”“有教无类”“因材施教”自不必说，“传道授业解惑”是否就需一概抛弃？现当代一些大家的教育教学思想乃至于教学智慧也需要我们去吸收借鉴，像叶圣陶的“生活”本位及培养“健全公民”的价值取向，于漪的“育人”教学观，钱梦龙的“三主”思想，都是切合教育的本质和人的发展规律并经过实践检验了的真知灼见，对此我们是不能“把小孩和脏水一起泼掉”的。然而我们却常常看到一些“改革者”不敢越雷池一步，把传统完全抛弃：不管什么问题，也不管学生是否能解决这个问题，即使花费再多的功夫也要让学生合作讨论，好像老师一讲出来就不是课改的课了；不管学生的回答多么幼稚和偏颇，教师一概以“精彩”给予评价。再次，表面上很“新”，实质上却浮躁不堪。追求课改的形式，而教学效果很差，质量走向了负面，这是误入了歧途。

课堂，怎一种“模式”了得！真理的相对性和发展性告诉我们，不可能有万能的、放之四海而皆准的、超越时空的教学模式。因此蔡建明先生提出“超越教学模式”的主张是十分明智的。课程改革作为基础教育意识形态的变革，影响到教育者思想、行为、方式、方法等方方面面的变革，教学模式的创建是改革中对于教学过程和教学效益最优化的必然诉求。课改以来，出现了杜郎口的“10+35”、昌乐二中的“2∶7∶1”、新绛一中的“半天授课”等教学模式，在国内外产生了巨大影响。然而，无论是贯彻课改理念找到的途径或载体，还是对教学实践的自然提炼或自主提升，都带有鲜明的个性特征，都受到对课改理念的认识、特定地域环境、特有教育主客体等方面的制约。对于这些模式，其他省市、地区、学校是否照抄照搬过来就能出高效、创奇迹呢？回答是否定的，因为事实已经做出证明。由此看来，真正有用的模式还需要教育者自己去创造建构。我们期待丰富多样的教学模式出现。

效率，怎一个“活跃”了得！课堂上学生活动频繁、讨论热烈、发言积极，这就一定是好课、这样的课就一定是高效的了吗？南京市教科所肖林元先生认为不但要看“学生的思维活跃度”，更要看“思维深广度、成功度”，不但要看教师设计教学的水平，更要看学生是不是“要学”“会学”“学得有效”。事实上也是如此，有不少老师为了让课具有“课改样”，不需讨论的内容让学生讨论半天，没有情境硬让学生提问题，不需要载体的章节却满堂课都是活动。课堂上学生没有自主观察、阅读、思考的时间和机会，思维肤浅、空洞、阻塞，以此来求效率，只能是“缘木求鱼”。总体上说，教学效率的提高，是师生主体作用充分有效发挥的产物。学生的思维是干柴，教师的思维是火把；学生的智慧是树木，教师的智慧是春雨；学生的才能是宝库，教师的才能是引导学生打开宝库的钥匙。

启发与设想

仰望星空与脚踏实地。专家教授的报告不但使我们开拓了教学教研的视野，增进了我们教学改革的智慧，更为重要的是激发了我们追求美好教学理想的热情，坚定了我们做好教研本职工作的信念。他们对于教育教学工作的执着热爱、不断探索追求的精神以及取得的丰硕成果和宝贵的思想经验，必将转化为我们敬业乐业的宝贵精神财富和思想方法。同时，作为教研人员，肩负着指导学科教师正确贯彻国家课改精神和学科课程标准的要求，提升思想境界，改革教学方法，提高教学效益，为国家建设培养有用人才的重大责任。因而我们相信未来，永远憧憬课程改革所创造的美好教育教学理想，只有胸怀理想，就不会使自己迷失和沉沦。实现理想，就必须躬身践行，就要脚踏实地。在专家们的启示引领下，我们在整日空谈教学改革的时候，该静下心来审视一下我们的教学、教研现状，梳理教研教改究竟该设计一种怎样的思路，怎样走出学科教研的迷途，面对现实我们该考虑怎样解决哪些瓶颈性问题。同时，改进我们的教学构想，将学生发展的长期效应和短期效应有机结合起来，既致力于人才素质的培养，发展学生的创新能力，培养创新精神，又要面向全体学生的全面发展，培养高素质的合格公民。

吸收借鉴与自主创新。课改背景下涌现出许多教改先进典型，他们的做法及其创建的模式取得了显著的成效。对此，我们需要恭敬地“拿来”，但是要“放开眼光，用自己的脑髓去拿”，“拿来”的应该是思想经验的精华，而不是形式上的招式，更不是搬用现成的“教学模式”。同样，对于一些教育专家、大师，他们以其顽强执着的探索和超乎寻常的聪明才智所创建的思想体系和教学范式，也需要我们辩证地看待、批判地吸收。对于优秀的教育文化，如果不去借鉴吸收，我们只能“闭门造车”，这样我们就会孤陋寡闻，我们的工作就会滞涩不前。但是，“照抄照搬”式的“拿来”，就是“东施效颦”“爬行主义”。在吸收消化的基础上创建起属于自己的教学模式，形成自己的教学经验，这才是教学改革的正确道路。我们可以这样断言，没有一种课堂模式适用于任何学校，没有一种课堂模式适用于一所学校的任何学科，也没有一种课堂模式适用于一个学科的任何教师。因此，要具体问题具体分析，每一位教师都应该创建自己的教学模式。

破除积弊与涅槃重生。在实施课程改革的过程中，我们遇到过不少教师发表过激的思想言论，也目睹过不少教师落后陈旧或花拳绣腿般的教学方式，抑或发现了教学中一些急功近利、言行不一、内外相异的现象，因此，需要考虑的是，这些思想、方式、现象是不是在我们自己身上也不同程度地存在着？回答是肯定的。在课改过程中，我们是不是真正认清了传统教学中哪些是精华而进行了继承吸取，哪些是糟粕而进行了剔除？同样，我们是否真正理解了新课改的一些思想理念的内涵，把握了新课标所倡导的教学方式、方法的精神实质？实事求是地讲，回答是否定的。因而我们应发现和正视课程改革中存留的许多问题，包括改革的死角和形成的积弊。特别是要正视教育者自身出现的问题，勇敢地担负起责任。“学，然后知不足”，存在问题不重要，重要的是能否认识到自己的问题，古人尚且“日三省吾身”，何况我们！鹰到了一定的年龄就要忍受巨大的寂寞、饥饿和痛苦，磕掉老化的喙，拔掉脚趾和陈旧的羽毛，才会获得重生，才会称霸长空。教师、教研人员也是如此，如果不摈弃偏执甚至错误的观念和行为，解决自身存在的问题，就不会焕发新的教育生命，就不会完善自我、提高境界，就不能担当起培养人才的重大使命。“否定之否定”，于涅盘中再生，在继承中发扬，在探索中创新，在改革中发展，是我们的必经之路。为了让我们的学生“更好地学”和“学得更好”，用我们的真诚和智慧创造美好的教学境界，是我们不懈的理想追求。

（原载《东营教育研究》2012 年第 5、6 期合刊）

阅读规律在现代文阅读复习中的体现与运用

阅读作为学生思维发展、能力提升、精神建构和心灵成长的重要载体，越来越受到广大师生的重视。而现代文阅读水平作为衡量初中学生语文能力的重要内容、学生语文学科素养的集中体现，它在中考试题中的分数比例占到五分之二以上，而且有逐步加大的趋势。阅读能力状况制约着学生语文素养的提升乃至未来的发展。但实际教学中，现代文复习的效益却着实令人担忧。笔者试图结合个人的观察、实践和思考谈点粗浅的看法，以期抛砖引玉。

一、归纳提炼与演绎解剖

语文学习感性体验和理性思考同样重要。如果说新课学习更重感性，那么阅读复习应更重理性投入，这与人们对事物认识的由浅入深、由具体到抽象、由现象到本质不断发展的特点密切相关。现代文阅读复习普遍存在着以下问题：一是在方式上紧盯着单篇文章，逐篇“过筛”，缺少归类和提炼，学生只感到“远近高低各不同”，而“不识庐山真面目”。二是在内容上只是回顾，作者、字词、篇章、内容、写法，面面俱到，却只是机械重复。出现这样的现象，是因为教师对阅读能力发展本质特征的认识存在问题。重现或记忆对文本的理解，起不到促进阅读能力发展的作用；只有把阅读复习当作思维培养、情感激发、能力提升的过程来对待，对文本的认识有提高、深化、新意的时候，才会出现阅读能力的持续提高。

归纳和提炼，可着眼于几个维度：一是文本亮点的提炼。无论从阅读理解还是从写作应用上看，都需要学生站在更高的视角对文本的学习价值进行再认和提炼，即由初学之“沉乎其中”到再认之“出乎其外”。这里可借助个性比较，认识作品独特之处。比如《春》，通过蒙太奇手法，表现春天的全貌，从不同感官的感受创造出恬美动人的图景，抒写出浓烈的颂赞之情。而《春风》运用抑扬跌宕的笔致和铺陈渲染的手法，表现北国春风的粗犷性格、威猛气势及其给人们带来的惊喜，从而传达出对春天无比的热爱。两者千秋尽显，亮点昭然若揭。这种再认和提炼作为更高层面上的理性探究，是感性理解的深化、升华，易于学生迁移、吸收和内化。二是难点的化解。学生在课文初学过程中存留了一些疑难问题，在文本解读中形成了认知性和过程性障碍，这就需要在复习过程中化解。比如《风筝》一文中，弟弟“什么也不记得了”，“我”本该“如释重负”，但为什么“我的心只得沉重着”呢？这里一方面需让学生对同类题材课文进行提炼，领会亲情的多样性，认识冲突中也有亲情；另一方面可由学生归纳鲁迅其他作品，从“揭出病痛，引起疗救的注意”这一共同思想追求上去认识这一问题。三是分类提炼。课内现代文复习需要周密的规划，可以按课本的人文话题单元归纳整理，也可打破教材编排体例，按照体式、题材、写法等整合单元。其目的是归纳出某一类作品在思想艺术表现方面的异同之处，提炼出普遍性的解读思路。这样做具有一定难度，却有利于开阔阅读视野、转换视角，提高思维强度，培养探究能力和收获新的成果。比如设置“父亲”阅读专题，整合《爸爸的花儿落了》《走一步，再走一步》《背影》等课文，可以引导学生从作品体式、人物特征、思想意旨、构思写法等角度归纳整理，从而提炼出从独特角度观察生活、选取具有典型事件或情境展示人物特征、表达思想情感的共有亮点，甄别出在伏设线索、创建思路以及运用叙述方式、描写方法方面的个性特色。这对于把握写人叙事作品的一般特征应该是十分重要的。

归纳提炼是从单篇到专题，从个别到一般，其价值更在于由此出发，去解读课外作品或课文中的具体内容或片段，即以归纳提炼的成果为指导，对文章做演绎解剖。对课外现代文的演绎解剖，以对课内作品阅读的归纳提炼为基础；对课内现代文片段的演绎解剖，往往力求通过这个片段考查学生对整篇乃至整类作品的理解把握水平。因此，首先要建立联系。要重视某篇作品与该类作品、作品某一片段同整篇的关系，如不同作品共同的属性特征，同一作品内容上的前后照应、因果变化，作品的人景物事对表现作品思想意旨的作用等。如果只是孤立地进行解读，就会“一叶障目，不见泰山”，就会失之肤浅、偏颇。如选取《孔乙己》最后三段作为考查材料，设置题目“认真体会选文和课文中四次描写孔乙己脸色的语句，写出你的探究结果”。解答此题，一方面需要联系课文的内容，即四次描写孔乙己脸色及与之相关的不同处境；另一方面需要学生联系作品，善于运用白描勾画细节呈现人物悲苦命运轨迹，反映人物性格产生的因果关系这一写法。如果孤立分析脸色的特征，当然不会探究出什么有价值的结果。其次，应追求生成。演绎解剖以归纳提炼的结果为前提条件，进而生成新结论或观点，这为培养和发展学生的分析推理等思维能力提供了载体，也为学生创造性解读文本找到了有效途径，避免了阅读复习重复记忆、盲目训练和浅层投入问题的发生。如选取《阿长与〈山海经〉》中阿长为“我”买来《山海经》的片段作为材料，解答“根据选文说明‘我’有怎样的心理活动”这一题目，就可以考虑本文整体上写“我”对阿长情感的变化过程的特点，进而推演出买《山海经》这个片段同样展示了“我”复杂而剧烈的心理变化过程：轻视——震悚——产生新的敬意。再次，需随机应变。要深入文本细部进行解剖，从中发现作品或片段的个性特征和独有的匠心，对具体问题做具体分析，而不应机械地对号入座、牵强附会以致造成误读。例如选取《最后一课》的片段材料，设计一个探究情境：简要分析郝叟老头这一人物形象的作用。解答此题容易着眼于人物之间的衬托关系、人物与事件的表面联系，如对法语的关注。而如果抓住郝叟老头忧愁的神情、带着的破书以及横放的大眼镜这些细节的内容，便可领悟出人物背后所隐含的意义：以郝叟的出现深化小说的爱国主题。

二、还原守正与欣赏出新

现代文阅读教学或复习，需要还原作品的背景、反映的真实生活、传达的思想倾向，尊重作者写作的初衷。不歪曲、不隐匿、不无中生有，否则就会误入歧途。但考试中对于课内现代文还原绝不是简单地重复对课文的已有理解或记忆现成的结论和观点，而是在创新视角、思维迁移、巧妙联系中机变灵活地实现对文本的还原，并着力于发展阅读理解能力。一是内容的还原。课内不少现代文意蕴深厚，往往有许多“留白”之处，它既是内容的组成部分，也是内容还原的切入点。例如《喂——出来》一文设置这样的问题：小说结尾处写传来的喊声并有一块小石头一掠而过向地上掉去，你认为接下来会发生什么情况？此题看似以续写考查想象能力，实则并非如此简单，它考查学生是否全面把握小说内容及背后隐藏的哲思，以续写来还原在创作意图指导下的必然发展结果。二是思想意义的还原。例如《社戏》一文的问题设计：有人认为本文以“社戏”为题不够恰当，因为文中没有多少文字写社戏，你对此有什么看法？学生当然可以从构思组材方面去谈，但重要的还要从“缺失了现实生活的美好”而激起的对美好童年和故乡的深沉思念来考虑，而这“缺失了现实生活的美好”就是《社戏》一文删去的开头部分——在北京大戏园子里看戏的混乱而烦闷的情境和感受。三是行文脉络的还原。例如郑振铎的《猫》关于第三只猫的故事片段，设置的题目为：用恰当的词语概括“我”在猫吃鸟事件中情感的变化过程。新课学习更多关注的是三次养猫给“我”及家人带来的多样感受，而在阅读复习中聚焦文章局部来领会一个事件过程中的情感变化，既做到了对课内所学的迁移，又实现了对课文片段内在行文思路的还原。

在还原的基础上还需进行创造性的阅读，要超越文本，反观现实，读出新意，以此形成和发展创造性思维品质和创新能力。一是状态的变形。改变阅读内容的原貌，如事件进程、细节、结果等，在假设的情境下，生成新的内容或思想观点。例如《我的叔叔于勒》一文可以设置这样的问题：如果“我”把于勒领到父母跟前，让他们兄弟相认，会出现什么情景？这里就改变了故事的情节过程，让学生依据人物性格逻辑推理事件的发展。二是顺序的改变。通过更改作品的结构层次，让学生辨析更改前后的优劣得失，获得对作品的构思的深刻领悟。三是思想观点的创生。要在阅读中反观现实，用现实世界观照作品所表现的生活世界，或用作品中的人物反观自我，达到理解作品、作者和认识自我的目的，在此过程中，形成新的思想观点。复习《变色龙》可以设计这样的问题情境：有人说奥楚蔑洛夫既生活在沙皇统治的俄国，也生活在我们周围，你怎样理解？此题一是要求还原创作意图和特定社会环境下人物的典型意义，二是要求用作品的思想反观我们生活的世界，从而领悟现实生活中奥楚蔑洛夫式人物的善变圆滑、见风使舵的性格特征。四是解读角度的出新。新学课文《春》时要注重从写景状物方面去欣赏，阅读复习中则可着眼于景人关系：本文既处处写春，又处处写人，对此你有什么看法？这个问题设计角度很有新意，有利于发展发散思维能力。学生可从内容表现上去赏析——写春景，又写人的活动和感受；可从审美的角度，谈作品表现的画面美和人情美；可以从写法上去鉴赏，托物言志，以景写情，融情入景。逆向思维、发散思维、立体思维是创造性阅读能力形成的必要途径和重要载体，现代文阅读复习同样需要加以重视。

三、增强体式意识与因循阅读诉求

在阅读复习中，文章体式的属性特征常常被轻视或忽略。一是文学作品之间、文学作品与写实作品的考查意向和题目设计没有区别，将它们混为一谈。二是不能从鉴赏的角度去对待文学作品。这两种情况均淹没了不同体式的个性差异，阅读能力培养着力的方向跑偏，以致刻舟求剑、南辕北辙，追求效益自是缘木求鱼。三是从文体知识入手，到文章中找印证，按“知”索骥。这种情况注重了文章的形式特征，而忽略了本质属性，就像只顾及了衣服的不同样式、颜色，却忽略了适合的人群和场合。现代文阅读复习中只有深入把握作品的本质属性和功用价值，才能实现科学、有效和深入的解读。例如科技文，传递科学信息和科学知识，介绍事物的属性特征，呈现科学探索和科学发现的过程和成果，体现科学精神和科学思想方法，这就是它的本质属性和功用价值。因而解读科技文就需要把握它所介绍事物的属性特点，探究其呈现科学内容的层次、传达知识思想的载体及展示事物内涵外延的手段与方法等，即从其内容与承载内容的形式相结合的角度去解读，这样才切合文章解读的内在规律。文学作品则是通过形象塑造、情景展现、情感抒发向人们反映生活世界的外貌本质，使人们获得真的感悟、善的感动和美的感染。因而解读文学作品要在还原的基础上，充分发挥学生的主观能动性和再造想象力，力求生成个性化的认识和创造性的见解。注重主观性解读，这是它区别于其他作品的突出特点。即便同属文学作品，如散文、小说、诗歌，其反映生活的个性及其体式特征都很鲜明，解读就需因文而异。如散文的特点是反映、坦露个人的生活和心灵世界，解读着力点应为：作者个人特有的见闻及叙述对象、独特的思想认知和情感体验及作者个性鲜明的语言特色、章法运思。而小说是融合生活的各种现象反映现实的共性本质，阅读复习需要考虑：塑造的形象及形象之存在的环境、生命轨迹，形象所反映的社会生活的普遍本质及思想意义，出色的叙述艺术和独特的表现载体。

阅读复习不但要遵循客体的本质特征，还要重视阅读主体的心理诉求：探奇和反刍诉求。有一些现代作品凝聚了作者天才的创造智慧，或在生活视角、选材构思方面，或在形象塑造、情景表现方面，或在思想意蕴、语言表现方面，有着独特的个性和闪光的亮点。这些个性和亮点会赢得学生的青睐，并使其产生对作品因果表里的探奇诉求。中考命题注重在这方面设置考查点，正是适应了这种心理诉求。学生对一篇文章的把握不是一次阅读完成的，而是需要经过多次反复的揣摩反刍，其中既有角度的变换，也有层次的递进。因而现代文阅读复习设计问题情境要适应阅读心理规律，展现这个过程中在不同角度、不同层次上生成的成果，并及时引导反思阅读过程，提炼阅读经验，逐步提高阅读效益。

总之，现代文阅读复习既应适应学生阅读心理发展的规律，又需因循作品的属性特征和解构、重构作品的一般原则。首先，阅读过程由感受到共鸣，再到咀嚼内化，是一个输入吸收的过程，其中又伴随着学生的心理感应、思维激发、情感碰撞和思想的生成，因而它又是输出外现的阅读反应。这种自主性、个性化、生成性特征告诉我们，个人的阅读感受、结果和方法不能强加给他人，即便强加也很难变成他人的东西；阅读是一种浸染、习得、生成的过程，别人替代不了，一旦被包办，阅读能力的发展就会大打折扣。其次，阅读复习不但需要再度钻进文本，从更新、更巧、更深的角度或途径入境、入情、入理，以实现对作品内容和作者写作意图的还原，更需要跳出文本：一是在动情、动心、思维投入和联系现实的基础上，读出对作品思想艺术表现的评价，读出作品与现实生活的联系，读出自己的思想感情；二是对阅读感受和体验、文本特征及解读方法进行理性思考，将“读”与“思”、感性与理性有机结合起来，从感性升华到理性，以理性指导感性，以此实现对文本的有效解读及阅读策略和能力的建构。再次，将文本属性特征与解读文本心理规律的研究有机结合起来。“循理则所行俱通，顺性则所至皆适”，把握了作品的个性特点，解读才会有的放矢；顺应阅读复习的心理诉求，学生才会深度投入情感与智慧，从而获得阅读能力的持续发展和稳步提高。这或许也是现代文阅读复习的价值追求。

（原载《中学语文教学》2014 年第 4 期）

启智扬思，引领创新

张伟忠　孟宪军

中考作文命题质量的优劣高下，影响着语文试题的整体水平，关乎学生语文水平的发挥和未来发展，因而作文题目的科学性、艺术性和导向性，乃至由此而产生的信度和效度，是命题者不懈的追求。而题目一旦形成，其命题意向的价值也就成为客观存在。而命题意向的科学性、开放性、生成性及其价值的大小高低，有待命题者作反复的假想推断和试题解密过程中的考试去检验。那么，怎样的命题意向才是有价值的？其价值取向又是什么呢？

一、社会发展价值

写作是学生语文发展水平乃至综合素养的集中体现，因而中考作文命题便成为一条对学生素养发展进行评价和反馈的重要途径，它既归纳过去，又促动未来发展。中考作文命题绝不仅仅是一个学科领域里的活动，还是社会文明的一个窗口，是时代精神的一面镜子。它可能是取自时代潮流中的一朵浪花，可能是捕捉于时代主旋律中的一段音符，社会上的人们可以由此触摸时代脉搏。教育的社会属性决定了它的社会价值取向。

写作除作为心灵倾诉、情感宣泄、精神寄托的手段和载体进行个人自我释放外，它更重要的功用是进行社会交流，于特定的时空环境下叙述经历，说明特性，阐述观点见解，表达情感。中考作文从命题意向上说，有的引导学生关心国家大事，有的瞄准社会热点，有的聚焦于时代精神，有的则定位与人与自然、社会的关系……交流是输出思想情感的过程，也促进了学生对社会的认识和思考，只有了解认识社会，才可能融入社会，进而去能动地改造社会。

二、素质发展价值

自我表现与反思取向　写作的外延等于生活的外延，但就“生活内容”而言，学生最熟悉的还是自己。从人的成长来看，只有正确认识自我并不断内省反思，人们才能从幼稚走向成熟，变柔弱为坚韧，变浅薄为睿智。把目光投向“自己”，既解决了写作无病呻吟的弊病，也为写作创新提供了可能。

作文考查的公平性受多种因素的影响，如题目所隐含的生活范围的包容性、内容的共有性等，都会制约着考生写作内容的丰富性、深刻性、角度的独特性以及综合水平的发挥。而将生活范围和内容指向学生“自我”，不但有利于公允，又为学生促进自我反思和身心的健康成长提供了机会，指出了正确方向。2011 年的中考作文命题在这方面做出了积极的探索：有的侧重写考生对生活的体验和认识，如《日积月累》（北京）、《幸福》（甘肃）、《________的感觉，真好》（新疆）、《______竟然如此______》（山东东营）；有的指向对考生自我的认识，如《自我反省》（山东青岛）、《在我们这个年龄》（安徽）；有的引导叙述成长历程或立足于表现自我的生活学习状态，如《那一刻，我的世界春暖花开》（江苏南通）、《我长大了》（山东日照）、《________改变了我》（黑龙江牡丹江），有的要求展示自我的内心世界，如《心中的明灯》（广西贵港）、《我心中的太阳》（山东潍坊）。这是内容上的“自我”回归，也是写作规律本真的“回归”。

灵魂哺育取向　语文教育的目的归根结底是“树人”，“千教万教，教人求真；千学万学，学做真人”。作文命题是评价甄别的手段，更是一次灵魂哺育的契机，是写作能力立意与教育价值立意的有机结合，即以命题唤醒体验，激发真情，反刍人生，哺育灵魂。这就要求学生关注自然、社会、人生。对世界漠不关心，就不会具有责任感；生活态度消极，就不可能去爱周围的世界。“汝果欲作诗，工夫在诗外”，学生精神世界的建构和心灵的成长，离不开丰富多彩的大自然和纷纭多变的社会环境的共同作用。在这里，扩大学生的生活视野，观察生活世界，从命题意向说，是目的而不是凭借；从学生发展的角度说，是凭借而不是目的。

关注是首要的，更重要的是把命题的着眼点放在引发感悟与思考上。缺少积累习惯，作文不是空洞无物，就是生编硬造；缺乏对世界的深入思考，不是“浮光掠影”，就是“头重脚轻”。但命题意图指向考量学生正确的世界观、积极的人生态度和健全高尚的人格，并非要将学生引向为文造情的歧途，更非使题目“立意已定”，设圈套“请君入瓮”，而是在设题上，既要增强写作的开放度，有效展示学生对生活独特的理解和感悟，又需创设表现情境，唤醒生活体验，拨动学生心底的“情弦”，回溯切身的生活经历和心灵历程，回味生活的苦乐百味。2011 年许多题目就有着动人心扉、发人深省的魅力，如《善良的魅力》（重庆市）、《我愿为您唱歌》（新疆乌鲁木齐）、《为了我的梦想》（浙江杭州）、《守护诚信》（山东临沂）、《冬天里的一缕阳光》（湖南邵阳）等。这些题目在话语模式方面也改变了冷峻的刻板面貌，具有亲和力，能建立起命题者与考生思想情感的对话关系，在环境开放、思想被唤醒、“情弦”被拨动、灵感被激发的态势下，倾诉便形成决堤之势，而写作也就成为情感宣泄、精神淬炼、思想生成、享受创造的过程。

思维培育取向 写作是一种厚积而薄发的心理过程，但它更是一种思维奔流、智慧激扬的创造性劳动，其结果是构建起阡陌纵横的动态文脉系统。而影响这种系统构建的首要因素还是作文题目，题目包含的命题意向，对写作思维具有激发暗示作用，影响着思维的活跃程度、运行图式以及深刻性和新颖性。

为了取得思维催生思维的效果，一是讲究题目命制的形象性、蓄含性，以激发联想与想象。题目能促使学生把经过改造的知识积累、生活经验和超越时空的相关图景纳入新的联系而建立起新的完整形象。而在此过程中，“思接千载”，“视通万里”，由物及人，由情及景，由此及彼，从而使写出的文章内容丰富、意境开阔、思想深刻。

二是讲究题目命制的辩证性。这类题目包含着考查辩证观察和分析事物的思维能力指向。如 2011 年的题目《原来，没那么简单》（山东枣庄）、

《________并不平凡》（安徽芜湖）、《说句心里话，我也________》（贵州贵阳）就包含着行为与思想、表面与深层、现象与本质、观察与思考、直觉与推理的矛盾和辩证关系。这类题目能激发灵感，催生思路，能使学生思维形成自我碰撞，在展现与回味、联系与对照、挖掘与提炼中，既可促进学生全面地、科学地观察分析问题等思维能力的提高，又可使其悟得构思立意的方法。类似的题目还有许多，如《其实________就在我身边》（广西南宁）、《________原来就是________》（辽宁沈阳）等。

三是讲究题目命制的曲逆性。“风乍起，吹皱一池春水”，没有命题者思维的创新就不能催生学生思维的创新。这里所举的2011年的这些作文题目就颇有些与众不同：《________竟然如此________》（山东东营）、《特殊的礼物》（河北承德）、《也是一堂语文课》（江苏南京）。这些题目所提示的观点悖逆生活的常规或常理，包含“反其道而行之”的企图，这就对学生的思想造成强力冲击，将学生的逆向性、创造性思维活力激发起来，以崭新的视角去发现生活的奇异境界，以创新的思维去阐释生活世界的玄机奥秘。

四是体现陌生化特征。如《给自己一个拥抱》（2011年湖南长沙）、《借口》（2011年山东聊城），又如《其实并不是这样》（2007年山东）、《别样》（2009年山西太原）等，或运用语言的陌生化，通过对习惯性语言变形、扭曲，形成新颖、奇异的言语模式，吸引学生的注意，刺激学生的思维，使其在凝神和惊讶中产生顿悟，进而奇思妙想奔涌而出；或呈现陌生化的事物、现象、内容和领域，但这种陌生化背后隐藏着丰富的生活内容和思维指向，陌生化破解的过程就是以命题个性催生学生个性的过程，也是思维创新的过程。

方法内化取向 中考作文命题带有甄别性和发展性的双重作用，其发展性就包括写作方法的建构。首先，授意作文的特点为即时构思成文能力的提高指出了途径。在具备大量观察、丰富积累和一定的语言表达能力的前提下，决定写作优劣的因素是内观察水平的高低。因为内观察可以在写作时使留在头脑中的表象发生变换和运动，而对记忆表象的多次调动，又可以使表象之间、表象与神经组织之间建立稳定的联系。考试中一旦进入写作状态，相关表象就会蜂拥而至并建立相应联系。写作实践是内观察能力提高的重要途径，而提高内观察能力是提升作文质量的关键。其次，许多题目的设计意图指向方法建构。考场写作是考生与客观世界、与自我的对话，也是与命题者心灵的交流、思想的沟通和智慧的碰撞，并在互动中实现方法的建构。互动形态是多种多样的，有的命题包含观察的方法与角度的提示，如“生活中处处存在着美，罗丹说，生活中不是缺少美，而是缺少发现美的眼睛。请以‘美’为话题……”（2011 年山东）、《发现诗意》（2010 年山东枣庄），很显然，这也是在提示考生要关注平凡生活中的事物，并通过变换视角和深入体悟从中挖掘出深刻的思想意义和审美价值，要以小见大，要化腐朽而为神奇。还有的命题带有思路启迪的特点，如《日积月累》（2011 年北京）、《觉醒》（2011 年四川攀枝花），就体现出关注材料内容间的相关联系和运思结构上的梯次进增或逆转比照的意向。又如《不会变的是________》（2010 年安徽），对考生思路也有很强的激发性：由“会变”和“不会变”的联系可以生成因果、条件、假设、转折等多种逻辑关系，从而建立最佳的写作思路。考生在选择和写作体验中也就积累了经验，实现了方法建构。

2011 年还有许多题目客观上表现出对文章写法的导引，如《________原来就是________》（辽宁沈阳）、《其实________就在我身边》（广西南宁）就暗含着设置悬念、运用伏笔与照应等写法的指向，《美丽一瞬间》（江苏溧水）提示有对情态、场景等作细节描写的必要，而《冬天里的一缕阳光》（湖南邵阳）则暗含着要建立自然特征与生活经验的有机联系，以冬天为背景，以阳光象征生活中的人、事、物的性质特点或比况相应人物的心理感受。应该说考生与命题者的互动交流越充分、越深入，就越容易写出好文章，就越有利于考生写作方法的“悟得”。

三、教改引领价值

中考作文命题对教学的导向价值最重要的体现在两个方面：

一是有利于推进写作教学改革。指导和调控写作教学沿着正确的方向发展，是命题担当者的重要责任。从近年的命题看，表现在这样几个方面：①由内容取向的“无限开放”向“半自由”“半限制”发展。话题作文已逐步淡出，命题（含半命题）和有一定开放度的材料作文占据主导地位。2011年各省市命题作文占到了47%，话题作文仅占6%。而且选题作文占据了近四分之一的比例。这些变化和改革，反映了命题者面对现实、兴利除弊的态度和精神。②有的放矢，强化应有的文体意识。近年的中考作文题目，虽然在要求上大都还是“文体不限”，但在题目上却能明显体现出文体倾向，有的则明确要求写哪种文体。这对于纠正对“文体不限”的误解，改变文体杂糅、表达方式混乱、“四不像”作文充斥考场的畸形现象，无疑起到了力挽狂澜的作用。③遵循写作规律，重视审题立意。教育部《关于2000年初中毕业升学考试改革的指导意见》中指出写作“不设置审题障碍”，是针对前些年材料作文片面要求“全面、精确理解材料寓意”造成大量偏题、跑题现象而提出的矫正措施；当前作文命题“没有”审题障碍，为何还出现大量偏离题意的现象呢？不设置审题障碍绝不等于取消审题，更不等于抹杀审题立意能力对写作优劣成败所起的决定性作用。在“怎样写”上能分出高下，在“写什么”上同样可以区别良莠，因为写同样的内容也有眼光新旧、深浅、高低的差别，而这些又是左右一篇作文水平高低的重要因素。④引导学生养成良好习惯，讲究布局谋篇。近年不少启迪思路的作文命题不是无意而为的，而是针对当前写作教学忽视列纲起草等习惯养成、构思意识淡薄的不良现象采取的应对措施。君不见当下考场作文“从流飘荡，任意东西”，思路松散杂糅、详略失当，甚至颠倒者俯拾即是，任其发展下去后果不堪设想。

二是有利于真实、客观地反映和评价考生的写作水平。作文命题要保持高信度并发挥对教学的导向作用，首先需追求公平性。题目所隐含的生活范围、内容指向、相关要求适合所有考生，不能因忽视地域和生活条件差异而顾此失彼或厚此薄彼。同时，要遵循学生的认知水平、心理发展规律，避免命题出现盲区。虽然考试命题不迁就实际教学，但不应超越学生的“最近发展区”，如有的题目所体现的“空”“偏”“难”以及非主导文体等倾向，是值得商榷和改进的。其次，重视原创性。话题写作容易因开放的空间过大而导致套构、宿构现象的发生，命题、材料作文如果在设置上不注重出新出奇，同样也会造成猜题押宝现象的发生。从这个意义上讲，作文命题推陈出新的原创意识是规避不良倾向产生的根本保证。而在此过程中，充分调动学生的知识储备、情感积淀、智慧潜能去进行一次意义不同寻常的写作能力建构，共同享受创造劳动的成果，应是我们的理想追求。

（原载《中学语文教学》2011 年第 12 期，中国人民大学复印资料《初中语文教与学》2012 年第 3 期转载）

怡情傅彩长才，务本求真创新

——2012 年中考现代文阅读命题价值取向探析

2012 年全国各省市中考现代文阅读试题，都体现出对原《语文课程标准》理念的正确把握和对课程改革的价值追求，而且在借鉴课改以来阅读教学考试实践经验和理论成果的基础上，又吸收新《语文课程标准》的思想要求，呈现出对阅读本质规律的执着探索和对阅读水平科学考量的改革精神。阅读既是化育精神、建树人格的有效途径，也是培养思维、沉淀人生智慧的重要载体，更是养成兴趣习惯、建构阅读知识、体悟阅读方法的实践过程。可以说，阅读对形成学生语文素养所产生的影响是多元化多层面的。那么，我们不妨反其道而行之，观察今年各省市的考卷，探究命题的价值取向，见证阅读评价和教学的紧密联系，从而引发我们对阅读教学和复习的深入思考。

今年的中考阅读试题的突出特点及试题命制的价值取向是什么？下面是笔者对筛选的 30 份具有代表性的中考试卷所作的肤浅的探究，期望以此就教于各位方家：

素养提升取向　今年中考现代文阅读试卷从选文上说，力求体现对学生精神世界潜移默化的熏陶感染，体现对学生科学、文化素养发展水平的考量。课外阅读包括科技文和文学文化类作品各一篇，其考查指向就是学生的科学、文化素养水平。前者着力于对于科学视野的宽广度，对科学论断的思辨能力，对科学精神、思想方法的领悟能力的考查；后者着力于考查对人文思想的感受力，对作品内涵意蕴、哲思物理的体认能力。在考查侧重点上，注重体现不同体式作品的不同功用：科技文更注重对客观事物属性特征的把握，对文章观点及其与材料间关系的判断，以及根据需要搜集、筛选、获取重要信息等方面能力的考查；文学文化类作品则注重于对生活世界中形象、情感、情境的体验，对真善美的初步鉴赏，对语言和艺术手法的品味等能力的评价。二者从选文到评价意向，都体现出提升学生素养的诉求。

科学发展取向 学生阅读能力发展是一个循序渐进的过程，不可能一蹴而就或一劳永逸。今年的现代文阅读试题，明显体现出着眼于学生语文能力科学发展的命题意向。

1. 注重基本阅读能力的考查。阅读心理过程十分复杂，解读文本需要丰富的阅读经验、宽广的生活视野、一定的认识水平，不同阅读水平的人的阅读结果会呈现多元化和层次的多级别。现在大部分试卷顾及了初中学生的实际，以命题人的理解去考查学生的现象大有改观，基本阅读能力如整体把握、概括理解、选取信息、鉴赏品味等成为考查重点。

2. 致力于良好阅读习惯和方法的养成。“操千曲而后晓声，观千剑而识器”是说“多读书”的功用；所谓“记事者必提其要，纂言者必钩其玄”“一咏三叹，在无字处读书”，则是谈读书需要良好的习惯和科学的方法了。对于初中学生来说，“好读”是基础，“会读”就是效益。有许多题目在这方面做出了积极的探索，将习惯方法的养成与阅读水平的考查有机融合，收到一石二鸟之效。

【例 1】（湖北黄冈卷）20. “不动笔墨不读书”是一种良好的学习习惯。请你仿照示例，给下面句中加点的词语作旁注。

示例 原文：每一口井都成了他们的救星，不管刚拉了几步，见井就奔过去，赶不上新汲的水，就跟驴马同在水槽里灌一大气。	旁注：描述拉车人的活动，“奔”“灌”表现了他们牛马一般的生活。
原文：街上的柳树像病了似的，叶子挂着层灰土在枝上打卷；枝条一动也懒得动，无精打采地低垂着。	旁注：

参考答案：“病”“懒”“无精打采”写出了烈日暴晒下的柳树的状态。

【例2】（山东东营卷）14. 文中画线语句中省略号的用法及其表达效果是什么？

参考答案：欲言又止；巧妙地表现出孔乙己承认欠钱又无力还钱，因而无言以对的尴尬无奈的心态。

例1在教示阅读方法的同时让学生运用这种方法去揣摩品味语句；例2既涉及对省略号用法的考查，又测试学生揣摩特定情境下人物心理的能力，提示学生应关注标点符号表情达意的作用，从而做到对文本的有效解读。

3. 培育良好的阅读思维品质。

【例3】（重庆卷）17. 文章独具匠心，直到最后才告诉读者，老人也是一位盲人。说说这样结尾有哪些妙处。

参考答案：这样结尾使读者觉得老人的形象更高大，收到出人意料、回味无穷、震撼人心的艺术效果。

【例4】（陕西卷）16. 有人说“厚重”一词是本文的文眼，请谈谈你的观点和理由。

参考答案：我认为“厚重”是文眼，因为文章主要写了司马迁的人品和作品对人们的深远影响，同时历代文人墨客留下的笔墨又丰厚了这里的人文积淀。/我认为“厚重”不是文眼，因为这篇游记重在写游览过程，表现作者对司马迁的敬仰赞美之情。

【例5】（浙江杭州卷）14. 请简要指出本文所要表达的思想意义。

参考答案：做人要像蒲公英一样，面对充满诱惑和浮躁的社会，平和而又积极地实现自己的人生价值，体现生命的意义。

在应考复习中，不少教师给学生支的“绝招”是从选文中找答案，甚至用原文的词句作答。用这种方法应付个别题目也许无可厚非，但是从根本上说，这样不利于培养学生勤奋深入的思维习惯，容易造成思维惰性，阻碍阅读能力的发展。上面的题目，有探究构思的，有领会内容的，也有提炼思想意义的，但无论考查哪方面的内容，其答案在选文中或者在字面上是找不到的，需要从文字的背后寻找答案，需要学生投入思考，进行归纳提炼，形成新的思维过程和思想结果，并组织语言呈现出来。

4. 吸收国际阅读测评的成功经验，融入对非连续性文本阅读能力的考查。今年的现代文阅读在选材方面的明显特点是改变了在一个阅读板块中只用一篇完整的文章作品的模式，使用非连续性阅读文本的趋势明显增强。有两种形式：一是一篇完整的选文附加链接材料，这类占据了相当的比例，如浙江温州卷；二是纯粹的非连续性阅读材料，由一个阅读话题统帅，下取若干独立材料，其后设置测试题目。如浙江舟山卷现代文阅读的第（二）题，题目是“关于文化保护和经济发展的主题阅读”，下取嘉兴市在保护历史文化遗产方面采取的措施、国家级新区舟山群岛近年来的发展成果和全国政协委员米吉提等关于保护文化遗产与进行产业开发的阐述的三则材料。此外，浙江宁波等地区都采用了这样的思路和样式。

很显然，这种选材式样，是借鉴了 PISA（国际学生评估项目）阅读测试以非连续性文本作为阅读内容的思路，吸收了为个人应用、为公共应用、为工作、为教育而阅读的评价思想，尝试从培养合格公民所需要的素质这一目标出发，着力培养学生提取、整合信息，利用信息解决问题的能力，为学生未来发展奠基。这类阅读题在今年的中考试卷中虽不多见，但从根本上说适应了社会对人的发展的需求，是有价值的尝试。2011 版义务教育《语文课程标准》增加了“阅读由多种材料组合、较为复杂的非连续性文本，能领会文本的意思，得出有意义的结论”的教学要求，相信这类试题的研究将会不断深化并引起广泛关注。

创新思维与运用能力培养取向　“对学生独特的感受和体验应加以鼓励”，“逐步培养学生探究性阅读和创造性阅读的能力，提倡多角度的、有创意的阅读”。毋庸置疑，培养学生创造性思维能力、探究能力以及运用语言的能力，是阅读教学的神圣使命，其途径和载体也离不开阅读，即通过阅读使学生变得既底蕴厚实、视野开阔，又思维活跃、长于创新、富于智慧。今年，探索发现、应用创新题保持了良好的发展态势，在半数以上的试卷中，占据现代文阅读题目四分之一的比重，与往年相比分量又有提高。

这类题目可分为三类：一是探究发现类，借助情境或已有材料生成新的思想、观点或结论；二是创新想象类，在阅读中放飞思维，进行二次创造；三是实际运用类，将文本内容、现实生活以及学生的思想认识有机结合起来。

【例6】（湖北孝感卷）20. 探究下面两则材料，从阅读的角度，说说你的发现。（谈三点即可）

①在德国，孩子从出生就有婴儿书陪伴。当然这些书大都是塑料或者布做的，孩子可以把书带进浴缸，看小书漂浮。这是孩子阅读的第一块基石。

②澳大利亚人外出带书可不是做样子。只要稍加留意你就会发现，马路边、草坪上、海滩旁、商店里、候机厅内，常见有人捧书阅读的场景……

参考答案：读书的兴趣（习惯）要从小培养；喜欢读书（随性阅读；把读书融入生活之中）；把阅读当享受。

【例7】（广东湛江卷）15. 文中的母亲是个怎样的人？母亲离开时，“我”渐渐湿润了视线，此刻“我”的内心是怎样的？请结合文章的内容，展开你的想象，描写出此时“我”的心理。

参考答案：爱子心切、隐忍包容；心理描写合情合理合境即可。

【例8】（贵州铜仁卷）22. 随着一部分“富二代”的负面新闻事件被曝光，“富二代”几乎成了堕落、炫富的负面词汇。请结合本文思考，你认为当今的“富二代”们应当怎样做才能真正健康地发展？

参考答案：要有吃苦的心理准备和精神，要自立、自强，要摆脱父辈的庇护……（能围绕自立自强答出其中一点即可给满分）

例6作为探究实践题，具有较高的思维含量，既要准确把握选文《“悦读”的“姿势”》的思想主题，又需要学生对文本和链接材料进行细读，在比较和辨别中找出其共性和交汇点，从而做出自己的判断，以升华主题。例7巧妙抓住了作品的“空白”之处，让学生聚焦思维，瞻前顾后，揣摩人物心理变化，放飞想象，享受创造的快乐。例8则要求考生由文本之内到文本之外，用领悟到的思想观点和对生活的体验去解决实际问题，体现了语文要与生活联系，要“会读”“活读”才能“读好”的学习理念和阅读目标追求。

教学引领取向 充分发挥对阅读教学的教示引领、矫正纠偏、推动促进作用，是中考阅读命题责无旁贷的“担当”，这种作用一是表现在阅读选材设想意向上，一是表现在试题的设置上。具体说来有以下几个方面：

1. 倡导学好用好教材，正确处理基础与创新的关系。从选材意向上说，有接近40%的试卷选取了课内现代文片段作为阅读材料，与前两年相比数量有所增加。这是正确处理课内阅读与课外阅读的关系，有效利用教材资源，科学定位范式与推广、基础与创新作用的明智之举。从命制的题目上看，多数试卷做到了“守正”与“出新”。一方面选文质兼美的经典篇目，其中包括承载课程内容的作品，缺乏典范性、有争议甚至缺陷的课文不选；在试题命制上注重引导对体式特征和内容特色的阐释解读，规避偏难怪异。此之谓“守正”。另一方面回避课堂学习思路和已有结论，以课堂学习为基础，转换思维方式，另辟蹊径，在崭新的视角和情境下，去探索和解决新的问题。此之谓“出新”。这种导向是反对死抠课本、背死答案，而应学好用好教材，并借以形成和发展阅读能力。

2. 遵循阅读心理规律，引领阅读教学改革。

【例9】（山东东营卷）《燃烧的月亮》（选文内容略）

问题：21. 作者笔下的春夜满月“美”在何处？ 22. 从全文看，作者在第三段中描述“冬春之交”月光的特点，这种写法及其作用是什么？ 23. 概括第三段中四季月光各自的特点，并说明写四季月光与写“燃烧的月亮”有什么关系。 24. 作者对于月亮“盈满”与“亏过”、“燃烧”与“蓄养”的阐述，蕴含了怎样的人生思想？ 25. 本文语言灵动清新，蕴藉隽永，试举一例并加以赏析。

本文阅读设计的五个题目，既满足了解读作品的一般诉求，即“写了什么”“怎么写的”“表现了什么”“写得好在哪里”等，又体现了学生阅读的心理逻辑，即“整体感知”“深入探究”“揣摩品味”。科学设计题目及其顺序，有利于使学生保持阅读思维过程的连贯性、层次性，从而做到客观评价。从具体题目的创设上看，第21题答案中四个方面的美只要答出两个方面就得满分，第25题则为学生感受语言提供了充足的空间，表现出对学生独特体验和个性化理解的尊重，为课堂教学改革做出了积极的引导。

3. 构建阅读载体，促进阅读生成。阅读评价从本质上说是一种阅读交流活动，即命题者、文本、作者、考生及其同伴多维互动、思想碰撞、合作探究的活动，因此阅读题目不应总是冷若冰霜、枯燥呆板地提问，而应去创建活动载体和阅读情境，构建立体的对话关系，有效激发思维活力，凸显学生主体地位，促进阅读的丰富生成。

【例 10】（浙江温州卷）14. 读书交流时，同学们对父亲的“打”有以下不同的认识。请你也发表看法，并结合文章内容作适当的阐述。

同学 A：这个父亲有些粗暴，他教育孩子主要靠“打”。

同学 B：“打是亲，骂是爱”，父亲的“打”，其实就是爱的表现。

我的看法和阐述：______________________________

参考答案：示例：父亲的“打”，的确是爱的表现。……所以，这是迫不得已的“打”，是让“我”好好反省的“打”，是充满父爱的“打”。

此题提供了读书交流的情境，让考生参与讨论、发表见解，富有创意。除此之外，还有许多试卷设置了诸如网上跟帖、角色体验、人物采访、辩论反驳之类的题目，不但做到了与日常阅读教学接轨，而且在更高层面的立意和境界上，实现了阅读能力的建构和科学评价。这种创新之举及其由此产生的效益，是阅读教学本真的回归，也是语文素养考量的价值追求。

（原载《中学语文教学》2012 年第 9 期，转载于中国人民大学复印资料《初中语文教与学》2012 年第 12 期）

咬定青山不放松

——中考古诗文阅读命题趋势及复习策略

近几年来，中考试题对古诗文阅读能力的考查，在继承中发展，在探索中创新，在改革中提高，不断向着科学、客观、高效的目标迈进，呈现出以下四个趋势：

一、选材范围由窄到宽

首先，由课内而课外，课内、课外并重。课改以来，中考对待课内古诗文出现过两种倾向：一种是抛弃课本，这对教学造成了不好的导向，课内古诗文变成了应付考试的训练材料；一种是坚持考课内，但由于试题不能出新，出现了猜题押宝现象。这两种倾向都不利于古诗文的教学。教材中所选的古诗文大都是文质兼美的经典之作，可以说是传统文化的精粹，完全不考或机械地考，都不利于学生重视并掌握我们民族的珍贵文化遗产。如何解决这些矛盾和问题？很显然，由课内向课外延伸、课内与课外相结合便成为有效途径。2007 年全国各地中考语文试卷中，古诗文阅读课内与课外结合考的比例已由 2000 年的 2% 增加到 40%，也证明了这一趋势。其次，由单篇独段而多篇比较。近两年许多地区采用了课内外比较阅读的方式进行考查，取得了很好的效果。2007 年全国各地中考试题文言文课内外比较阅读占到了 45% 以上的比例。再次，由普通而典范，突出特色。目前中考对古代诗词鉴赏的考查，选材上除出现由课内到课外的趋势外，还有两个特点值得注意：一是题材和体裁趋向多样化，二是课外选材更注重典范性。如山东卷所用杜荀鹤的《小松》，江西卷所用陆游的《夜游宫》，南通卷所用卢梅坡的《雪梅》，其作者多为著名诗人，诗作不但形象鲜明，意境优美，而且大都具有突出特色。

二、考查角度由单向到多向

中考古诗文的设题呈现数量上的由少到多和考查点由单向到多向的趋势。文言文阅读除通过字词解释、语句翻译、内容概括等来考查学生理解能力外，还注重从评价人物、探究写法、阐发感悟等角度设题考查。古诗词鉴赏则由 1 个题目增加到 2 至 3 个题目，由着重考查理解诗意，发展为分析形象、领略意境、探究主旨、品味字词、揣摩技巧等多角度鉴赏。多向化的另一种表现是试题设计由拘囿走向开放，一方面扩大了学生选择的空间、增加了答题的自由度，另一方面加强了题目与学生本人和现实生活的联系。日见其多的鉴赏评价、领悟启示、联系生活类题目，其目的就在于借以考查学生的认识能力、创新能力和综合语文素养。

三、能力要求由低到高

考查角度的多样性，同时带来了对能力要求的提高。过去课内单篇文言文阅读所考字词、语句和内容的理解，实际上是考记忆性积累，学生基本上是背现成答案，难以真正考查学生阅读理解文言文的能力。课内外比较阅读，则能有效调动学生的知识积累、方法积累乃至能力积累去解决问题。而对古诗词的考查由粗浅的诗意理解到多角度的探究，则进入了初步鉴赏的层面，向课程标准提出的“诵读古代诗歌，有意识地在积累、感悟和运用中，提高自己的欣赏品位和审美情趣”的课程目标迈出了实质性的一步。

四、命题技术由稚拙到成熟

首先，由零散到整合。中考如果能够通过有限的几个考题考出学生对选段、对整篇乃至对多篇课文的整体理解，从而甄别出学生古诗文阅读理解的水平，窥一斑而知全豹，那一定深受师生欢迎。近几年许多地方在这方面进行了有益的探索。如 2006 年山东省中考题：甲、乙两则选文（《为学》《孙权劝学》中的选段）蕴含着同一个道理，试加以概括。这类试题，不但切入了选段乃至全篇的重点，甚至统摄多篇课文的精髓。其次，由粗糙到细致。如2007年兰州市中考题：在人和山这对矛盾中，愚公和智叟表现出截然不同的态度。愚公认为：子孙无穷，人力无限，而山不加增，人定胜山；智叟认为：人是“残年余力”，山却高大难平，愚公不自量力。你的看法呢？谈谈你对二人的评价。这类题目的设计在精细程度上与以往相比有了长足的进步：设题既基于文本，又超出文本，由理解文本发展为阐发个人的见解，进而发展为看法要新颖独特；由单向的评析发展为相对完整的鉴赏。这对考生的思维能力、表达能力提出了更高要求。

面对中考古诗文试题的这些变化和发展趋势，复习时应采取哪些策略呢？

游读与记诵　教授新课离不开阅读，应考复习时阅读同样必不可少。两者目的不尽相同，方式也有差异。在应考复习中我们可以采用“游读”的方式，所谓“游读”，就是在阅读中游思，借助文本语言判别信息、唤醒体验和建立联系，边读边思，边思边读，以实现“温故”“联想”“生疑”“知新”的目的。一要读出知识积累。比如读《陈涉世家》，读到题目、作者，就应联想到《史记》的体例、内容概要，联想到司马迁所处的朝代、在史学与文学上的地位等。二要读出语言点。读到“陈胜者，阳城人也”，就要想到这一句式的特点；读到“陈涉少时”就应确认“少”的读音；读到“辍耕之垄上，怅恨久之”，就应辨别两个“之”字的不同之处。三是要读出情景画面。诵读诗歌要加入联想和想象，并对情景画面进行整合、审视、品鉴。四是读出美点。感受作品的特色，读出作品的哲思美、情感美、结构美、语言美。五要读出问题和新的感悟。要在深入理解的基础上提出新的问题，并寻找解决的方法，还要通过联想、比较等方式获得对作品更全面、更深刻的感悟。

古诗文复习还需要涵咏背诵。背诵是扩大积累、内化素养的基本途径，可以为学生语文能力的持续发展打下坚实的底子，既有短效，又有长效。因此要让学生背得熟练流畅，背得抑扬顿挫，背得入情入境，背得准确无误。

寻道与悟法　要提高古诗文阅读能力，还需探寻、归纳古诗文语言自身的规律，领悟、总结解读方法。比如通过辨别诗词题材类型，把握其思想内容。古代诗歌从题材上可以分为写景抒情诗、托物言志诗、边塞征战诗、羁旅思乡诗等。而不同类型的诗歌在题目上的用词各有特点，像送别诗的题目中往往有“赠”“别”“送”等字眼，而感怀诗则多带有“感”“怀”“忆”等字眼。了解了这些特点，也就可以基本上掌握诗歌的思想意旨，从而为鉴赏诗歌打开一扇大门。又比如古诗词中的常见意象大都具有固定的内涵，如梅——坚强、不屈不挠，鸿雁——思念、孤独，江水——时光的流逝，明月——团圆或思乡。教师有必要引导学生对教科书中诗歌的意象进行归纳提炼，有意识地运用到对于古诗词的解读过程中。以此类推，在教师指导下，学生还可以从作者个性、情景关系、描写手法、语言风格等方面对古诗进行梳理，摸索规律，形成方法。同样，关于扫除文言文阅读障碍、提高阅读能力的方法等，都可以让学生去汇集整理，提炼概括。

求同与辨异　中考把比较阅读作为考查古诗文阅读能力的一种方式，师生也可以把它当作一种复习方法。首先，要物色内容，筛选材料。可以把课内文言文依照题材内容划分为不同类型，如言志、战争、学习……然后从同一题材类型的课文中选取比较篇目或文段。其次，确定比较点。要根据材料特点寻找材料间的结合点，如形象、话题、观点、情感倾向、手法等。比如《邹忌讽齐王纳谏》和《出师表》都是关于臣子向君主进谏的，可以从其进谏目的、方法、结果等方面设点进行比较；《次北固山下》与《天净沙·秋思》都是表现羁旅怀乡的，可以从体裁、意象、手法、情感等方面设置比较点。再次，要进行求同和辨异训练。这一过程中学生需要分析归纳和概括升华，需要有创新思维成果的产生。这项活动的意义在于过程本身而不全在于结果，因为这种探寻是一次从崭新角度对文本进行再探究的过程，同时也是为了举一反三，使学生能从中领悟方法，获得技巧。

精读与赏评　对于课外古诗文，除了要在平时教学中不失时机地加以补充、拓展外，在复习中有必要安排阅读与鉴赏专题。鉴于中考对古诗文考查精细度加强、能力要求提高的趋势，对课外文言文的复习可采取以下策略：一是猜读，即根据已有知识经验，对文言字词、语句的意思进行猜测、推断，重点是解决异读、一词多义、通假、古今异义、特殊句式等问题；二是翻译，能准确、通顺地将选文翻译成现代汉语；三是探究，要对选文做多向、深入、细致的探究。其中猜读是基础和关键，决定着解读的整体水平。这就需要通过不断反馈让学生认识自己的阅读水平，总结存在的问题，提高猜读的能力。对于课外古诗词，可采取写作赏析文章的方法。教师可推荐著名诗人的典范作品，并给学生提示或示范写作赏析文章的思路和方法，让学生对诗词进行综合赏析或从某一角度赏析。这种方式能够起到正确领会命题意图、提高分析鉴赏能力和表达能力的多重作用，与传统设题练习的做法相比，力度更大，见效更快。

延伸与内化　古诗文阅读鉴赏中的拓展性、开放性试题主要有评析型、感悟型、联系实际型等几类，都是近几年学生答卷中失分较多的题目类型，其中的原因有多个方面。一是学生缺乏分析问题的能力。有的题目要求联系现实阐发感悟，学生却转述或评析选文内容。这类题目不是考查对文本内容的理解，而是考查学生运用现代社会的世界观、人生观和价值观评判文中的形象和情感，或者运用文中的文化内涵反观现实生活的能力，而这正是学生的弱项。学生要么陷入选文，要么抛弃选文随意联系。二是缺乏创新思维能力。有些评价型、开放型题目指向考查学生的思维能力，如辩证、发散、逆向思维的能力，但学生却表现出因循守旧、思想保守的问题，因而不能形成个性化的认识和独特的见解。三是认识能力偏低。这主要表现为对于选文中观点的局限性认识不够、对人物形象内涵认识不深入以及对社会现实无知等问题。在新课教学和应考复习过程中，应该力求激发学生的创新意识，着力培养学生的创新精神和创新思维习惯，让学生敢于提出不同的看法和观点；要着眼于三维目标的达成，引导学生积极吸收传统文化的智慧，学会古为今用；引导学生关注现实生活，关注社会人生，加强课堂内外的联系，不断提高认识自然、社会、人生的能力，进而全面提高学生的综合语文素养。

总体来看，虽然古诗文阅读在一张中考试卷中所占的分值比例并不高，一般为10%左右，但它对学生发展的重要性却不可低估。另外，它对教学的导向性也不可忽视。因此，对这一板块的教学和复习，必须要有一种咬定青山不放松的精神，这样学生的民族文化之根才会扎得深、长得牢。

（原载《中学语文教学》2008 年第 3 期）

中考科技文阅读复习应考策略探析

科技文作为人类文化的重要组成部分，对学生精神世界的影响是丰富而深刻的。科技文阅读能力是初中学生语文素养发展水平的重要标志，其特殊的地位，关系着学生的未来发展。作为中考阅读试题的四大板块之一，科技文分数权重占到阅读的三分之一以上，在甄别学生阅读能力中的作用可谓举足轻重。近年来，中考科技文阅读命题在继承中改革，在改革中探索，在探索中提高，不断向科学、客观、高效的方向迈进。虽然科技文阅读无论是新课教学还是应考复习，师生的关注重视程度不断增强，也投入了大量的时间和精力，但取得的成效并不理想。那么，在科技文阅读复习过程中，我们应该在哪些方面去下功夫，采取哪些策略才会更行之有效呢？笔者试图结合自身的实践体验和探索思考，谈点粗浅的意见。

一、增强阅读积累，发展科学素养

提高学生的科学素养是阅读教学尤其是科技文教学的重要责任，也是中考阅读命题追求的目标。因此，科技文阅读复习教学需在以下几个方面下功夫：第一，进一步激发和提高学生对科学探索和研究成果的浓厚兴趣。虽然科技文阅读的根本目的不在于让学生获取多少科学新知，但在选材方面应力求内容的新颖性、时代性，蕴涵的丰富性、教育性，表达的独特性及其对学生的吸引力。内容过于浅显、过于晦涩难懂或过于陈旧都不利于激发、保持和提高学生的阅读兴趣。2011 年许多地区的中考科技文阅读命题对此做了有益的探索。如浙江丽水的“DNA 计算机”，北京、山东临沂、浙江义乌的“核辐射”，浙江台州的“食品安全”，重庆的“揭秘害羞”，山东青岛的“植物‘预测术’”等，这些话题或指向高新科技成果的应用，或瞄准当今世界的科学焦点，或揭示生物界的无穷奥秘。它们像一块巨大的磁石，紧紧地吸引着学生的注意力和好奇心，答题也成为享受阅读乐趣的过程。这无疑为科技文阅读复习提供了借鉴和范例。第二，倾心于增强学生的科学积淀。在保持和提高学生兴趣的基础上，还需要不断拓展学生科技文阅读的深广度，增强复习教学的力度。只有广泛涉猎和进行深入的阅读探究，学生的视野才能变得开阔，知识才能不断丰富，科学素养才会逐渐提高。第三，着力于学生科学精神的培养和科学思想方法的领悟。对于学生发展来说，科技文语言和内容也不过是载体，其中所包含的科学精神和思想方法才是精髓，是促进其心灵成长和未来发展的宝贵资源。

【例1】（2011年江苏宿迁卷）17. 根据你对全文的理解，概括一下“诺贝尔精神”。

参考答案：执着求真的科学精神（经年累月的苦守）；造福人类的“大功利心”（关注人类命运的博大情怀）。

这个题目给我们的教学启示是，要引导学生思考和探究选文所包含的科学精神和思想方法，要以深入理解内容为基础，以归纳和提炼为途径，由表及里、由浅入深、去粗取精、从无到有地分析推导和升华生成新的思维成果。这个过程既可调动学生的阅读心智，也利于实现科学精神和方法的内化。

二、开放思想空间，张扬阅读个性

科技文往往要客观呈现某些科学现象、科学探索过程以及人们对科学热点问题的一些观点、看法，这就为学生的阅读提供了比较宽阔的思维空间。因此，教师需要利用这宝贵而有限的空间，一方面让学生充分地阐发自己对这些现象、过程以及事物间联系的独特感悟和个性理解，另一方面引导学生以个人生活体验为基础，针对作品中的人物言行、对某些科学论断等发表评论，提出看法，即从赏评的角度个性化地解读文本。这既是出于阅读教学发展思维和语言表达能力的目标诉求，也是养成学生求真务实科学态度之必需。

【例2】（2011年四川眉山卷）16. 综合全文信息，结合你的思考，在

下面横线上为选文补写一段议论性文字，作为文章的第⑤语段，要求先明确表述观点，然后进行简要阐述。(80 字左右)

参考答案：“2012 末世论”的观点是错误的，因为地震的发生，有一定规律可循，但至今人类还没有弄清地震产生的机制和原理，地震具有很大的随机性，是地壳自然运动的结果，地震频发是正常的。

【例 3】(2011 年浙江温州卷) 10. 阅读下列材料，结合本文内容，对中国工程院院士钟南山的言行做出评价。

材料 当“非典”肆虐之时，记者问病情的控制情况。有人说已经控制得很好，钟南山说了实话：根本没有得到控制。在一次会议上，钟南山对两例“非典”死亡病例的公认结论大胆质疑。会后，有朋友问他：“你就不怕判断失误吗？有一点点不妥，都会影响院士的声誉。”钟南山平静地说：“科学只能实事求是，不能明哲保身，否则受害的将是患者。”

参考答案：①钟南山在社会热点、焦点面前，不选择沉默或逃避，有不惧流俗的勇气；②他坚持真理，凭着科学家的良心，为了公众利益站出来说话……

这两个题目为我们的科技文阅读复习教学提供了有益借鉴。一是教师要善于为学生的个性理解寻找时机，创设情境。二是围绕核心内容开拓思路，有效链接，为思维活动提供必要的前提。三是解读选文要形成相对完整的思维过程，如例 2 要求在正确把握已有论题和论据的基础上，去树立观点，并进行论证；例 3 要求从选文内容中获得感悟，再用感悟观照材料，最后对人物言行做出评判。因此开放思想空间，张扬阅读个性，不但能够有效促进学生对文本的深入解读，而且可以呈现学生的思维过程，促进学生阅读能力的迁移和评价能力的发展。

三、诱导探究，力主创新

语言作为思维的载体和成果，是不会脱离思维而孤立存在的。因而阅读过程首先要走进作者思维的路径，去认识理解作者所表现的生活世界；然后是对这个世界和承载它的语言载体的鉴赏与评价；接下来应是研究层次，即用发展的眼光和开放的心态，对作品进行理性思考和创意解读。科技文中的探究性和创造性阅读就是要培养学生对作品的“研究”与“理性思考和创意解读”的思维能力，即探究与创新能力。这种能力要求显然是在分析理解与鉴赏评价基础之上的较高阅读能力层级。

探究性阅读，要求突出运用联想想象和演绎归纳等思维方式，多角度、深层次地探讨挖掘作品的思想意蕴，解决作品中的难点、疑点，并得出自己的观点和判断。材料的多样性、角度的多元性、能力要求的综合性以及答案的丰富性是其突出特点。科技文阅读复习要引导学生关注选文的疑难处、关键处和空白处；既要求针对选文内容探究，也要从广泛联系的角度生成新的思维成果。要注重在以下三个方向做好引导：一是由表及里，无中生有。以选文及链接为素材，透过现象领悟本质，通过结果导出原因，由已知发现未知。二是由此及彼，揣测推断。以选文已有的道理或原理作为条件，通过联想、想象和假设，揣测事物的前因后果，判断事物的性质，推导出新的结论。三是求同比异，出新入深。通过辨别和比较，去粗取精，去伪存真，进而求证事物属性或特点的相同和相异之处，从而获得深刻和新颖的认识。

【例4】（2011年浙江舟山卷）14. 根据文章内容和链接材料，就垃圾问题进行探究，写出你的两点发现。

【相关链接】

材料一　目前我国历年垃圾堆存量约60亿吨，占用耕地达5亿平方米。在全国660个主要城市中，有200个城市陷入垃圾包围之中。以城市人口6亿为例，如每人每年产生440千克垃圾，年产生垃圾量为2.64亿吨。

材料二　英国的垃圾填埋率为90%，意大利为74%，美国为67%……美国的废纸利用率为60%，铁罐头盒回收率为25%，玻璃回收率为20%。

参考答案：示例：（1）我国城市面临严重的生活垃圾问题，加强环保教育刻不容缓；（2）海洋面临着人类生活垃圾危险；（3）发达国家在处理垃圾问题方面有各自成熟的技术。

【例5】（2011年浙江宁波卷）14. 阅读下面材料，结合文章内容，解决问题。

材料 据报道，上海世博会的世博轴安装的空调系统与众不同，它在世博轴桩基下面埋藏了700千米长的塑料管道。这些管道是“热泵”的一部分。

问题：世博轴安装的空调系统是如何利用浅层地温能的？

参考答案：①世博轴桩基下面埋藏的管道是“热泵”的一部分。②使用“热泵”传递浅层地温能，实现冬暖夏凉的效果。③通过管道中的水传递热能，储存热量。

【例6】（2011年浙江湖州卷）14. 科学家们不断探索，揭开了一个个自然之谜。回顾你学过的课文，并结合上文说说科学家们的“揭秘”有何意义。

（帮帮你）可回忆：《化石吟》《大自然的语言》《旅鼠之谜》

参考答案：①利用大自然，为人类造福；②采取防范措施，避免或减少大自然对人类的危害；③从大自然的规律中获得启示或警醒……

这三个题目为科技文解读和复习教学做出了很好的导向：第一，开拓视野，增加选文与现实、科学与生活、已知与未知之间的联系，广泛占有材料，为阅读探究提供必要的素材。第二，要引导学生领悟和运用科学有效的探究方法。如分析提炼法，对已有材料的“言外之意”、深层意蕴或其本质特征进行分析揭露；如归纳法，在认识某一材料的思想内涵或事物的本质特征的基础上，归纳多则材料的相同特点和相异之处；如演绎法，学会善于运用获取的科学原理和知识，联想实际生活中的事物，进而获得解决问题的方法途径。第三，探究获得结论力求客观、全面、准确，既要基于多样的材料，又要跳出具体材料的窠臼；既不能钻牛角尖、以偏概全，更不能夸大其词、无中生有。判断推导过程力求合乎逻辑，顺理成章。

创新性阅读就是对选文作创造性解读，着力培养学生的创新精神、创新思维习惯和创新能力。这是阅读能力的最高层级，也是阅读能力培养的最重要的价值取向。

【例7】（2011年山东枣庄卷）16. 发挥想象，简要描述一下虚拟现实技术在旅游景区中的应用。

参考答案：在网上可以建立虚拟景区，让人们可以在网上过一过虚拟旅游的瘾。通过立体界面的形式，浏览世界各地的风景名胜，还能拟定行走的路线，使人产生现场感，切身拥有旅行的感觉。

【例8】（2011年浙江义乌卷）14. 读了本文后，你在日常生活中会采取哪些措施来防止辐射对人体的危害？（至少写出四种）

参考答案：不佩带异常光彩的或廉价合成的首饰；房屋装修后不马上入住；不在燃煤污染严重的地方停留；劝诫吸烟者戒烟；不随便做CT检查；少看电视，少用电脑等。

从上面的试题我们可以领悟到，在科技文阅读复习教学中，培养学生的创造性阅读能力应至少侧重于两个方向：一是创新想象能力，让学生借助选文知识再造情境，或填补、延续作者思路；二是创新实践能力，善于借用选文内容解决实际问题，或提出自己的观点或做法。同时，教学中，一方面要注意加强创新与选文的联系，不能让学生脱离阅读内容孤立地“创新”；另一方面应顾及初中学生实际，适当设置难度，降低题目解答的开放程度，既有利于展现学生的创造才能，又有利于监控思维方式的科学性以及语言表述的准确性。

四、致力于多种语文阅读能力的发展与阅读方法的建构

在重视发展学生的科学素养、甄别自主评价与个性阐发能力、培养探究与创新品质的同时，阅读复习还应当重视多种阅读能力的形成和提高，其中包括核心阅读能力和文体阅读能力。

【例9】（2011年山东东营卷）16. 从文中看，动物与人类分享智力的哪些方面？

17. “生命之树上，智力的构建单位很可能是一样的，只不过在不同的枝干上长出了不同的形状”的结论是怎样推导出来的？试作简要叙述。

18. 举例说明本文所运用的一种主要说明方法及其作用。

19. 在科学研究方法和科学探索精神方面，你从本文中获得了怎样的感悟？

这个题目在科技文阅读教学与复习中给予我们的启示是：首先，既要

研究阅读传统思维习惯和阅读心理状态，又要贯彻新课标精神，在培养和提高阅读的核心能力上狠下功夫：整体感知（如第16题），信息筛选、分析（如第17题），概括（如第19题）和鉴赏（如第18题）。其次，重视科技选文体式特点，以进一步增强解读选文的科学性和有效性。例如这四个题目实际上也分别是从说明对象及特征、说明过程及层次、说明方法以及说明内容的思想意义等角度考查学生的文体阅读水平。

科技文阅读教学在重视提高阅读能力的同时，还应致力于阅读方法的建构。教师教示或学生自主领悟阅读方法，可以逐渐养成良好的阅读习惯，使学生受益终生。例如使用读书卡片，积累阅读信息，摘录精彩语句，概括阅读内容，品味特色语言等（如例10）。作批注，呈现对选文的理解、感悟和评价能力，展示学生的个性化体验和见解。作读书笔记，摘抄精美片段，评价作者的观点、选文的写作技巧和表现手法，阐发读后感受、收获等。

【例10】（2011年内蒙古呼和浩特卷）20. 阅读下面链接材料，根据文意，在下面读书卡片的编号处填上恰当的内容。

太和殿是举行重大典礼的地方。皇帝即位、生日、婚礼和元旦等都在这里受朝贺。每逢大典，殿外的白石台基上下跪满文武百官，中间御道两边排列着仪仗，皇帝端坐在宝座上。大殿廊下，鸣钟击磬，乐声悠扬。台基上的香炉和铜龟、铜鹤里点起檀香或松柏枝，烟雾缭绕。

篇名：(1)《________________》	作者：黄传惕
选段说明内容：(2)	选段说明顺序：(3)

运用科学有效的阅读方法不但可以改变呆板枯燥的阅读模式，使阅读过程更加富有生趣，而且还可以使学生获得崭新而坚实的文本解读路径，从而大幅提高阅读效率，实现学生阅读能力的不断攀升和语文素养的持续发展。

（原载《语文建设》2011年第10期，转载于中国人民大学复印资料《初中语文教与学》2012年第4期）

中考语文综合性学习复习应考策略探析

语文综合性学习对学生语文素养的提高发挥着极其重要的作用，越来越受到大家的关注。2008 年它出现在中考中的比例占到 85% 以上，比 2004 年提高了 40 个百分点；在试卷中的比重也由 2004 年的平均 5 分增加到 2008 年的平均 10 分。那么，中考复习应该采取哪些行之有效的策略和措施呢？笔者试图结合自身的实践体验和探索思考，谈点粗浅的看法和建议，以期能抛砖引玉。

一、研究考查目标，明确教学思路

不少教师对综合性学习所采用的复习方法仍然是题海战术，搬来中考试卷不厌其烦地又练又讲，却忽略了对命题依据和意图的研究，致使学生陷于迷途，到头来一头雾水，效率十分低下；而且以试题为中心，对学情置若罔闻，造成无的放矢，其结果往往事与愿违。因此应从研究“课程目标”“评价建议”入手，明确测试目标要求，再去分析综合性学习在中考试题中所呈现的基本形式，如材料话题探究、活动设计、名著阅读、语境表达、情境体验等类别，并分析不同类型的试题设置考题的角度、测试的目标及其体现了“课程目标”“评价建议”的哪些要求。之后应对学生现有能力和水平进行预先诊断，摸清并分列难点类型和薄弱环节，从而为明确复习方向、突出训练重点、制定复习策略提供科学依据和必要前提，从而使我们的复习工作做到有的放矢、切中肯綮。

二、总结活动经验教训，提炼规律方法

复习阶段，无论开展现时活动还是进行“纸上”训练，都应追求优质

高效，同时还要同反思总结有机结合，从中归纳出经验教训，探究命题规律和答题方法，使感性和理性认识都获得提高，从而提高活动和训练的效益。

1. 总结分析活动开展和选题设计的成败得失及其因果关系。

首先，丰富社会生活知识，引来源头活水。从中考试卷中可以看出，学生身上存在的首要的问题仍然是视野狭窄，社会知识缺乏，因而解决活动中的问题显得捉襟见肘。因此必须牢固树立生活语文的理念，将语文学习与社会生活紧密结合，引导学生去观察、体悟和发现；要关注社会焦点、热点，把握时代脉搏；充分利用自然、社会、节日习俗等多种资源，增加文化知识积淀。有的教师组织学生开展“每日新闻播报”“每周国内外大事述评”“节日日记与习俗探究”“地方名人胜迹寻访”等内容的交流展示活动，为丰富学生的生活积累开辟了有效途径。

其次，精选材料与话题。要改变教师在活动选题方面的主观、片面倾向，要重视趣味、家乡、家庭、学校话题，还要关注政治、经济、文化以及学生情感、心灵话题。而能否选取具有含金量、多元性的话题材料是能否设计出理想题目的基础和关键，决定着试题质量的高低。例如2008年山东省中考第6题：

为传承民族文化，增强民族凝聚力，国务院办公厅决定，从2008年开始，将清明、端午、中秋和除夕等传统节日改为法定节假日。请以其中一个节日为话题写一段话。要求：引用相关诗句；写出有关的习俗及内涵；语言简明、连贯；80字左右。

此题话题丰富宽泛，学生可以选择自己熟悉或感兴趣的节日，有利于独特体验的展示和个性特长的发挥；而“引用相关诗句”“语言简明、连贯”的要求，则对学生的综合语文素养提出了挑战，也营造了创新的机遇，能科学甄别出学生的不同水平。

再次，要优化活动设计。应科学把握难易度，特别应避免肤浅无效问题的出现，提高过程设计的质量。例如有的教师考查名著阅读，答案不外乎名著名称、作者、内容概要、人物形象，学生不读名著照样能对答如流。2008年山东省中考试题是将名著阅读放在一篇论述汉字艺术之美及对其他艺术形式影响的文章中进行考查的：

第⑥段中，作者说《水浒传》呈“水脉系结构”，结合自己的阅读体验，谈谈你对这种说法的理解。

这道试题不但以考查结构特点为突破口，跳出了肤浅、机械考查的窠臼，而且解决了客观考查学生是否真正阅读的难题，还设置了一定的表达难度，只有将“水脉系结构”的形象描述与学生阅读体验有机结合才能正确作答，这就对教学和复习做出了科学导向。

2. 要领悟答题技巧。

首先，要重视审题习惯和能力的培养。反对直接从问题入手按图索骥的做法，倡导在通读试题做整体把握的前提下，认真思考，谨慎作答。要有一个“有什么”“问什么”“考什么”“怎么答”的思考过程。其次，答题力求全面中肯。要正确分析话题、材料和题干要求，不能顾此失彼，以偏概全；不能违背活动情境，牵强附会；不能空洞笼统，言不达意。

三、突出“语文”立意，力求多维综合

语文综合性学习试题的基本特征是“综合”，具体表现为语文学习与实践活动、生活及其他学科的综合，与学习方式、教学目标等语文内部要素的综合。

语文内部不论是大综合还是小综合，既要突出语文立意，过程扣紧语文主线，测试目标着力于语文素养的提高，同时在设题上应重视各种测试目标的多向分布，要从不同的角度，考查学生多方面的能力，避免题意的单一和重复。例如：为了提高写钢笔字的水平，班上要开展一次“走进钢笔书法”的主题活动。可设计这样几个题目：（1）如果你是本次活动的策划人，请写出要举行的两个活动项目，并说明活动目的。（2）为了明确练习钢笔书法的意义，营造人人参与的氛围，请你拟写两句内容相关、形式对称的话，作为宣传标语。（3）班上同学小刚平时不用心写钢笔字，字也写得不太好，看到你在比赛中获得了一等奖说：“要是我的字也能像你写得这么漂亮，那多好啊！”你听后可以这样说：“＿＿＿＿＿＿＿＿。”此题三个活动就分别着眼于对学生“活动设计、理解认识”“书面表达”

"语境口头交际"以及"创新思维"等多种语文能力的考查，体现了考查维度的多元取向。

在跨领域综合的过程中，需要寻找不同种类和性质事物之间的有机联系。例如"走进绘画艺术殿堂"活动，教师设计的题目有：概述自己了解的绘画知识；介绍一幅熟悉的画作；赏名画，谈感悟。这个案例像是绘画欣赏活动，而非语文综合性学习。问题出在教师没有去寻找绘画与语文的综合点。这里的综合点应是二者均为作者反映生活、表情达意的一种方式，只是手段不同，语文用语言文字，绘画用线条、形状和色彩。因此，绘画的内容可以转化为语言文字的表达，语言文字的内容也可以转化为绘画的传达。这里就可以让学生用语言文字传达绘画所表现的意境等。接下来可引导学生探究朱自清的散文《春》与钱松嵒的画作《春潮》表现同样的内容，为什么给人带来了迥然相异的审美感受，这样的手段和手法突出的特点是什么。这才是真正意义上的促进学生"语文"素养提高的综合。语文综合性学习不能慷慨地"为他人做嫁衣裳"，否则，只能苦了自己，别人是不会对我们的付出说半个谢字的。

四、深化教学改革，促进探究生成

中考综合性学习试题普遍具有探究性的特点，而探究能力又是学生普遍的弱项，应当引起足够的重视。

1. 要为学生创造发现探究的机会。复习过程中教师同样要将探究的自主权交给学生，鼓励学生在研究话题、情境的基础上多角度、多侧面地发现问题，并采用个性方式探究，获得有价值的感悟，提出解决问题的建议。这样学生才能生成问题探究的方法和经验，品尝到自主探究成果的甘美，真正意义上形成发展的潜能。因此，既要引导学生关注国内外大事，又要启发学生对自然环境、社会风气、文化教育以及品德修养等领域和层面存在的问题进行探究，并形成问题解决的意向。例如关于环境问题，可以提供类似材料引导探究：

材料一　近四十年来，中国冰川面积缩小了 3248 平方千米。

材料二　2000 年 6 月，受气温影响，西藏易贡藏布发生冰碛湖特大溃决型洪水，使川藏公路全线中断，通麦大桥等10余座桥梁被冲毁。同时印度境内发生同样灾害，造成30人死亡，100人失踪，5000人无家可归。

材料三　根据科学预测，海洋水平面上涨速度不断加快，在不久的将来，珠江三角洲地区的海岛有15%将被海水淹没，沿海城镇也将受到被海水淹没和侵袭的严重威胁。

可设置如下探究题目：（1）阅读这三则材料，你从中发现了什么？（2）思考材料所反映的问题产生的原因，以公益广告的形式给人类提两条建议。题目设计为学生问题探究提供了良好的素材和背景，使学生能在发现、探究、解决问题的过程中，思维水平、语言表达能力获得有效提高和发展。

2. 要为学生切身体验搭建平台。提高综合实践水平还要靠切身体验，应让学生通过独立构思、小组合作、竞赛展示等方式，确定活动目的，设计活动过程，研究活动方法。让学生参与实践，亲历体验，归纳总结。没有这个基础和过程，学生就难以获得独特的体验和感悟，必然会出现“头重脚轻”“眼高手低”的问题。教师有必要引导学生开展一些与社会焦点、热点密切相关且有益于学生身心发展的实践活动，不失时机地营造体验探究的情境氛围。如2008年“5·12”汶川特大地震发生后，全国各地各行各业的人们包括教师和学生纷纷向灾区捐款捐物，伸出援助之手。有的语文教师适时开展了“心系灾区，与你同行”的体验探究活动，设计的活动题目包括：（1）请制定一个本专题的活动方案。（2）截至5月31日，本地区已接纳灾区学生190余名，你所在的班级也迎来了一名灾区学生（周强），请你以班长的身份写一个简短的欢迎词。（3）请你在捐给灾区中学生的物品包装盒上写一句最能表达自己心声的话。捐赠活动是学生亲身经历的，素材“从学生中来”；题目设计着眼于学生综合语文能力的培养，让学生“到活动中去”。在体验的过程中，学生获得情感的熏陶、思想的感悟、方法的启迪，体验越多越充分，内化也就越深入有效。

3. 将活动探究贯穿于整个语文教学中。在语文综合性学习之外，还应在阅读、写作、口语交际的教学过程中构建独立或互相联系的活动载体，将学习纳入活动过程，从而使学生在活动中获得知识，掌握方法，锻炼思维，发现创新。如在阅读教学中，以拟人手法感知科学现象、科学原理；设计“游览”活动，解读写景状物或介绍名胜古迹的课文；就课文中激烈的矛盾冲突或精彩细腻的描写，进行角色体验和欣赏评价等。比如学习《小石潭记》，可以设计“游潭”“赏景”“悟情”三个活动引导探究。“游潭”是让学生在疏通文意的基础上，用简笔画勾勒出作者游览小石潭的线路图，理清思路；“赏景”是让学生做导游，向“游人”描述小石潭及周围景物的特征；而“悟情”则让学生以作者身份陈说坎坷经历，解读小石潭“境”中之“我”与“有我之境”。由此，阅读教学就带上了活动性、探究性和综合性的鲜明特征，从崭新的角度以活动的方式让学生深入到文本中，在立体互动的情境氛围中去探究和感悟。这样既激发了学生的学习热情和思维活力，开辟了语文学习的崭新天地，又能使综合性学习与阅读、写作、口语交际的学习相得益彰，互相促进，从而形成推动学生综合语文素养可持续发展的合力。

（原载《中学语文教学》2009 年第 5 期）

中考课内现代文阅读复习指导思想和策略

【知识梳理】

中考课内现代文阅读以课内现代文为素材，其目的在于体现质量检测、甄别选拔和教学导向三大功能。考查主要涉及记叙性、说明性、议论性三大文体，选材以精要文段为主。其考查意向大致可分为：

一、文体阅读

中考阅读注重“因体设题”，即顾及文体特征。过去考试的“因体设题”重在考查对文体知识的辨识，理解层次较低，难度较小；而现在则突出了语言因素，着重考查理解能力，层次有较大提高。

就记叙性文体而言，考查的主要内容是：详略和主旨、线索和结构、构思和手法、语言和表达。就说明性文体而言，主要内容为：说明对象及特征、说明顺序与层次、说明方法与技巧、语言特色及准确属性。而议论性文体主要考查：对论点的辨析判断与归纳概括，对论据、论证方法的功用、类型的分析，对论证结构的总结及语言严密属性的品析等。

二、探究性、创造性阅读

中考阅读在“因体设题”外，还重视“因文设题”，即着重体现文本材料自身精粹要素与阅读探究心理规律结合统一的设题意向。按照这个意向，考查的重点是：

（一）整体感知与理解。这种考查着眼于全局，考查学生对所选文段整体、全面把握的语言感觉能力。角度包括：内容要点、中心主旨、写作意图、感情基调、结构思路。对整体感知、理解能力的考查大致有两个层面：第一个层面是要求呈现感性认知结果，粗略提取整体信息，是对言语知觉能力的考查；第二个层面则是对理性认知水平的检测、对文章深层内涵的挖掘和整体把握能力的考查。这需要考生进行由浅入深、由表及里的思考分析和信息处理。有些阅读题目表面看是考词语、句子或标题之类，但实际上是以此为切入口，考查对所选文段的整体理解能力，这类题目往往“牵一处而动全文”。

（二）局部探究。这种考查主要包括：词语的选用、语境意义、深层含义、表达效果；语句的概括、阐释，修辞及表达作用，关键语句在创设意境、揭示观点、表达感情、结构文章等方面的作用；对各种手法如描写手法、论证方法、说明方法的品析；对各种技巧如叙述方式、论证方式，悬念、烘托、象征、开合的探微领悟等。

关于局部探究题目的设置，其前提是对文本材料的全面感知和理解，换言之，解答局部探究题，应当顾及文本的整体，做到词不离句、句不离段、段不离篇，形式不离内容，语言不离思想。

（三）感悟评价与拓展创新。近几年中考比较重视开放性试题的设置，从形式看有补足与仿写题、猜测与类推题、概括与评价题、感悟与联想题，其考查内核是对所选文段内容和形式要素进行填补、增续、变形、更换，对其思想观点、结构艺术、表现技巧提出自己的看法、进行优劣褒贬的评判，并与课外材料进行比较，或让学生联系现实生活阐发感想等。

【备考指导】

一、学好、用好课本

首先，目前中考除具有选拔性功能外，还兼有水平检测的作用，而课内阅读可以很好地承担起这两项任务。其次，课文作为学生获得语文知识、形成阅读能力、接受人文教育、培养审美情趣的主要凭借，即是以课外文章为材料，也是“试题在课外，答案在课内”，因此选取课文作为考试材料，是为语文教学做科学引导。再次，课文阅读复习宜突出重点，选取精粹文段，精要设题，深化思维，力求举一反三；拓宽思路，适当加强与课外的横向联系。

二、增强整体意识

近几年中考阅读重视体现教育部中考命题《指导意见》中“重视学生对文章整体的感知、理解、领悟能力的考查”的要求，命题中常常把一篇文章或语段作为一个整体来考虑，围绕材料中心或主旨来设题，在复习或答题中应重视把握材料概要，然后依据整体感知，高屋建瓴地解析局部，直至字词句的含义、作用等。在此基础上，将局部联系起来，达到对文章整体更准确、更新、更深层次的理解。

三、掌握科学的方式、方法

首先，要注重全面顾及，既要进行文体阅读训练，又要强化探究性、创造性阅读训练；既要进行积累性、理解性阅读，又应进行鉴赏性、比较性阅读；既要提高客观题解答能力，又需强化主观题答题技巧。其次，要突出重点，加强综合概括能力、求同比异能力、拓展延伸能力的培养。再次，选取典型课文选段或试题，精思多疑，力求把握规律。遇到疑难要精思，思而不解，查阅资料，请教他人；在精彩处精思：如此精彩，原因何在？还要于无疑处求疑：这个观点或结论是否千真万确、无懈可击？相反的观点或结论是否也有道理？

四、加强创新意识和能力的培养

中考课内阅读要设计一定数量的开放性题目，如阐发独特感受，对文本材料进行评价，以阅读材料为基础进行生发、创造等。因而在阅读复习过程中，应善于运用质疑法，对阅读材料多提出一些疑问；运用类比法，对相类似的课文或其他文本材料作比较；运用引申法，对内涵丰富的文段进行归纳提炼；运用逆反法或发散法，对材料进行反向思维或多向思维。

【典型例析】

【例1】（2001年山东卷）阅读下面文段，完成1~5题。

从教学的过程来说，不管学什么，教的人总要从易而难，逐步深入地把知识教给学生。因此，好的老师在开始的时候，应该给学生一个印象，觉得入门不难，往后才能越学越有信心。而学生如果自命不凡，看到入门很容易，就把老师一脚踢开，那么，他就什么也学不成。正如那个富翁的儿子一样，他以为从此不必再请老师了。殊不知他根本还不曾入门，只学会一、二、三，对于所谓“六书”等起码的知识一点也不懂，所以他父亲叫他给姓万的亲友写请帖，他就傻眼了。

实际上，一、二、三这三个字的确很好认，而从三到万，从文字结构上说却经过了复杂的变化。要懂得这些变化，也好像其他知识一样，必须逐渐学习，并且需要老师教，不可能只凭什么“天才”就可以很快学会的。如果完全没有人教，倒很可能什么也学不会。我们之所以应该重视教师的作用，理由也就在此。

问题：1. 这两段文字论述的主要内容是什么？

2. 第一段文字作者是从什么角度进行议论的？

3. 在作者看来，教师应采取的教学方法是什么？学生应持的学习态度是什么？

4. 这两段文字运用的论证方法有哪些？

5. 请你结合自己的学习体会，从“从三到万”这个故事中再提炼出一个观点。

这道题基本上表现了议论文阅读命题的角度和创新精神。其中第1、2两题分别考查观点、论证话题，第3题考查学生对文章内容的归纳概括能力，第4题考查对论证方法的把握，第5题考查对材料的独特理解。这五个题目从不同的层面对考生阅读议论文的能力提出了要求：

第一，文体阅读的基本能力，如第1、2、4题，就体现了对这些能力的考查。第二，概括与表达能力，如第1、2、3题，既需要学生能整理概括信息，又需要用恰当的语言表达信息。第三，感悟发散能力，如第5题，学生要提炼出恰当的观点，两方面缺一不可：联系实际，体悟生活；对课文准确深入把握，能自由发散。

【例2】（2002年广东卷）阅读下面文段，回答1～4题。

祥子的衣服早已湿透，全身没有一点干松的地方；隔着草帽，他的头发已经全湿。地上的水过了脚面，湿裤子裹住他的腿，上面的雨直砸着他的头和背，横扫着他的脸。他不能抬头，不能睁眼，不能呼吸，不能迈步。他像要立定在水里，不知道哪是路，不晓得前后左右都有什么，只觉得透骨凉的水往身上各处浇。他什么也不知道了，只茫茫地觉得心里有点热气，耳边有一片雨声。他要把车放下，但是不知放在哪里好。想跑，水裹住他的腿。他就那么半死半活地，低着头一步一步地往前拽。<u>坐车的仿佛死在了车上，一声不出地任凭车夫在水里挣命。</u>

雨小了些，祥子微微直了直脊背，吐出一口气："先生，避避再走吧！"

"快走！你把我扔在这儿算怎么回事？"坐车的跺着脚喊。

祥子真想硬把车放下，去找个地方避一避。可是，看看浑身上下都流水，他知道一站住就会哆嗦成一团。他咬上了牙，蹚着水，不管高低深浅地跑起来。刚跑出不远，天黑了一阵，紧跟着一亮，雨又迷住他的眼。

拉到了，坐车的连一个铜板也没多给。祥子没说什么，他已经顾不过命来。

雨住了一会儿，又下一阵儿，比以前小了许多，祥子一口气跑回了家。抱着火，烤了一阵，他哆嗦得像风雨中的树叶。

问题：1. "祥子真想硬把车放下"一句中"硬"字用得好，为什么？

2. 文中画线的句子表现了"坐车的"的什么性格特点？试想象"坐车的"的心理活动，用一两句话描写出来。

3. 从文段内容看，祥子的痛苦来自哪里？请概括出两点。

4. 文章最后将哆嗦的祥子比喻成"风雨中的树叶"，这样写有什么用意？

这道题除体现了文体阅读命题的要求以外，还鲜明地反映出探究性阅读和创造性阅读的一些命题特点。其考查的角度和层次为：第一，对精彩语言的探究品味能力。如第 1 题的设计，就需要学生结合人物处境与心理，体味用语的精妙与传神。第二，对语句的深层含义的体悟阐释和对文段要旨的探究能力。如第 4 题考查学生体悟情境、分析修辞、挖掘内涵的能力，甚至考查学生通过分析语句达到把握整篇课文要旨的能力。第三，想象创造能力。如第 2 题就是让学生通过对人物动作、语言的分析，揣摩想象人物的心理，进行创造性表达。第四，对课文深层次整体感知与分析的能力。如第 3 题既要让学生整体把握选段主要内容，又需结合人物生活环境深入挖掘其中的原因，还要做到条理清晰。

【实战演习】

一、阅读《紫藤萝瀑布》中的文段，完成 1 ~ 5 题。

但是我没有摘。我没有摘花的习惯。我只是伫立凝望，觉得这一条紫藤萝瀑布不只在我眼前，也在我心上缓缓流过。流着流着，它带走了这些时一直压在我心上的焦虑和悲痛，那是关于生死谜、手足情的。我沉浸在这繁密的花朵的光辉中，别的一切暂时都不存在，有的只是精神的宁静和生的喜悦。

这里除了光彩，还有淡淡的芳香，香气似乎也是浅紫色的，梦幻一般轻轻地笼罩着我。忽然记起十多年前家门外也曾有过一大株紫藤萝，它依傍一株枯槐爬得很高，但花朵从来都稀落，东一穗西一串伶仃地挂在树梢，好像在试探什么。后来索性连那稀零的花串也没有了。园中别的紫藤花架也都拆掉，改种了果树。那时的说法是，花和生活腐化有什么必然关系。我曾遗憾地想：这里再也看不见藤萝花了。

过了这么多年，藤萝又开花了，而且开得这样盛，这样密，紫色的瀑布遮住了粗壮的盘虬卧龙般的枝干，不断地流着，流着，流向人的心底。

花和人都会遇到各种各样的不幸，但是生命的长河是无止境的。我抚摸了一下那小小的紫色的花舱，那里满装生命的酒酿，它张满了帆，在这闪光的花的河流上航行。它是万花中的一朵，也正是一朵一朵花，组成了万花灿烂的流动的瀑布。

在这浅紫色的光辉和浅紫色的芳香中，我不觉加快了脚步。

问题：1. “紫藤萝瀑布”能在“我的心上缓缓流过”吗？“香气”会是“淡紫色”的吗？请把作者的这些感受用平实的话说出来。

2. 作者写紫藤萝花过去不幸的遭遇有什么用意？

3. 就本文所描写的藤萝花而言，“生命的长河是无止境的”这个结论是怎样得出的？

4. 文章开始“我”因见花开得繁盛而心灵受到震动，便“停住了脚步”，结尾“我”为什么又“加快了脚步”？

5. 请结合你的生活经历，谈谈你是怎样理解“生命的长河是无止境的”这句话的。

二、阅读《时间的脚印》的文段，完成1～5题。

一年过去了，两年过去了……泥沙越积越厚。堆得厚了，对下层泥沙的压力也逐渐加重，泥沙中的水分被压出了许多，颗粒与颗粒之间压得很紧，甚至可以有分子间的引力。在受到重压的时候，有一些物质填充到泥沙中的孔隙里去，就使泥沙胶结得更紧密了。

经过长期的重压和胶结，那些碎石和泥沙重新形成了岩石。根据计算，大约3000～10000年的时间，可以形成一米厚的岩石。岩石在最初生成的时候，像书页一样平卧着，一层层地叠在一起，最早形成的“躺”在最下面。因为水面是平的，如果湖底也是水平的话，那么从水中分离出来的沉淀物就也是水平地分布着的。

当然，如果海洋或湖泊的底是倾斜的话，那么沉淀物堆积的面也就随着倾斜。在湖边、海边形成的岩石就常常是这样的。

岩石生成以后不断地改变着自己的样子。由于地壳的运动，原来平卧的岩层变得歪斜甚至直立了，但是层与层之间的顺序还不致打乱，根据这些我们仍然可以知道过去的年月。

问题：1. 根据选文内容说明岩石形成所需要的条件。

2. 请根据说明文体的特征和要求，自选角度，对画线语句进行品析。

3. 请用简练的语言概括选文的内容。

4. 由岩石的形成，请你幻想一项科学发明，使其应用到生活中去。（对该发明作简要介绍）

三、阅读《谈骨气》中的文段，完成1～4题。

另一个故事是古代有一个穷人，饿得快死了，有人丢给他一碗饭，说：“嗟，来食！”饿人拒绝了“嗟来”的施舍，不吃这碗饭，后来就饿死了。不食嗟来之食这个故事很有名，传说了千百年，也是有积极意义的。那人摆着一副慈善家的面孔，吆喝一声“喂，来吃！”这个味道是不好受的。吃了这碗饭，第二步怎样呢？显然，他不会白白施舍，吃他的饭就要替他办事。那位穷人是有骨气的：看你那副脸孔、那个神气，宁可饿死，也不吃你的饭。

不食嗟来之食，表现了中国人民的骨气。

还有个例子。民主战士闻一多是在1946年7月15日被国民党枪杀的。在这之前，朋友们得到要暗杀他的消息，劝告他暂时隐蔽，他毫不在乎，照常工作，而且更加努力。明知敌人要杀他，在被害前几分钟还大声疾呼，痛斥国民党特务，指出他们的日子不会很长久了，人民民主一定得到胜利。毛主席在《别了，司徒雷登》一文中指出："许多曾经是自由主义者或民主个人主义者的人们，在美国帝国主义者及其走狗国民党反动派面前站起来了。闻一多拍案而起，横眉怒对国民党的手枪，宁可倒下去，不愿屈服。"高度赞扬他表现了我们民族的英雄气概。

孟子的这些话，虽然是在两千多年以前说的，但直到现在，还有它积极的意义。当然我们无产阶级有自己的英雄气概，有自己的骨气，这就是决不向任何困难低头，压不扁，折不弯，顶得住，吓不倒，为了社会主义、共产主义建设的胜利，我们一定能够克服任何困难，奋勇前进！

问题：1. 选文中的"骨气"指的是什么？

2. 文段以穷人和闻一多为论据，分别从什么角度来论证"我们中国人是有骨气的"这个中心论点的？

3. 选文引用毛泽东的话有什么作用？

4. 请从本文之外再找两个典型事例来证明选文的观点。

参考答案：

一、1. "瀑布"在"心上流过"，是说观赏这美丽的藤萝花，使"我"的心情变得十分宁静平和。"香气"是"淡紫色"的，表现了作者十分迷恋花的形色，在沉静喜悦中，那花的芳香与淡紫的色彩一样，缥缈轻柔，能闻得到，能看得见。 2. 意在说明花与人都会在生命的进程中遇到挫折，出现迂回；与藤萝花今天的繁盛对比，突出主题。3. 在"花和生活腐化有什么必然关系"的时代，藤萝花朵稀疏、不见花串，花架被拆掉；而十多年后，藤萝花繁盛如瀑布，奋进如起航的船帆，有着旺盛的生命力和进取的勇气。由此作者领悟到"生命的长河"尽管有时会遇到挫折，出现迂回，但追求不会停止，奋斗不会停止。4. 作者由观察紫藤萝花而摆脱压在心上的焦虑和悲痛，并且领悟到"生命的长河是无止境的"，人们要记住历史，鼓起生命的风帆，要面向现实与未来，并将个人努力融入群体奋斗中，所以"加快了脚步"。5. 可以谈自己学习生活中遇到的困难，也可谈自己家庭生活中的不幸，还可以列举古今中外名人名家的事实，并谈出自己的看法和见解。

二、1. 沙石堆积、水分被压干、有分子间的引力、长期的重压和胶结。2. 示例：运用拟人化手法，形象地描摹出岩石最早形成时的形状。3. 碎石和泥沙重新形成岩石的过程。4. 压制泥沙修建桥梁，构筑防震楼房等。

三、1. 为维护人格尊严而不奴颜婢膝的气度、为正义事业而不屈不挠的英雄气概。2. 分别从“贫贱不能移”和“威武不能屈”的角度。3. 为了有力论证闻一多的行为是有骨气的表现，引用领袖的话更具说服力。4. 方志敏、刘胡兰、陶铸、朱自清等事例。

（原载《现代语文》2003 年第 3 期）

第二章　文本解读与设计

《口技》教学设计

孟宪军　张小莉

【设计思想】

林嗣环的《口技》描述了“善口技者”的一场精彩的表演，以摇曳跌宕的笔致，惟妙惟肖地展现出口技人用声音所表现的生活情境，引人入胜、动人心魄。本课教学建立“活动”与“探究”两个彼此联系的解读过程，以“识口技”“赏口技”“悟口技”等活动作为载体，在自主提炼的基础上共享积累方法，通过角色体验感受口技表演的高妙，欣赏作者独具匠心的表现艺术，借助阐发感悟从优秀传统文化中汲取人生智慧。

【教学目标】

1. 诵读，疏通文意，提炼文言阅读方法；

2. 品味，欣赏绝技奇文；

3. 感悟，体会文章蕴含的文化智慧和人生道理。

【教学过程】

一、情境导入

教学铺垫：请听一段录音，听完后向没有听过的人描述你所听到的内容。

（多媒体播放口技片段。学生描述。教师点评。）

教师设悬：这不是大自然中的鸟鸣，而是一段口技表演，表演技艺很高超吧？口技是用人体的发声器官来模拟自然界和生活中的各种声音的，是一种传统的表演艺术。口技表演要达到这种水平很难，要把艺术家的技艺传达出来也并非易事。今天我们跟随林嗣环走进三百多年前的一场宴会，去感受口技艺人带给我们的听觉盛宴和作者那精湛绝伦的表现艺术。

二、探究·欣赏

识口技——感受抑扬跌宕

1. 活动：请学生自由朗读课文，要求读准字音，读清节奏，然后根据故事的情节变化和自己的感受，画一条曲线。

展示：教师组织学生再读课文，教师引导纠正读音，订正句读，展示曲线：

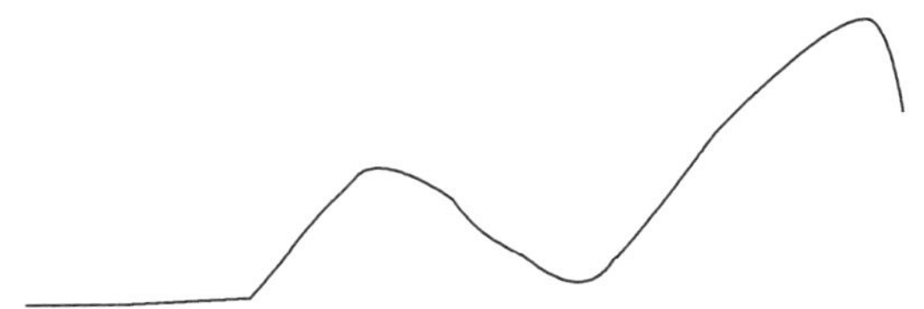

探究：从曲线看，你认为怎样朗读才能读出故事味和作者所表现的情境？

结果呈现：总体上要读得起伏跌宕，疾徐有致。具体来说，第一段，要读得沉着，字正腔圆；第二段，语速由缓慢到快疾，再到缓慢，语气由低到高；第三段，语速缓慢沉静；第四段，总体上急速、高昂，但又需有语气的起伏跌宕和语速的疾徐缓急；第五段，缓慢、字正腔圆。

2. 活动：与同桌为伴，分工合作，运用说读方法梳理文意，边读边把重要词句的意思说出来，同伴听读并作订正补充。

探究：通过两人合作，你认为用什么方法才能正确地梳理本文文意？

结果呈现：①成语解释。有一些文言词语与从古代流传下来的现在还在使用的成语中某些词语，意思是相同的，因此，可借成语去解释。比如“善”可用“明眸善睐”中的“善”去解释，“目”可用“一目十行”中的“目”去解释，“名”可用“不可名状”中的“名”去解释，“走”可用“飞禽走兽”中的“走”解释，“毕”可用“知一万毕”中的“毕”解释。②比较辨别。对于一些多义词和活用词，可运用比较辨别的方法解释。如“以为妙绝”“群响毕绝”中的“绝”分别为“极点”“停止”的意思；“手有百指，不能指其一端”中两个“指”分别是“指头”和“指出”的意思，一个是名词，一个是动词；“妇抚儿乳，儿含乳啼”中两个“乳”意思分别是“喂奶”和“乳头”，一个是动词，一个是名词。③语境推断。对于文中通假字、某些修辞手法的解释，可根据语境进行推断。如“满坐宾客”的“坐”根据前后语境可认为是与“座”通假；“指其一端”“名其一处”中的“指”与“名”、“一端”与“一处”，可按照互文修辞进行解释。

赏口技——揣摩奇技妙笔

教学情境：《口技》这篇文章仅以367个字，就把一场表演刻画得精彩纷呈，妙趣横生，让人如临其境，如闻其声。张潮在将它收录进《虞初新志》时评价道：“绝世奇技，复得此奇文以传之，读竟，辄浮大白。”意思是，读了《口技》一文，领略了绝世奇技，欣赏了千古奇文，忍不住要喝一大杯酒以示庆贺。涨潮为何忍不住喝酒以庆贺呢？

1. 活动：请同学们采用旁批点评的方法欣赏口技的特点。展示时，可从观众角度去评论表演的绝妙之处以及观赏的感受，也可合作尝试表演其中的口技片段。

结果呈现：形象逼真，故事曲折——这人的技艺不同凡响，模仿的声音不但像真的一样，而且能把一个完整的故事表现出来。故事不复杂，但表现得曲折生动，引人入胜。起火、救火的声音让人简直像亲眼目睹似的，可把我给吓坏了。

道具简单——“一人、一桌、一椅、一扇、一抚尺而已”。

表现声音富于变化——由远而近，由外而内：从“遥闻深巷中犬吠”到“妇人惊觉欠伸，其夫呓语”；由小到大：如“欠伸”“呓语”的声音很细小，孩子的啼哭声较大；由少到多：第一、二个场景中的声音稀少，第三个场景中声音繁多。

合作表演：学生自选，表演一家晚睡的声音，或表演“起火”场面。教师通过适时评价，让学生体会口技表演者的高超技艺。

探究：口技艺人为什么这样去构思表演过程？比如为何在表演前后展示“一人、一桌、一椅、一扇、一抚尺而已”的人物和道具？只模拟失火救火的场景就可以了，为何还模拟其他场景的声音？为什么要把声音表现得具有层次和波澜？可以用“口技艺人”的口吻介绍，也可以使用采访的方式答问。

结果呈现：首先，文章首尾展示简单的道具，前者告白，给观众以悬念和期待，后者再次告白，是证实用口技表演的真实性，给观众留下回味余地。其次，失火、救火场景也许很能显示一位表演者的技艺水平，但是不能展示多样的声音和情景，而且缺少了铺垫和相对完整的故事情境，就会使人莫名其妙。再次，模演的场景有三种：一家人由睡到醒，一家人由醒复睡，失火、救火。之所以要表现出声音的层次和波澜，是为了通过复杂的声音逼真地再现生活场景，并有效抓住观众的注意力，使其入耳入境。疏密相间，张弛有致，方为取胜之道。

2. 活动：读过课文，我们分明感受到，口技表演者的技艺超乎寻常，但林嗣环的表现艺术也不同凡响，用笔可谓精妙之至。先以同桌为伴分工朗读，一人读口技表演及其模拟的声音，一人读表演以外的叙述及观众反映。然后可以读者身份欣赏评论，亦可从作者角度还原写作构思，把你的发现和感悟旁批在课本上。

探究：有人说这篇文章“出神入化，如入其境”，又说本文如“江中风浪，跌宕起伏又蜿蜒相连”，还说“深得烘云托月之道”，对此你是怎样认识的？

结果呈现：以声入画，以画显声。描摹的声音不但逼真，还能让人仿佛看到那些人景物事。如“遥闻深巷中犬吠”，将人置于夜晚的深巷中；而“妇人惊觉欠伸，其夫呓语”“妇拍而呜之”，都借助口技声音融入了作者想象，将声音变成了可视的形象场景，使人如闻其声，又如临其境。“善口技者”所擅长的不仅是模拟各种事物的声音，他还善于调动各种手段激发听众的想象，而林嗣环就于此展开了这样的想象。如作者对失火、救火声音的描写，分明向我们展现出其时火势猛烈、人们慌乱奔跑、急忙救火的紧张场面。那些本来舒舒服服坐着、品着香茶的宾客们，被火灾声吓倒，以至于脸色骤变，“两股战战”，“奋袖出臂”，“几欲先走”！观众显然是沉迷在声音所营造的场景中，并展开了想象，仿佛自己置身于火灾现场，感到了巨大的危险。而这正是作者的高明之处。

脉络清楚，波澜起伏。先写开始前，再写表演中，后写结束时，以时间为序，条理清楚。三个场景的故事紧密相连，从其中一些表示事件相承的词语上可以看出来，如“既而”“当是时”“未几”“忽”“俄而”“于是”“忽然”等，从而令表演的故事如蛟龙蜿蜒游动，连续不断。同时，写一段口技表演，紧跟着一段观众的神情表现，交替进行，既使读者能全面了解口技表演的全貌，又使行文张弛有致，波澜起伏，引人入胜。场景波澜起伏，宾客的反应也随之形成了张弛变化，因而文章显得曲折跌宕、摇曳多姿。

虚实结合，疏密相间。描摹口技艺人发出的各种声音是写虚（都是靠想象和判断得出的），宾客观众的表现是实；前者是正面描述，后者侧面烘托。正所谓“烘云托月”。因为第三个场景最复杂，声音最繁杂，也最能表现口技人技艺之妙，所以繁写；第二个场景模拟的声音最少，相对来说，不能最好地体现出口技人技艺之“善”，所以略写。

三、感悟

悟口技——体会意蕴哲思

活动：请同学们自己试着模仿文中任一片段的声音给同伴听；跟同桌讨论一下，如果描写大年夜的爆竹声该怎样才能写好。

探究：林嗣环在写完《口技》后说：“嘻，若而人者，可谓善画声者矣！遂录其语以为《秋声》序。”显而易见，他是借口技人的“善画声”来说明《秋声诗》也是“善画声”的。那么，你认为怎样做才能达到“善画声”的境地呢？或者口技人和林嗣环为何能成就精妙绝伦的技艺、创造出脍炙人口的佳作呢？

结果呈现：精湛的技艺，深邃的造诣，靠的是勤学苦练获得的。“宝剑锋从磨砺出，梅花香自苦寒来”，没有汗水的浇灌和心血的养育，艺术之花不会自己绽放。

专心致志，坚持不懈。滴水石穿，绳锯木断，是由于它积于力量，专于目标，不折不挠。“合抱之木，生于毫末；九层之台，起于累土”，练艺求学，若浅尝辄止，终将蹉跎岁月，一无所成。具有“咬定青山不放松”“衣带渐宽终不悔”的信念和毅力，方可攀上艺术的高峰。

明眸善睐，标新立异。善于观察，才会发现生活中的美；敏于体验，才会“心有灵犀”，激发写作灵感。同时，“操千曲而后晓声，观千剑而后识器”，要勤于动手，长于思考，善于创新，这样才能写出脍炙人口的作品。

板书生成：

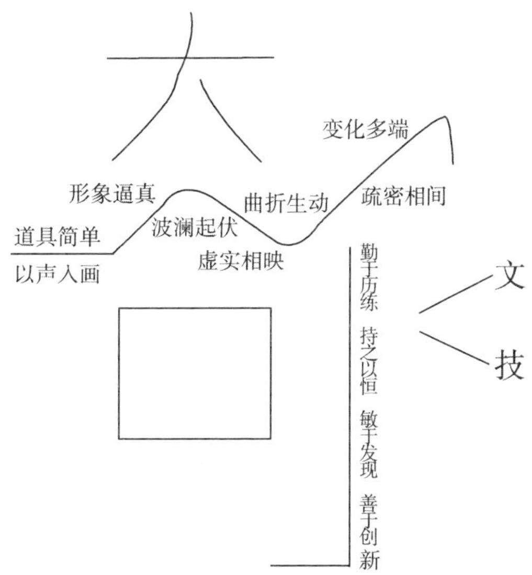

教师小结：这节课我们享用了古代口技艺人送给我们的听觉盛宴，领略了作者林嗣环“画声”艺术的非凡魅力。正如大家所说，只有以“勤于历练”“持之以恒”“敏于发现”“善于创新”做支撑，才可成就绝世奇“技”、传世奇“文”！

（原载《语文教学通讯·初中刊》2013年第5期）

《猫》教学创意

【设计思想】

郑振铎的《猫》讲述家中三次养猫的经历，于平凡的生活事物中融注了深挚浓郁的情感，展示出新颖独特的发现，提炼出深刻的哲思意蕴，动人心扉、发人深思。本课教学设计为“活动”“探究”两个互相联系的过程，以读“猫”、体“情”、探“因”、悟“理”等活动为载体，借助角色体验感受形象特征和精湛的笔法，利用假设的情境探究作品的思想内涵，通过设置悬念领悟作者的表现艺术。

【教学目标】

1. 体会事物特征，感受情感历程；

2. 辨别是非因果关系，感悟生活哲理；

3. 探究运思过程，领会艺术表现的妙处。

【教学重难点】

1. 重点：从作者情感变化中体会作品蕴含的人生哲理；

2. 难点：从构思的角度领悟作品方法上的创意。

【教学过程】

一、情境导入

生命有强大与孱弱之别，但没有高低贵贱之分。因此，达尔文说：“对动物的人道是人类所能继承的最高贵的美德。”一个对弱小动物的生命毫无同情心和责任感、甚至是残暴地对待动物的人，是不可能去关爱宽容他人的。郑振铎的《猫》就是一篇写人与动物相处故事的文章，它能给予我们怎样的心灵触动和人生启迪呢？

二、欣赏探究

读“猫”——理解形象特征

活动：角色描述或做读书卡片。假如你就是其中的一只猫，请你从来历、外貌、性情、经历等方面说一段话作自我介绍，要注重让不了解你的人能比较全面准确地认识你。做读书卡片要合理设置卡片项目内容，如名字、来历、外貌特征、性情、相关事件和结局等。

首先，不管是角色描述还是做读书卡片，目的是感知课文内容，因此需要踏实触摸文本。其次，转换描述角度和呈现方式，既需要提取课文相关信息，又应投入个人智慧，进行创意表达。

探究：这三只猫各有怎样突出的特征？你喜欢哪只猫？原因是什么？

明确：猫的特征，第一只猫颜色花白，活泼好动；第二只猫生性好动，本领不凡；第三只猫外形丑陋、性情忧郁懒惰。

第二只猫更招人喜欢，因为它比第一只猫更有趣更活泼，而且有捉老鼠的本领。/更喜欢第一只猫，它不乱来，活泼天真而又懂事乖巧，不像第二只猫那样放纵，到处乱跑而自惹麻烦。/第三只猫更令人称道，尽管它的形容、毛色没有一点是讨人喜欢的，但它不忘主人收养之恩，平时它也会亲近母亲和三妹，它凝视那芙蓉鸟，说不定是为了提醒主人提防黑猫呢。即使被冤屈、被驱赶，它躲在别人家的屋顶上，始终不远离主人家，直到冻死、饿死或者与黑猫战死，它有情有义、宽宏大度。

体“情”——感受心理历程

活动：先从文中画出有关“我”及家人对猫的表现与亡失的态度和情感倾向的关键词句，有情味地读出来，然后梳理出作者三次养猫的情感变化发展轨迹，并用自己喜欢的方式呈现出来：可用自己的话进行概述，可通过列表呈现，也可画一个大致的曲线表示出来。

内容呈现：

概述：小花猫的外貌形态和活泼性情使我们感到愉快，它的生病和死亡，给家人带来了忧郁和酸辛；小黄猫的顽皮给“我们”带来了快乐，也令“我们”担心，它会捉鼠的本领也给家中带来益处，过路人把它抱走令“我”心生愤恨；我们都不喜欢在门口捡来的外形丑陋、性情慵懒的小花猫，“芙蓉鸟事件”中它被冤屈和惩戒，“我”追悔莫及、愧疚难当。

列表：

养猫经历	第一只猫	第二只猫	第三只猫
情感变化	喜欢、愉快→酸辛	喜欢、担忧→怅然、愤恨	不喜欢→恼怒→愧疚

曲线：

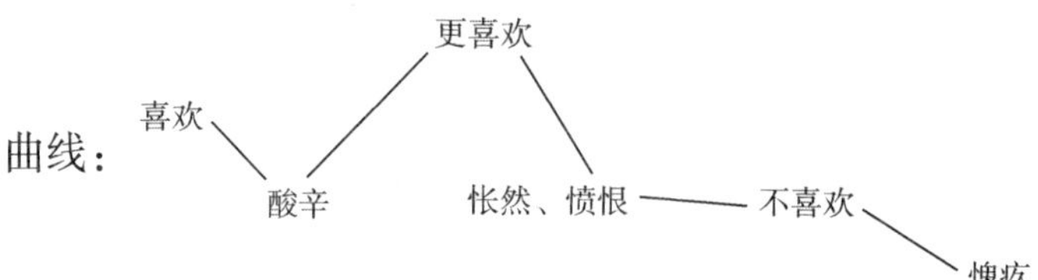

探究：“我”情感的变化受到哪些方面因素的影响？呈现怎样的发展趋势？

明确：受到猫形貌性情、行为表现，猫的命运结局的影响，也与“我”对猫的认识判断和相关行为有关。

情感变化呈现由弱变强、由浅入深的过程，从“我”的感受方面就可以看出：第一只猫病亡后“我”虽然酸辛，但很快就抱来了第二只猫；第二只猫被路人捉去后，“我”非常“怅然”“愤恨”，“我家好久不养猫”；第三只猫被冤屈致死，“我”万分痛悔，“自此，我家永不养猫”。

探“因”——领会思想内涵

从上面的探究可以看出，第三只猫的亡失，对“我”的触动最大、影响最深，因为“我”冤屈了这只无辜的猫。那么，这件事猫就没有责任吗？老师认为第三只猫的亡失，大半责任不在“我”，而在于猫自身。我相信会有支持我的同学，当然也有的同学会不支持我的观点，我们不妨开展一场辩论。

活动：假如第三只猫死后，其哥哥觉得弟弟是被冤屈致死，将“我”告到了法庭。为了弄清事情发生的深层原因，追究责任，诉讼代理人（甲方）与辩护律师（乙方）进行法庭辩论。甲方观点——责任在主人；乙方观点——责任在猫。请同学们再读课文，准备辩论，发言要言之有据，言之成理。

内容呈现：①乙方：猫被冤屈，主人不是故意的，是被一些现象所蒙蔽，比如猫“常常跳在桌子上，对鸟笼凝望着”，事件发生时它偏偏正“躺在露台板上晒太阳”，且“嘴里好像还在吃着什么”，这不能不让人心生疑问。甲方：主人疑神疑鬼铸成大错，让人想起智子疑邻的故事。它老瞅着笼中的鸟，可能是与鸟对话，也许猫是想如何保护鸟，还可能猫是想告诉鸟在遇到危险的时候怎样逃跑。它嘴里吃的也许是一个鱼头呢。简直太主观、太武断了！

②乙方：猫自身的缺陷是猫被误解和冤屈的重要原因。貌相丑陋也许难以改变，但性格变得活泼快乐一点还是可以做到的吧，勤快一些也不那么难吧。假如这件事发生时，家里养着的是第一只或第二只猫，主人肯定不会怀疑到它们的头上，甚至即便是它们吃了芙蓉鸟，主人也未必会惩戒它们。甲方：这猫是有缺陷，毛色不好看，长得丑陋；性情懒惰，不活泼。它应该学会改变自己，但这根本不是被冤屈的理由。

③甲方：这只猫有诸多缺陷，主人及家人看着不顺眼，想赶走它甚至要置它于死地，恐怕也是“蓄谋已久”了吧。乙方：首先，所谓“蓄谋已久”是无稽之谈，如果要赶走它甚至要置它于死地，当初就根本不会收留它。其次，你们也承认它有缺点，那么这个缺点可能就导致它被人误解。它应该注意协调与主人的关系，要学会改善自己，才能获得别人的喜欢。

④甲方：主人不仅在精神上歧视它，而且在身体上摧残它，毫不留情的惩戒令猫躲到邻家的屋顶上被冻死饿死，直接导致了猫的悲剧，应该承担主要责任。乙方：主人的责任是不可推卸的，“我”痛悔莫及，甚至还发誓“我家永不养猫”。而且，惩戒有咬死芙蓉鸟嫌疑的猫，正表现了“我”的善良、正直和憎恶邪恶的性格。“我”无意伤害猫，死一只猫根本不必这样自责，这说明“我”是一位不伤无辜、心地善良、勇于反省自责的人。

探究：看来人和猫都有责任，都应该反省自我。你认为作者通过讲述养猫的故事想要告诉我们什么？

明确：①凡事不能单凭印象，主观臆断，重要的是弄清事实，明辨是非。②要做一个严于律己、知错就改、勇于承担责任的人。③不受欢迎的人往往会成为冤案的牺牲品；有缺点和不足的人需要自我完善，才能避免不幸。

寻“道”——感悟方法创意

活动：与作者对话。假如你是郑振铎时代的一位学生，请你就《猫》这篇课文的立意构思、写法语言方面你存在的疑难问题提出来，与他探讨。

内容示例：①如果要表达“反对主观臆断、明辨是非”的意旨，只写第三只猫就可以了，为什么要写前两只猫？如果要通过对比来突出主题的话，前两只猫只写一只就可以了，为什么都做了较详细的叙述？——从艺术表现上看，运用了对比和衬托。前两只猫的受宠，反衬了第三只猫的遭冷遇；而第三只猫遭冷遇的地位，是酿成它的悲剧的直接原因。从而告诉我们，一个人无论做什么事，都不能凭个人的好恶，否则就会出现误差，甚至会造成无法补救的严重过失。

②不管三只猫是否讨人喜欢、自身性情有没有缺点，但都有一个“亡失”的悲剧结局，这有必然性吗？这告诉我们什么？——这必然性就在于“人对弱小生命的漠视”“人的自私和贪婪”“人的偏见与武断”。它告诉我们，生命是脆弱的，弱小者的生命尤其脆弱，我们应该心存仁爱与悲悯，勇敢地承担责任，珍视爱护弱小的生命。

探究：你认为阅读文章，领会作品要旨要注意什么？

阅读一篇文章，要掌握正确的阅读方法，比如分析和鉴别；要理解一篇作品的要旨，一定要从整体上把握，也就是要从全文出发，综合考虑各部分内容要素，这样才会有一个客观正确的答案。

三、拓展升华

生活中你是否也有过像“我”一样误解过别人或者像第三只猫那样被别人误解的经历？你是怎样对待和处理的？说给同伴们，听听他们有什么看法。

结语：郑振铎的《猫》哪里是在写猫呢？简直就是人生世态的生动写真。三只猫相继亡失而离作者远去，郑振铎先生也早已离开了这个世界，但他在我们灵魂里却留下了宝贵的种子：那就是在生命的天平上，人与动物没有轻重，不分贵贱，当爱护生命，不欺弱小。让这颗种子生根发芽，让我们的心始终向着真诚、善良和崇高！

（原载《语文教学通讯·初中刊》2011 年第 9 期）

《小石潭记》教学设计

【设计思想】

《小石潭记》是柳宗元被贬永州时写的一篇山水游记，以自然简约的笔法创造出丰富深邃的意境，各种景物极尽其妙，而且将身世遭遇、思想情感倾注于自然景物之中，耐人寻味。本课教学设计为“活动”和“探究”两个互相联系的过程，通过阅读、思考和互动，欣赏作者细腻入微、生动逼真的手法和以此展现的自然景物的审美特征，体悟探究“有我之境”中“我”的思想情感。

【教学目标】

1. 在阅读理解课文的过程中，总结和借鉴文言文学习方法；
2. 体会、欣赏本文抓住特征状写景物的写法；
3. 探究作者蕴含在文中的思想感情。

【教学重难点】

1. 通过活动探究，理解作者抓住特征状写景物的写法；
2. 体会作者借助景物描写寄寓思想情感的艺术构思。

【教学准备】

1. 让学生利用自习课阅读课文，解决字词，翻译课文。

2. 课外复习柳宗元的诗文，查找有关其生平、创作的资料。初步理解本文的写作特点。

【教学时数】

1 课时。

【教学过程】

一、情境导入

大家到哪些地方去旅游过？有什么感受和收获呢？

“我见青山多妩媚，料青山见我应如是”“泪眼问花花不语，乱红飞过秋千去”“寒波澹澹起，白鸟悠悠下”，古代诗人观赏自然万物写成的诗词文赋，在创造出诗情画意境界的同时，也向我们倾诉了他们的心声，很值得我们去欣赏和追索。“唐宋八大家”之一的柳宗元被贬永州时游历荒野山水，写成了《永州八记》，可谓落笔不俗，自出机杼。今天，我们就一同走进他的《小石潭记》，去探究那妙趣横生的景致中寄寓的丰富意蕴。

二、文意疏通

1. 活动：与同伴互相读听课文，注意为对方订正读音、纠正停顿。根据自己的理解读出感情，读出语音的轻重和语气语速。

探究：你认为应该读出怎样的情感？

明确：第一段应读出好奇欣喜的情感，第二段应读出陶醉的心态，第三、四段逐渐读出失意悲凉的情绪。

2. 活动：交流共享译读的收获和方法。译读收获包括从本课新积累的字词，如“珮环”“佁然”“翕忽”“悄怆幽邃”等，以及本文语言上的突出特点，如自然凝练、整散相间等。译读方法包括解释词语方法：一、语境推断法，例如“为坻”中的“为”字是“是”还是“成为”的意思，就要根据小石潭这个空间环境和“卷石底以出”这个说明去推测；二、用法变换法，例如“皆若空游无所依”中的“空”解释为“在空中”，“斗折蛇行”中的“斗”“蛇”解释为“像斗一样……”“像蛇一样……”，“凄神寒骨”中的“凄”“寒”解释为“使……凄凉”“使……寒冷”；三、联系法，如从“从流飘荡，任意东西”中的“西”推断“从小丘西行百二十步”中“西”的意思。翻译语句的方法：一、补充法，如“日光下澈”翻译时在“澈”后补充“潭水”；二、调换法，如将“全石以为底”的“以”调到“全石”之前；三、意译法，如将“斗折蛇行，明灭可见”翻译为“曲曲折折，忽隐忽现”；四、直译法，如将“青树翠蔓”翻译成“青葱的树，翠绿的枝蔓”。

三、欣赏探究

觅“潭”——探求游踪，理清思路

活动：根据自己对课文内容的理解，用线路标注的方式展现寻觅游赏小石潭的过程，说说作者是怎样一步步描写小石潭景致的。要求注明游踪和观察点，画出游赏线路。

探究1：结合游赏线路，归纳一下本文写景状物顺序上的特点。

明确：以游踪为线索，采用移步换景、定点换景的方法，按照小丘—篁竹—小潭—岸势—潭之四周的顺序，由声到形、由近及远依次写来；将游踪类游记和方位性游记结合在一起，有条不紊，自然畅达。

探究2：有水必有源，他的《钴鉧潭记》就是先写潭源，后写潭景，本文却先写潭景，后写潭源，这是为什么？

明确：作者是从小丘西行，从石潭的东边走来的。“隔篁竹，闻水声，如鸣珮环”，而这水声一定是潭源之水撞击石岸流入石潭发出的清响，但接下去却为什么不先写潭源呢？原来潭源不在潭东，而在西南。作者从潭东行来，立刻被石潭本身的奇景所吸引，于是先写石潭，在饱赏石潭奇景之后，这才朝西南而望，发现了潭源。

赏“潭”——探究景物特征，领悟写法

活动：仔细阅读课文，用自己喜欢的方式对课文进行赏析，如用简笔画勾勒出小石潭的全貌或某种景物；也可以做导游，就课文所写景物写一段景点解说词，要尽量突出课文所写景物的特征。

探究：结合简笔画或解说词，说明本文突出了小石潭及周围景物怎样的特征，并简析作者运用了怎样的写法和语言去表现这些特征。引导学生学会确定探究话题或善于提出问题，然后能从不同的角度进行探究。可以让学生自己独立思考，可以两人合作，也可以小组讨论。

示例1：小石潭水的特点是清澈。可以分步探究如下问题：小石潭水清的原因有哪些？水又是如何的清呢？作者是用什么写法表现水清的？

结果呈现：水清的原因——一是潭以整块石头为底，在靠近石岸的地

方又从潭底突出若干形态各异的石头，周边石上又是青树翠蔓；二是从水声“如鸣珮环”来推断潭源之水也是清冽的。水如何清——潭中鱼“皆若空游无所依”，影子能投到潭底石头上。表现水清的写法——以实写虚（或者衬托），写游鱼却不写水清，实际却写出了水清，写水却不见一个“水”字。就如同大画家只画飞虫，不画天空，只画游鱼，不画清水，但是观赏者眼里却出现了天空和清水。

示例2：小石潭的特点奇异。小石潭的奇异表现在哪些方面？作者是从哪些角度去表现的？

结果呈现：小石潭的奇异表现在：潭底奇特——“全石以为底”，只有一块石头；石形奇异——近岸处的石头有的翻卷过来露出水面，形态各异；景致奇美——树蔓青翠，枝叶摇荡，随风披拂；潭状奇小——“伐竹取道”，方见小潭，又由一块石头做潭底，潭中鱼以“头”计算，且其量可数。表现手法和角度：既有全景概貌的描写，又有细致的特写镜头；既有正面描写，也有侧面烘托；既有色彩形态描写，也有动态、静态描写。

除此之外，学生探究的内容还应包括游鱼的怡然自得、溪岸的曲折、小石潭环境的凄清等景物特征及其写法和语言特点等。

悟“潭”——体悟情感，感受意蕴

活动：体会作者游赏小石潭的感受，展开合理想象，在课文恰当的地方补写出相关的心理独白，依据心理独白描述出作者情感变化的轨迹。

探究1：如果说本文主要是写景，寄情山水，那么最后一段是不是可以删掉？

明确：不可以删掉。一方面体现作山水游记要附记同游者的体式要求；一方面也表明作者沉醉于小石潭宁静的氛围中，几乎忽略了同游者的存在；另一方面说明这么多亲朋好友一起游潭却并不热闹快乐，暗示作者内心有着难以排遣的忧愁郁闷。

探究2：游览同一个小石潭，为什么作者心情前后会有巨大的变化和差距？

明确：一、从背景上说，由于作者参与革新失败而被贬荒远的永州，一去就是十年，报国无门，壮志难酬，求还无望，归来无期，境遇十分凄惨，内心极度苦闷抑郁。二、从触发点上推断，有可能是随着太阳西下，幽静的树木下袭来了些许凉意。三、从目的和作者情感主色调上看，作者游览小石潭并非出于闲情逸致，而是试图寄情山水，摆脱他政治失意生活中的抑郁心情，消解忧愁，小石潭清幽宁静的气氛则引发了他情感上的共鸣，使其一度沉迷其中。然而，他的内心充满着政治失意、壮志难酬的苦闷与寄情山水、超脱尘俗的自得之间的矛盾，暂时获得的快乐和喜悦转瞬即逝，内心的悲凉和苦闷重又翻滚而来。

探究3：古人曾这样评价柳宗元的山水散文：“以柳之流连景光，模写山水，曲致微妙，心与物化，亦韩所无有也！”（周澂《读柳子厚山水诸记》）王国维说：“有我之境，以我观物，故物皆著我之色彩。无我之境，以物观物，故不知何者为我，何者为物。”以本篇课文具体内容为例，谈谈作者创造出了怎样的境界，是怎样做到“心与物化”的。

明确：第一，“因景生情”。先从听觉角度写出发现小石潭水声，心生惊喜；接着是从视觉角度写伐竹取道见到小潭，内心兴奋异常；然后把视角投向下面由一块大石铺成的潭底和近岸从水底翻卷出来的形态各异的石头，禁不住心花怒放、拍手称奇；面对石潭中那从容自得的游鱼时，作者简直是沉迷其中，如痴如醉了。而当他全观空寂凄寒的小潭环境氛围时，便油然而生凄凉忧伤之情。其情可谓“随物以宛转”。

第二，“以情写景”。小石潭地处荒僻的野外，根本算不得名潭胜景，游览小石潭寄情山水不是目的，寄寓自己的身世遭遇、倾注内心深处的情感，才是其真意。因此所写景物便受到作者寂寞、怨愤、抑郁的情感色调的浸染，以至于小石潭中的一石、一木、一水、一鱼都成为作者眼里、心中的景物了，所谓“以我观物，故物皆著我之色彩”。从“青树翠蔓”可以推断，作者游览小石潭的时间不会是在初春、晚秋和冬季，那么“水尤清冽”是说水不但十分清澈，还比较寒凉，不能不说这是作者悲凉心境的一种折射；一个荒山野谷中随处可见的小石潭，被作者写成水声“如鸣珮环”、形态奇特、环境清幽的胜景，我们不能不说是他心灵的创造；而小石潭的清幽无闻、与世隔绝、不为世人赏识，不也正是柳宗元“材不为世用，道不行于时”身世遭遇的写照吗？正如清代何焯所说的“兹丘犹有遭，逐客所以羡而贺也，言表殊不自得耳”（《义门读书记》）。而探望小石潭的水源，则是“斗折蛇行”“明灭可见”“犬牙参互”与“不可知其源”，字面上写出了溪流的曲折茫远，但已消尽了赏心悦目的明丽色彩，显得那样险恶诡谲，足见作者暂时的快乐消失后，很快被现实的剧痛唤醒，那政治上的失意、精神上的苦闷、人生的坎坷以及对前途的迷茫又涌上心头。正如作者所言，“升高欲自舒，弥使远念来”。

第三，“以景衬情”。课文前两段写“如鸣珮环”的清越水声、“伐竹取道”的行为、潭底潭石的奇异的同时，也间接地写出了作者内心的惊喜与快乐；而写游鱼的“自得”之态简直就将作者痴迷陶醉的心境衬托得淋漓尽致了。第四段写小石潭寂静、凄寒的环境气氛，不但契合了作者在快乐消失后空寂失落的心境，而且将其心情的悲凉衬托得更加深厚而浓重。在这里，乐为起点，悲为归宿；乐为烟云，悲为主流。乐与悲的巨大反差和乐极生悲的变化过程，充分反映了柳宗元政治上遭受打击，胸中块垒无以化解的痛苦与抗争，也再次印证了柳宗元“自放山泽间，其湮厄感郁，一寓诸文”（《新唐书·柳宗元传》）这一论断的恰如其分。

四、归纳总结，拓展延伸

活动：用自己擅长或喜欢的方式对学习本课的收获作总结归纳或作拓展延伸。

示例：①为小石潭景区入口题写对联。如：赏心悦目潭中景，凄神寒骨胸中情。②与作者谈构思。本文有两条线索，一是写景线索：见石潭—观潭景—望潭源—感潭境；一是情感线索：惊喜—陶醉—悲凉。③《小石潭记》艺术探美。如动静结合、虚实相生、远近相应、情景交融。④浮想联翩评说文人风骨。在古代，像柳宗元这样的仁人志士、文人墨客面对坎坷曲折的生命遭遇，往往流连自然山水，吟诗作赋以排遣怀才不遇、壮志难酬的抑郁和苦闷，传达他们面对挫折的勇气和坚韧，寄寓他们对理想不懈追求的愿望，如屈原、陶渊明、苏轼……

（原载《中学语文教学》2010 年第 3 期）

变式梳理，多维探究

——《曹刿论战》复习教学的探索与实践

胡志倩　孟宪军

【教学缘起】

中考以课内文言文为材料，命题角度和考查意向追求出新入深，以规避教学中的机械重复、死记硬背以及猜题押宝现象的发生，因此特别重视处理好知识与能力、基础与创新、探究与生成等方面的关系。

人教版课标实验教科书九年级编选了多篇先秦叙事散文，但学生把握文本具有一定难度，需要再度深入研读。《曹刿论战》文言语言点含量丰富，叙述曲折、生动，人物刻画形象逼真，且包含丰富的文化内涵，以此为范例，有利于学生领悟先秦叙事散文的复习思路和策略，有利于教师探索学生文言文阅读能力提高的一般规律，进而取得理想的教学效益。

【教学过程】

一、唤醒体验，积累梳理

1. 说读与整理：建议同学们采用“说读”方式，两人为一组，借助课文语言进行信息判断、唤醒体验和建立联系，即边读边想边说，说出知识积累、情节内容、人物特点、表达艺术和新的感悟，说给同伴听，同伴给予订正和补充；也可以一边说一边将说的内容整理到笔记上；还应总结复习方法，与大家共享体验。

结果呈现：

(1) 作者作品：本文选自《左传·庄公十年》，所写“齐鲁长勺之战”，是历史上以弱胜强的著名战例之一。《左传》是阐述《春秋》微言大义的一部编年体史书，记载了春秋各诸侯国的政治、经济、军事、外交、文化等方面的情况。本书语言洗练优美，尤善于描写战争及复杂事件，长于通过对话和行动描写表现人物的性格特征，对后代散文的发展有很大影响。

（2）语言点：①通假："偏"通"遍"，普及。②古今异义："牺牲"，此指祭祀用的猪牛羊祭品，今指为正义事业而献身或放弃、损害一方的利益；"鄙"，此指见识短浅，今为品质低劣之意；"再"，此指第二次，今义指将要重复的动作。③词类活用："鼓"名词用作动词，击鼓。④一词多义："肉食者谋之，又何间焉"中的"间"与"中间力拉崩倒之声"的"间"分别为"参与"和"夹杂"之意。

2. 鉴赏与分析。试以"'曹刿论战'的魅力在于＿＿＿＿＿＿"或"《曹刿论战》的魅力在于＿＿＿＿＿＿"为话题，写一段赏析文字。

结果呈现：

示例1："曹刿论战"的魅力在于其传奇色彩。首先，曹刿作为一介平民，在齐鲁战争爆发之际求见国君，而且竟想见即得见，见到国君又对政事、国策毫无顾忌地评头论足。战场上鲁庄公竟对曹刿言听计从，最终指挥军队大获全胜。而其战后之"论"，可谓高屋建瓴，有理有据，精彩绝伦，令庄公和读者赞叹不已。大敌当前，即便平民百姓也会忧心如焚，甚至像曹刿那样去"问战"，甚至共赴国难，这也许不足为怪，但是像曹刿那样对政事、国策的评论能做到是非分明、褒贬有据，在战场上能审时度势、机智果断、指挥若定，那就非具有政治韬略和军事才能的人不能为之了。那么，曹刿并非一般的平民？抑或为藏之民间的隐士？其次，鲁庄公贵为一国之君，在敌人大军压境之际不会不召集文臣武将制定作战计划，共商御敌之策。但他能平心静气地接受一介平民的一再"质问"，而在战场上对曹刿"唯命是从"，战后又"不耻下问"，请曹刿释疑解惑。其人是愚昧糊涂、胸无城府、眼光短浅、才能粗鄙的"肉食者"，还是一位胸怀大度、从谏如流的"明君"？抑或表里相悖，二者兼而有之？

示例2：《曹刿论战》的魅力在于其高超的叙述艺术。一方面，既能以简约洗练的语言呈现复杂战争过程及前因后果，又能做到主线清晰，重点突出，详略有致；另一方面，通过精彩的画龙点睛般的人物语言描写展现人物形象，透视人物政治观念和军事思想。

方法感悟：①“知书达理”。清楚课文出处，整体了解该书的基本内容，进而“通达”课文的人情事理。②沉淀内化。重视特殊的文言现象，做到眼到、心到、口到、手到。③善用联想。运用纵横联系和比较的方式，不断丰富语言积累。④取精用宏。以统观和归纳为手段，反刍学习体验，领略作品魅力。

二、辨误求正，务本寻真

1. 通过失误分析，体会翻译要求，正确理解文意。出示语句的错误理解，引导学生做出判断并进行纠正。

①夫战，勇气也——大丈夫打仗，靠的是勇气。

②小大之狱，虽不能察，必以情——大大小小的监狱，虽然不能一一视察，但一定按照实情处理。

③忠之属也。可以一战——这是尽了本职的一件事，可以打一仗。

结果呈现：

第①句中“夫”是发语词，无实在意义，议论或说明时，用在句首。第②句属于古今异义词翻译出错。“狱”，指案件，而非监狱。“虽”是“即使”之意，表假设。第③句是省略成分没有补出，“可以”是“可以凭借”之意，应把“以”后面的“之”补出来。

2. 尝试对《曹刿论战》做历史方面的解读。

请学生对本文内容提出自己的疑问：如“齐师”为何要“伐我”？曹刿果真作为一介平民，究竟会不会有资格和机会晋见国君，质询政事、国策并得到耐心解答？长勺之战的胜利完全归功于具有政治远见和军事指挥才能的曹刿一人吗？

材料一 据《史记·齐太公世家》记载：荒淫无道的齐襄公被杀后，他的两个弟弟小白和纠争夺国君之位。鲁国为帮助纠而射杀小白，小白装死，结果使鲁国放慢了护送纠回国的速度。小白率先到达，被立为齐桓公。齐桓公即位后，便发动对鲁国的报复行动，派军队在乾时大败鲁军。于是鲁庄公下令训练军队，赶制各种兵器，疏浚曲阜以北的洙水，以防齐军进攻；政治上，他也做了些取信于民的工作，当齐军逼近鲁北部边境时，鲁庄公便动员全国力量对齐作战。

材料二　春秋时期有天子、诸侯、卿、士、庶人、奴隶等阶层。“乡”指诸侯国统治中心的城市及其近郊。“乡人”即“国人”，主要成分是“士”，一般有“禄田”“隶子弟”和“牛马臣妾”，并有一定的政治权力。

结果呈现：

①“齐师伐我”的原因。在齐国公子纠和小白争夺国君的过程中，齐鲁两国结下仇怨。在长勺之战之前，齐鲁有过一次交战，以鲁国失败告终。

②长勺之战的胜利并非曹刿一人之功，鲁庄公战前做了大量的准备工作，为夺取胜利奠定了基础；动员全国的力量对齐作战，很有些破釜沉舟、背水一战的气度。齐国军队人多势众，不久前又刚打败了鲁国，狂妄轻敌，这也是鲁国取胜的一个客观原因。

③曹刿的身份应该属于“士”，有参与政事、军事的资格，所以曹刿能轻而易举地面见国君，并能得到信任和重用。其政治思想和战略、战术得到了鲁庄公的认可，鲁庄公才会对其言听计从。

3. 辨析人物地位，探究写作意图。

采用辩论的方式辨析两个人物在文章中所处的地位，进而领会作者的写作立意。文题为后人所加，可以更换。出示两种观点：有人认为主人公是鲁庄公，用意在于阐明国君应如何任用贤能和从谏如流；另一种认为是曹刿，意图在于说明战争取得胜利的政治基础和战略、战术的重要性。以观点不同分为两组，先认真准备，再进行辩论。

结果呈现：

甲方：主人公是鲁庄公。其一，本文是以鲁庄公的行为为线索展开叙事。开头是“公将战”，中间是“公与之乘”，结尾“公问其故”。其二，文章借曹刿的政治主张和战略、战术得到鲁庄公的认可、采纳，进而取得长勺之战的胜利，说明作为国君要夯实政治基础，就需取信于民、依靠广大人民，还要礼贤下士，任用贤能，才能取得军事上的胜利，治理好国家。

乙方：主人公不是鲁庄公，而是曹刿。本文以战争进程为线索展开故事，表现曹刿的言行。鲁庄公属于那种政治、军事上缺少远见和谋略的人，经过曹刿的“点拨”才认识到取信于民的重要性，他缺少智慧和主见在战场上表现得更为突出。

乙方：主人公是曹刿。这次长勺之战最终能取得以少胜多的战绩，是由于曹刿运用了“一鼓作气”“敌疲我打”“明察敌情”等战略、战术。本文的主要篇幅是描写曹刿的言行。以鲁庄公为衬托，突出表现曹刿的智慧和才能，意在阐明取信于民和战略、战术是战胜敌人的根本和关键所在。

甲方：主人公不是曹刿，而是鲁庄公。曹刿有政治远见，庄公不也是做到了“小大之狱，虽不能察，必以情”吗？曹刿如果得不到国君的信任和重用，他就没有施展智慧和才能的机会，一切都是枉然。文章用大篇幅描写曹刿不假，但曹刿旁边总有一个鲁庄公在场。书中原题为“庄公十年”，可见主人公就是鲁庄公。

方法感悟：①领会人物的地位，需要看人物在事件中的作用，看人物的言行所体现的思想价值。同时，所用的笔墨的轻重多少，也是分辨人物地位的主次轻重的重要角度。②揣摩写作意图，需要厘清事件的前因后果，研究事件所包含的意义，同时需了解写作背景、作者的思想观念、出处著作的价值取向。③辩论要观点鲜明，是非分明，不能模棱两可，但又不能脱离实际，牵强附会。④辩论讲究观点与论据的一致性，讲究论据的典型性和说服力，做到持之有据，言之成理。

三、求同比异，求新入深

找一篇课内先秦叙事散文，与本篇进行比较。分析两文的相同、相异之处，获得对文本的深入理解，从而构建“先秦叙事散文”阅读理解的思路和策略。建议同《邹忌讽齐王纳谏》一文进行比较，注意选择贯穿性的比较话题，运用有效的研究方法，合理安排任务分工。准备在班上展示你的研究结果。

结果呈现：

1. 思想内容：都表现贤臣谋士辅佐君王在政事或军事上取得显著成

效的内容。一是取得了长勺之战的胜利，一是讽劝齐威王纳谏，使齐国国力逐渐强大起来；都表现了国君察纳雅言、任用贤能的重要意义。

2. 人物特点。邹忌和曹刿都是具有强烈的爱国情怀、为国分忧、勇担责任的贤臣良士，都具有非凡的智慧和卓越的才能。差异在于，曹刿表现出的是超凡的政治远见、危难之中的果敢和审时度势的气度；邹忌表现出的是讽劝君王的巧妙绝伦的策略与技巧，如以家之小事喻国之大事，顺理成章，水到渠成，充满政治智慧。两个国君，都能察纳雅言，从谏如流。在这方面，鲁庄公可谓不拘一格，而齐威王未必那么大度，这从邹忌煞费苦心的“讽”可窥其一斑，但从他下令进谏、广开言路来看，也不失为一位开明的国君。

3. 行文构思。两文呈现事件过程的构思有异曲同工之妙：《邹忌讽齐王纳谏》从头到尾采用了三层排比的手法，如“三问”“三答”“三比”“三赏”“三变”，使文章内容跌宕起伏，引人入胜，又因果相陈，水到渠成，具有深长意味；《曹刿论战》始终抓住曹刿与鲁庄公的答对，呈现出“两否一肯”“两阻一许”“一问两论”的形式。这种悬疑迭生、张弛不断、抑扬曲折的行文脉络，也产生了扣人心弦的艺术效果。

方法感悟：①拓展学习视野，有创意地利用资源。要摆脱单篇课文的局限，转换观察视角，把课文放在种类中，理性地认识此类作品所具有的特征和学习价值。②将比较和归纳提炼之法运用其中。以文章体式、事件性质为基础，寻找多个比较点，通过归纳提炼、求同比异以彰显共性和个性。③培养自己全面、辩证分析问题的能力。借助相关材料，通过归纳、比较和分析、判断、推理，大胆提出自己的看法，力求有所发现、有所创新，并能做到言之成理、言之有据；在还原作品原生价值的过程中，要吸收诸子叙事散文思想艺术的营养。

（原载《中学语文教学》2014 年第 12 期）

曲径通幽处，异境次第开

——《三峡》变式与比较复习的探究与实践

【教学缘起】

文言文阅读作为初中学业考试的四大阅读板块之一，随着它在试卷中分量的不断加重、考查范围的不断拓展、考查角度的多向化和能力要求的逐步提高，其甄别功能得到进一步加强。因此，文言文阅读复习的维度应该包含：1. 语言知识的积累、传统文化的积淀以及解读方法的领悟。2. 对文本学习资源的反刍、吸收和提炼。3. 对文本思想内容、艺术表现进行再认式探究和质疑性批判。4. 拓展观察视野，在“出乎其外”中求同比异，进一步发现、探寻文本的个性特征、独到之处和解读途径。《三峡》在课内山水游记中具有一定的典型性，把它作为范例，有利于我们探索山水类文言文复习教学的有效途径，从中提炼发展文言文阅读能力的一般规律，进而科学高效地达成复习教学目标。

【教学过程】

一、唤醒体验，内化方法

1. 游读与整理。建议同学们采用“游读”的方式，借助文本语言判别信息、唤醒体验和建立联系，即在阅读中游思，边读边思，边思边读。读出知识积累，读出内容情境，读出文本美点，读出新的感悟。还要动手动笔，将“游读”的结果整理到笔记上，并归纳解读的方法，在小组或班内交流。

结果呈现：

（1）作家作品。选自地理著作《水经注疏》，该书记载了一千多条河流及其有关的历史遗迹、人物掌故、神话传说等，不但有很高的地理学价值，而且具有较高的文学价值。作者郦道元为北魏地理学家。

（2）语言点。特殊数量词：“七百里”实为约数，极言其长，为行文造势；“猿鸣三声泪沾裳”中的“三”字也不表确数。通假：“略无阙处”中“阙”通“缺”，“哀转久绝”中“转”通“啭”。活用：“虽乘奔御风”中“奔”活用为奔驰的马，“回清倒影”中的“清”活用为“清波”。古今异义：“回清倒影”中“倒影”在这里是倒映着山影，与现在“倒立的影子”的意思不同。一词多义：“沿溯阻绝”“绝巘多生怪柏”“哀转久绝”中的“绝”意义各不相同，分别为“阻隔”“极高点”“消失”。

（3）解读方法归纳：①训诂法，如关于古代数量词的表示的含义；②换词法，如通假字；③联想比较法，如词语的古今异义；④语境推断法，如一词多义。

2. 鉴赏与分析。试以“谈‘三峡’的________美”或“谈《三峡》的________美”为话题，写一段赏析文字。

示例1：谈“三峡”的景物形色美。春冬季节的三峡有如一条绝美的画廊，那碧绿的江水，荡漾着山峰树木的倩影；而那些扎根于悬崖绝壁的松柏，侧身斜躯，仰首挥臂，姿态万千。最惹眼的是那些高悬于崖壁的大大小小的流泉瀑布，白练飘曳，水烟缭绕。清碧的水色，葱郁的树木，青黛的山峦，茂盛的绿草，可谓多姿多彩，令人爽心悦目。

示例2：谈《三峡》的铺展手法美。作者写夏季的江水可谓极尽铺展之能事，先以江水漫上山陵，“沿溯阻绝”描摹水势之浩荡和航路被阻隔的壮观景象，接着用“朝发白帝，暮到江陵”极写水速之迅疾，转而借“乘奔御风”通过比较设喻从侧面衬托流速之飞快，境界次第展开，夏日江水的特点被展现得淋漓尽致。

赏析方法感悟：①取精用宏抓根本，如“三峡的雄奇秀丽”——山水本色美。②巧设角度抓线索，如“体物曲尽其妙，以形传神”——艺术创造美。③撷珠采英抓美点，如“烘云托月，映衬比况”——写作手法美。

3. 背诵与运用。重温课文并背诵，然后交流快速背诵和牢固记忆的方法，最后自主运用背诵的语句。

结果呈现：记诵方法，如追循思路法——本文先写三峡总体风貌，着重状写山势，再抓住三峡不同季节的突出特征，着重写水，以表现三峡的奔放美、清悠美和凄婉美。遵循这个思路，背诵就不会遗漏内容。抓标志语句法——本文每小节都有转接领起的词句，如“自三峡七百里中”“至于夏水襄陵”“春冬之时”“每至晴初霜旦”和其中的“自”“至于”“之时”“每至”。抓住这些标志性词句，就会联想起文章内容。形象记忆法——如第三段所写景物包括湍流、水潭、倒影、怪柏、悬泉瀑布，联系这些形象就会浮现语句。

课文语句的自主运用，如理解选择式，“文中侧面写夏日江流湍急的句子是：________”；语境填空式，“现在从奉节到江陵乘快艇才不到三个小时，郦道元若再用‘________________’来比喻恐怕也太落后了吧”；造句式，“用几句话描述一处景致，用上‘良多趣味’”等。

二、变式启思，质疑求真

1. 从新的角度观察课文语言，借助分析失误体会翻译要求。教师出示以下语句的理解，由学生分析其问题所在，从中得出正确结论。

①重岩叠嶂，隐天蔽日——重重的悬崖，层层的峭壁，隐藏了天空，遮蔽了太阳。

②素湍绿潭，回清倒影——雪白的激流，碧绿的深潭，回荡着清波，倒映着各种景物的影子。

③自非亭午夜分，不见曦月——如果不是在正午或半夜的时候，连阳光或月亮都看不见。

④虽乘奔御风，不以疾也——虽然骑着骏马，驾着疾风，却不如它快。

结果呈现：对以上句子的理解都存在问题和错误。第①句属机械直译，没有认识到互文所表示的事物之间彼此隐含、渗透、补充的关系。此句应理解为：层层叠叠的峰峦像屏障一样，遮蔽了天空和太阳。第②句没有领会其并提分承的特点，“回清”应承“素湍”，“倒影”应承“绿潭”。此句正确的理解是：雪白的激流，回荡着清波；碧绿的深潭，倒映着各种景物的影子。第③句没有把握“曦”是运用了“代称”的修辞，与“乘奔御风”“回清倒影”中的“奔”“清”是同一种用法，只不过前者以性能代本体，后者以特征代本体。因此“曦”应指太阳。第④句把假设的比较性的比喻当作了事实。“虽”应理解为“即使”，与之呼应的“却”要改为“也”。

2. 尝试对《三峡》所写的三峡作科学解读。《三峡》作为地理学著作中的文章，价值首先在于其特有的科学内涵，其次是它卓越的文学成就。同学们仔细观察作者所进行的科学探索，利用自己知识储备，探究作者所展现的特征鲜明的三峡景物背后隐含着怎样的地理现象和科学道理。

结果呈现：“自三峡七百里中，两岸连山，略无阙处”，这种山势是七千万年前的造山运动引起地壳变迁及江河成长的结果。其间该地区的厚层岩石被挤压成三段山地背斜。在两侧的河流下切作用以及溯源侵蚀中，这三个背斜便被切穿，形成三峡。此后，江水对河床和岩岸的切割侵蚀更为强烈，致使河床不断加深，长江三峡成为世界峡谷之最。

“自非亭午夜分，不见曦月”，其中“自非亭午不见曦”属于夸张不言而喻，“自非夜分不见月”却与事实不符。每夜月出、月上中天和月落的时间各不相同，按照地球和月球自转公转周期推算，夜晚不一定“夜分”时才能见到月亮。

“夏水襄陵”体现了本地区的气候特点，三峡属亚热带季风气候，年降水量非常丰富，夏季气温高而降雨多，江水暴涨就会漫上山陵。“晴初霜旦，林寒涧肃”体现了亚热带季风气候冬季降水少、气温低的特点。

“绝巘多生怪柏”，“怪柏”自有其怪的道理，由植物顶端形成的生长素浓度较低，植物便会正常生长；若浓度高了反而抑制植物生长。三峡“绝巘”处受到光照强度、时长、所处位置和土壤状况等因素的影响，植物便难以正常生长。

3. 变换角度审视课文，然后把你的新看法和新疑问提出来，在小组或班内辨析交流，比如内容、构思、写法等方面。

结果呈现：①本文是写的三峡还是只写了巫峡？首先，课文是节选，前有关于瞿塘、黄龛二滩的描述，后有关于水经西陵峡的叙述。而且自古就有“瞿塘雄、巫峡秀、西陵险”的说法，从课文所写景物看确实秀丽多姿，充满诗情画意。其次，课文结尾“巴东三峡巫峡长，猿鸣三声泪沾裳”也证明上文写的是巫峡。这样一来，就应在“两岸连山”前加上“巫峡”二字。

②《三峡》是写了三峡四季的景色吗？观点一：是写了三峡四季的景色，第三段将冬春二季放在一起写，因冬天为枯水季节，才会有“素湍绿潭”；春天物生，便有树草“荣茂”。观点二：只写了三峡的夏春冬三季，第三、四段分别写春冬两季的景物。因为不只秋天才会下霜，冬天也会；而至于凄清肃杀那更应该是冬天的景致。

③写三峡的凄清、肃杀气氛，是否与作者对自然山川的赞美之情相矛盾？不矛盾。首先，是客观展示自然风貌的需要。三峡一年之中不全是水流湍急、树木蓊郁的景观，也有水落石出、万物萧索的景象。其次，山岩遮蔽日月的雄奇是一种美，水流风驰电掣的气势是一种美，青山绿树倒映在碧绿的潭水中的清幽是一种美，那么，白草霜树、高猿长啼的凄清也是一种美。而且其中还融入了悲悯情怀，使意境更加丰富深邃。

4. 用自己喜欢的方式对课文内容或学习收获作总结归纳。可以截取三峡某个画面，题写画名，也可以拟写对联，还可以咏诵或援引诗句……

结果呈现：①对联。山险水急三峡景，天高地厚华夏情。群山无阕重岩叠嶂盖曦月，泉瀑有声素湍绿潭荡清波。②创作诗句。叠嶂掩曦月，碧水漫山川。澎湃一江水，穿凿万仞山。③援引诗句。巫山暮足沾花雨，陇水春多逆浪风。（白居易）历历数声猿，寥寥渡白烟。应栖多月树，况是下霜天。（贯休）④题画。高山隐月、空谷惊魂、激浪荡轻舟、危崖飞白练。

三、趋同辨异，出新入深

“不识庐山真面目，只缘身在此山中”，要深刻领悟《三峡》在摹写山水上的经典价值和独特的艺术匠心，就需“出乎其外”，站到一个能识得“庐山真面目”的视角，去观察它以及可与之比肩的作品，如《与朱元思书》，通过对此和辨别，我们就会有意想不到的收获，就会发现其卓越之处。同学们可把这两篇课文捆绑在一起，采用研究性阅读的方式探幽览胜，要巧妙设置研究话题，科学选择研究方法，合理安排任务分工。然后，派一名中心发言人在班上展示研究的成果。

结果呈现：

1. 写作价值取向不同，展示主客观世界内涵的着力点有着明显差别，呈现思路大相径庭。

《三峡》作为地理著作中的节选，描写巫峡是为了让人了解其地质地貌、水量流势、生态环境等方面的特点，兼及相关的历史遗迹、俗谣民谚等，它着力于客观表现和科学说明。而其文学笔法的运用，根本目的也是突出再现自然风貌，人们既可从中获得自然知识，又可获得审美享受；而《与朱元思书》是一封书信，呈现山水之魅力，传达思想追求，着力点在于借自然美寄寓其审美情趣，抑或将思想艺术追求融入对自然美的表现中。人们既可领略客观的自然美，又可窥见作者思想情志的侧面。

在构思上，出于全面呈现巫峡风貌的需要，郦道元先写山铺垫，后分述不同季节水流的涨消起落、势态身姿及周围景致的节律变化；而为了表现富春江自然风物不可抗拒的诱惑力，吴均先以“奇”“异”二字设下悬念，再依照自由洒脱的游踪和惊奇喜悦的目光，将富春江旖旎绮丽的风光、怡情悦性的天籁表现得栩栩如生，令人心驰神往。

2. 慧眼识山水，自然美个性鲜明。

尽管写作目的、所用体式不同，但是突出表现自然山水的个性特征，是两篇课文共同的亮点。在作者眼中，三峡的山水，雄伟壮丽。正是三峡巍峨高狭的山势和河床的巨大落差，造就了夏日江水万马奔腾的浩荡景象。富春江的风景则是飘逸绮丽，这与其地处丘陵、半山区的地质地貌以及山溪型河流有直接关系。就悬泉瀑布来说，“飞漱其间”是流急冲荡的阳刚之美，“泉水击石，泠泠作响”是圆润清脆的婉转之美。两处江水都很“清澈”，但三峡只有在春冬季节才会“回清倒影”；而富春江则即使在“千丈”之深亦能“见底”。至于所写猿啼，则更突出了不同环境中动物的脾性，及其对凄清或生机盎然情境的渲染烘托作用。如果说富春江是一位清秀婉丽、充满灵性的女子，娴静时拖一江透明的裙裾，动情时驱一川奔腾的野马，那么三峡就是一位伟岸蓬勃的男子：盛夏热烈奔放，春冬俊逸洒脱，秋季还会哀伤喟叹，有着鲜明卓立而丰富多样的性格。我们不能不赞叹作者独到的观察力和非凡的感受力。

3. 各有千秋的语言特色和不谋而合的表现手法。

“吴均体”冲破了六朝骈体的藩篱，描山摹水，语言清新自然，而且细致真切，能以形传神，也不乏韵律节奏。与之同时代的郦道元以地理学家的目光探寻自然，又以文学家的心灵感受自然，以高度洗练、逼真形象的语言总揽三峡不同季节的水态地貌和迷人风景。如果说吴均笔下的自然山水是一幅工笔画，一首交响曲，那么，郦道元笔下的三峡就是一轴运笔如椽、气势恢宏的写意画卷，一部曲折跌宕、意蕴丰富的乐章。

在艺术表现上，一方面，《三峡》运用假设的事实，从侧面映衬三峡的雄奇高峻，突出夏季暴涨的江水汹涌迅猛之貌势；《与朱元思书》则以尘俗世人和自然飞鸟的感受，侧面表现山水之俊秀，自然之魅力。另一方面两文均倾情于诗意手法的运用，比如山峰林立、绿树掩映中，有清越的泉水伴奏，有蝉吟鸟啼猿鸣组成的合唱，是一种诗意；乘舟在汹涌奔腾的长江三峡俯仰驰骋，朝发白帝，暮到江陵，李白不是已经拿它入诗了吗?绝壁悬崖，怪柏卓立，一帘瀑布悬于绿云轻烟之中，飞珠溅玉，那意境和品位也算得唐诗中的上乘之作了。

方法提炼：①选择相关成分多、程度高的材料作为比较的“搭档”才能为有效比较打好基础。②确定比较点应着眼于文本材料的突出特征或主要教学资源点，或开辟新蹊径，确立新联系。③求同比异要透过现象看本质，从结果探寻原因。④要拓展视野，能做到内外联系、知人论世。⑤读出自我，有创造性思维的投入，有独特体验和独到见解的产生。

编后絮语

这个案例走出了课文复习记忆堆砌、重复理解课文内容、单角度使用教学资源的误区，并具有突出特色：一是借整理要点感悟、提炼解读方法，通过实践反省获得有价值的学习策略，而相对于陈述性知识来说，方法策略更具有创造性和发展潜能；二是变换观察角度、思维方式，创造陌生化学习情境，形成了再认探究、再度发现、有效复习的过程状态；三是“出乎其外”，挑战思维，通过求同比异，探寻文本个性特征、独到之处，使学习活动成为学生思维投入、智慧创生、发现阅读规律的过程。本案例在让学生于复习课中“更好地学”和“学得更好”方面所做的探索，值得老师们深思和借鉴。

（原载《中学语文教学》2010 年第 6 期）

激情满沧海，浩气吞日月

——《观沧海》解读与教学设计

孟宪军　张小莉

一、我解读

《观沧海》作为文人创作诗歌辉煌起点的产物，它也是我国古代第一首通篇描写自然景物的诗，开创了山水诗创作的先河。然而它赢得世人青睐的原因不在于此，而在于它所表现的大海景色独具一格。首先，层次分明，开合有致。“东临碣石，以观沧海。水何澹澹，山岛竦峙”，总写登临山顶远望所见，将大海辽远壮阔、水势浩渺、山岛耸立的景象尽收眼底。“树木丛生，百草丰茂。秋风萧瑟，洪波涌起”，则是对山水具体情景的近观，展示出苍翠树木生机蓬勃的景象和海水波澜汹涌的气势。其次，超凡脱俗，格调清新。虽然已到秋风萧瑟、草木摇落的时节，但是诗人眼里的树木却是那样的繁密苍翠，草色却是那样的茂盛丰美，一派生机盎然、欣欣向荣的景象，既没有楚辞中“萧瑟兮草木摇落而变衰，憭栗兮若在远行”的感伤，也没有汉诗“秋风起兮白云飞，草木黄落兮雁南归”的惆怅。诗人之所以能够跳出前人临秋风而垂泪、睹落叶则伤怀的运思窠臼，而创造出色彩明丽、格调清新的境界，一方面是体现了“建安”诗人及其创作的共同特征，那就是社会现实强烈激荡诗人的深层情感，他们虽身处乱世却依旧积极进取，为国家命运担忧而渴望建功立业，因此建安诗作就具备了词采华美、情感充沛、动人心魄的特质和慷慨悲凉、骏爽刚健的风格。而另一方面，建安十二年，曹操为了安定北部边境，消灭袁绍残余势力，诗人七月出兵乌桓，八月大破乌桓于柳城，九月胜利回师，此时北方已经基本统一。归途中路经碣石山，诗人登高观山望海，禁不住“登山则情满于山，观海则意溢于海”，心潮澎湃，踌躇满志。也许这高耸的山岛让他想到了救民于水深火热的千秋功业，满山繁密丰茂的树木劲草让他想到了军中众多的贤能之士、勇猛之将，那瑟瑟秋风激起的巨浪洪波让他看到了他亲率百万雄师以摧枯拉朽之势荡涤残余割据势力的壮烈场面。

钟惺的《古诗归》中说，曹操“直写其胸中眼中，一段笼盖吞吐气象”。这话当指“日月之行，若出其中；星汉灿烂，若出其里”所展示的恢宏的气势和博大的境界。而这也使得《观沧海》成为我国古典文学艺术宝库中一颗璀璨的明珠，虽历数千年仍熠熠生辉。在这里，苍茫的大海与天相接，空蒙浑融；在这雄奇浩瀚的大海面前，日、月、星、汉都无比渺小，它们的运行似乎都由大海自由吐纳。这是何等的气魄！这是何等的胸襟！如果说前面为观察海平面所得，那么这里则为目及辽阔无垠的宇宙所见，而且展开了奇特瑰丽的想象，将眼中景与胸中情融合为一，从而创造出大海浑涵万物、气宇盖世的艺术境界。《周易》曰：“日往则月来，月往则日来，日月相推而明生焉。”日与月是光明的使者，是生命万物的源泉。古人尤其膜拜太阳，在他们眼里，太阳就是世间万物的创造者与统治者，其地位就如同天子帝王至高无上，而星汉则是围绕在统治者周围的众多的俊杰良将。曹操在诗中不咏叹日月的光明与伟大，也就没有把日月比作创造万物、播撒光明温暖的造物主和救世主，进而自比于日月星辰泽被万物，而是用如椽巨笔展示出大海包孕万物、动荡不息的特质，这一方面吻合了诗人所处的与大海一样动荡不宁的社会环境和作者的生活处境，另一方面以视日月星辰为渺小的气魄，有力地表现出诗人超凡脱俗的阔大胸襟、远大的政治抱负和一统天下的雄心壮志。

不仅如此，这首诗写景、寓情与咏志高度融合，而其所咏之志不在于一时一地的即兴之思，而是贯穿了诗人一生品格的追求。东汉末年，汉室腐败衰微，地方诸侯并起纷争，战乱频仍，连年灾荒，疫病流行，黎民百姓处于水深火热之中。曹操大刀阔斧地铲除了割据势力，基本统一了北方。即便他是为了曹魏集团的利益，为了谋取天下霸主的地位，但在客观上平定战乱，却是符合当时人们祈求安定生活的愿望的。“施于有政，是亦为政”，曹操认为掌握实权比追求虚名更重要。后来即使重权在握、顺理成章之机，他坚持不做众矢之的、不称帝的策略，以保护曹魏集团的利益。因此当孙权劝其称帝时，曹操却说，愿奠开国之基，不做登基之帝，由此可见曹操所具有的顾全大局、运筹帷幄的雄才大略、鄙弃蝇头小利的开阔胸襟和桀然不群的高贵人格。正因如此，诗人并没有自喻日月，如果那样就会因张扬自诩而使诗歌意蕴消失，境界变得狭隘低俗。他从大海的意象中找到了自己志向品格的载体，并赋予其深刻的寓意：大海的巨浪洪波将太阳吞没，又将月亮推向了天空；璀璨的群星，簇拥着新主人，在汹涌澎湃的浪涛中时隐时现。而这些正反映了诗人人生品格的追求，那就是高远旷达、大气淋漓、洒脱慷慨。诗人卓然不群的才思、瑰奇壮阔的想象力固然令我们赞叹不已，而他空明豁达、奋励进取的人品志向，则为后人树立了一座丰碑。

二、我设计

【设计思想】

曹操的《观沧海》，以奔涌澎湃的激情、超凡脱俗的想象、遒劲刚健的笔致，表现了自然山水生气蓬勃、恢宏辽阔的景象，创造出壮观雄奇的艺术境界，展示了诗人气吞山河的豪迈气魄、包蕴万物的胸襟和一统河山的远大抱负，其内涵丰富蕴藉，其格调意境“沉雄健爽，气象壮阔”，成为古代山水诗中的一枝奇葩。本课教学建立“活动”与“探究”两个彼此联系的解读过程，以“吟沧海”“观沧海”“悟沧海”等活动为载体，通过吟哦朗诵感受诗歌的恢宏气势，借助情境体验，欣赏诗人所创造的个性鲜明的山水形象和撼人心魄的诗歌意境，在变向探究和纵向延伸中领略诗人高远的理想抱负和高贵人格的魅力。

【教学目标】

1. 吟诵，把握诗歌情感基调，感悟朗读方法；
2. 欣赏，借助想象领会诗歌创造的意境及其写法；
3. 探究，挖掘诗歌深蕴的内涵。

【教学过程】

一、情境导入

1. 情境：（教师出示沧海图）请观赏这幅图画，你看到了什么？你有什么样的感受呢？你想到了什么？

学生表现预测：①看到了一幅巨浪翻滚的沧海画卷，我感觉气势恢宏。②看到了浩渺无边的大海，我想到了“河海不择细流，故能就其深”这句话。③水天相连的大海令我心旷神怡，豪情满怀。

2. 总结与导入：面对大海磅礴的气势、宽广的胸襟、壮丽的姿态、深厚的蕴涵，无论是谁，都会心潮澎湃，感慨万千的。因此大海成为古往今来无数仁人志士精神的寄托，也赢得了无数文人墨客的青睐，使其成就了许多脍炙人口的名篇佳作。今天，我们就来学习一首描写大海的诗歌，领略大海撼人心魄的风姿。

我们来搞一个文学名人猜谜活动，根据老师提供的条件，猜出这个名人是谁。

①他是我国历史上杰出的政治家、军事家、诗人。

②“蓬莱文章建安骨”，他是其中“建安文学”的鼻祖。

③“割发代首”“望梅止渴”“挟天子以令诸侯”的事件都是他的手笔。

④由于儒家的尊汉褒刘传统思想的扭曲，他成为人们眼中的奸臣形象。

⑤官渡一战统北方，赤壁之后亦留名。

⑥北平袁绍，南拒孙刘，青梅煮酒间，问天下英雄有几？

那么这个人是——曹操。我们所学的这首诗歌的作者就是曹操。

二、吟诵·欣赏·探究

1. 吟沧海

(1) 活动：请同学们默读课文一遍，将不认识的字注上音。接下来按照你的理解，试着自由朗读课文。然后我们进行展示，看哪位同学的感受力强，读得好。

展示2~3名学生的朗读。

学生表现预测：大致会有三种情况，一种是读得流利快速，但语气低平，缺少情感投入；一种是语速缓慢高亢，但语调没有抑扬起伏的变化；三是语调有高低起伏，语速有缓急，但不够到位，而且有不当之处。

教师对学生的朗读作有针对性的评价，肯定优点，指出不足。

(2) 情境：建安十二年，曹操在大破袁绍之后，为了安定北部边境，消灭袁绍残余势力，七月出兵乌桓，八月大破乌桓于柳城，九月胜利回师。归途中路经碣石山，心情激奋不已，便挥笔即书，写下了这首大气淋漓、千古传颂的名篇佳作。

带着这种理解，请同学们再朗读两遍课文。

探究：结合写作背景思考，怎样朗读才能还原诗人眼中的景观特征，读出澎湃激荡的情感、沉雄磅礴的气势？

学生表现预测：①要读出诗歌情景交融的境界，就要设身处地，陶醉其中。比如使用饱含喜悦和赞美的语气。②要读出诗歌恢宏磅礴的气势，就要读得气宇轩昂，高亢豪迈。比如总体上控制语速，充满自信和向往。通过朗读区分不同的画面情境，又能处理好画面间的转折衔接，将不同的画面情境融为一体，形成曲折奔腾、一泻千里的气势。③要读出激奋的情感，就要读出轻重缓急和抑扬顿挫。比如开篇两句以叙述语气，读得平淡自然，为下文蓄势铺垫。描写山水远景的总览句，应读得声高气扬，字重如金。接下来分述“山”“水”的四句，语速变得快疾，叙述中饱含赞美，吟诵中洋溢激奋。“胸中景”四句既要总体上读得高亢洪亮，长吟有力，又要疾徐有变，顿挫有致，读出感情的跃进深化和境界的骤然升华。

探究展示后，学生再次自由朗读。

2. 观沧海

（1）活动：疏通诗歌词句的意思，有问题在小组内寻求解决。然后把诗歌内容想象成一幅或几幅画面；用自己喜欢的方式（如文字、图画）有创造性地描绘出来。

学生表现预测：海岛秋景——广阔无垠的大海，水波浩渺，莽莽苍苍；山岛高耸挺拔，海涛拍打着山崖石岸，发出一阵阵轰鸣。岛上丛生的树木，青枝翠蔓，郁郁葱葱；各种花草，繁茂旺盛，五颜六色，充满一派勃勃生机。秋风海浪——凉爽的秋风，推动着海水，掀起一层层惊涛骇浪，奔腾着、呼啸着、咆哮者，像扑食的猛虎，又像铺天盖地的玉城雪岭。吞吐日月——日月出没，仿佛是大海吞吐而成，灿烂的群星，仿佛从大海中诞生。

探究：归纳一下本诗写了哪些景物，诗人所写山中秋景有何与众不同之处？诗人看到的大海和我们看到的大海有何异同？对此你是怎样理解的？

学生表现预测：①写到的景物：海水、山岛、树木、百草、秋风、洪波、日月、星汉等。②所写秋景的与众不同之处：多数人写秋天的山水树木都突出其衰败凄凉，“长风万里送秋雁”“无边落木萧萧下”“却道天凉好个秋”，在文人墨客眼里，秋天是繁华过后落寞萧疏的惆怅，是悲凉愁苦的寄托，是低沉失落的载体。但这首诗写出的是蓬勃茂盛、生机盎然的景致和浩渺壮阔、波涛汹涌的气象，丝毫没有凋敝感伤、悲怆沧桑的情调。③诗人表现的大海景象的独特之处：不仅写了实景，还写了虚景，不仅写了眼中所见，还写了心中所想。“水何澹澹，山岛竦峙。树木丛生，百草丰茂。秋风萧瑟，洪波涌起”为实景，“日月之行，若出其中；星汉灿烂，若出其里”则为虚景。

（2）情境：很赞赏同学们的见解，钟惺的《古诗归》中评价《观沧海》，说曹操“直写其胸中眼中，一段笼盖吞吐气象”。那么这段“笼盖吞吐气象”究竟是怎样的景象？景象表现出大海怎样的特点？

学生表现预测：太阳和月亮好像从海里升起又落回到海里一样；星光灿烂的银河，斜贯在天空，它那远远的一端垂向大海，就好像发源于大海一样。表现出大海吞吐日月、包含群星万物的恢宏气势。

3. 悟沧海

（1）活动：阅读下面的材料，结合诗歌内容，想象诗人登临碣石山时的心理感受和神情思绪，然后与同伴交流。

材料 碣石山是秦始皇、汉武帝都曾东巡到过的地方，他们都曾在此刻石观海。如今诗人站在秦皇、汉武游踪所到之处，登高望海，想到中原地区已经平定，现在北伐乌桓也已取得决定性胜利，北方统一即将实现。

探究：王国维说："有我之境，以我观物，故物皆著我之色彩。"诗人所写山中秋色和大海景象如此与众不同，是怎样将"我之色彩""著"之于"物"的？抑或借"物"展示出怎样的襟怀情志呢？这种写法及其好处是什么？

学生表现预测：①以情写景。中原已经平定，此时北征凯旋，统一北方的大业即将实现，诗人踌躇满志，心情激奋，因此觉得耸立海中的碣石山产生了巍峨高峻之势；深秋苍莽萧疏的草木变得欣欣向荣、生机勃发；凄凉的秋风掀起了滔天的波澜，变得其力拔山、其势盖世。这些景物显然已经不是真实的自然山水了，而是浓重地浸染了诗人奋发有为的自豪感、踌躇满志的信心和积极用世的追求。②托物言志。在诗人心中光泽宇宙的日月、辉映万物的星辰，也被蕴含在无边无垠的大海之中，任其自由吞吐，这种奇特的想象和夸张所创造的阔大境界，更是淋漓尽致地表现出诗人作为政治家、军事家囊括万物的阔大胸襟、超卓不群的霸主气魄、远大的政治抱负和一统天下的雄心壮志。③这种借景抒情、托物言志的写法，形象地表现了丰富的思想内涵，具有十分强烈的感染力。

（2）活动：根据你的生活体验，写一段文字表现山川、江海及秋色给你的印象，或展示你对日月星辰与山川大地、江河湖海关系的理解，然后与同伴交流。

探究：阅读下面的材料，说出你的理解与感悟。

材料一 有人认为，日月星辰是万物的创造者，是光明温暖的使者，诗人如果把"日月之行，若出其中；星汉灿烂，若出其里"写成"日月之光，普照沧海；星汉灿烂，辉映浪涛"，同样可以表现诗人的气魄、胸襟、抱负与理想。

材料二　三国鼎立之后，有人劝曹操应天命、即帝位时，曹操考虑的不是个人的荣辱得失，而是整个曹魏集团的利益，说：“是儿欲踞吾着炉火上邪！”并补充说，“若天命在吾，吾为周文王矣。”意即只奠开国之基，不做登基之帝。

学生表现预测：①改后日月星辰就变成创造万物、播撒光明温暖的造物主和救世主，那就是诗人自比于日月星辰泽被万物，这一方面与诗人所处的与大海一样动荡不宁的社会环境、作者的生活处境不相吻合；另一方面，境界变得狭隘低俗了，因为诗中的大海包蕴宇宙万物，吞吐日月星辰，日月星辰与之相比就显得十分平凡而渺小。因此也就不能有力表现诗人囊括万物的阔大胸襟、远大的政治抱负和一统天下的雄心壮志。②材料二让我们看到的是曹操顾全大局、运筹帷幄的雄才大略和不计个人名利的旷达胸襟和高贵人格。由此观照其中的这两句诗，它所表现的不仅是诗人的胸襟、抱负和雄心壮志，更重要的是一种海纳百川、顾全大局的品质和人格。

（3）活动：带着这样的理解，我们再来看看诗人笔下的大海究竟是怎样的胸襟，它究竟是怎样吞吐日月星辰，包含宇宙万物的。展开你的想象，让大海和日月星辰现出身形，给它们着上色彩，让它们立体地活动起来。

学生表现预测：巨大的如玉城雪岭一般的海涛将一轮殷红的夕阳吞没了，又将一轮皎洁的月亮推向了乌蓝的天空；璀璨的群星，簇拥着新的主人，在汹涌澎湃的波涛中熠熠生辉，时隐时现。——这就是大海的胸襟！

三、结课

任选一个角度，谈谈你学习这篇课文的收获或感悟。

学生展示、教师梳理：

1. 人应该树立远大的抱负和理想，没有理想和抱负，就不会产生向上的动力和战胜艰难险阻的勇气。

2. 人应该有海纳百川的胸襟，“泰山不让土壤，故能成其大；河海不择细流，故能就其深”，“心有多大，世界就有多大”。

3. “缀文者情动而辞发，观文者披文以入情”，鉴赏古诗词既要还原诗歌所创造的意境，体悟其中寓含的情感思绪、哲思物理，又需展开联想和想象，投入情感思维，读出自己的理解，有所创新，有所发展。

4. “言为心声，文如其人”，诗歌的境界和风格，与诗人的生活阅历、精神品格、审美情趣是一脉相承的，古诗鉴赏要知人论世，方得诗歌阅读之神髓。

（原载《中学语文教学参考》2014 年第 3 期）

自主合作，体认创新

——《春夜喜雨》探究性学习课堂教学案例

【材料准备】

1. 唐朝李约诗《观祈雨》、宋朝苏轼诗《望湖楼醉书》；

2. 杜甫的生平、思想及诗歌创作；

3. 唐朝历史："安史之乱"；

4. "春雨"挂图。

【探索内容】

1. 诗歌艺术形式；

2. 诗歌语言艺术及优美意境；

3. 与诗歌、诗人相关的情境及内容。

【教学目标】

1. 养成自主、合作的学习品质和习惯；

2. 培养学生对诗歌意境领悟、形象探究、形式甄别、语言赏析的能力；

3. 培养学生再造想象、创新思维的能力。

【教学过程】

一、拉开心理距离，引发探索动力

情境创设："经历过冬天的人，最懂得春天的温暖"，而当春天到来、万物复苏之际，自然万物渴望的是什么？当然是春雨。出示研读材料一——彩色"春雨图"，通过投影展示画面：青山、小河、黄柳、绿草、野径、行人、斜风、细雨和飞燕。学生仔细观察，讨论研究，抓住特征对景物进行口头描述，谈感想论体会，教师作适当点评，导入新课。

说明：这一环节的设计，唤起了学生已有的生活体验，衔接起教材与学生现实生活，初步打开思维的通道；前置表达缺陷，拉开心理距离，因而激发了学生探究的热情和动力。

二、整体感知，学生树立探究目标

在“学生自读—教师范读—学生再读—概括诗意”的基础上，由学生谈谈对这首诗的看法和感受。教师引导学生：你是否喜欢它？喜欢它哪些方面？学生领悟到以下内容：这首诗语言精警洗练；拟人、对比手法表现力强；创造的意境美；借景抒情，情景相生。然后学生归纳并树立起探索研究的重点：

①品味——诗歌优美的语言和意境；

②感悟——作者的思想感情。

说明：树立探究目标，充分发扬民主，让学生在自学讨论的基础上自己提出；教师只作一些引导，且以研讨者的身份发表意见，不越俎代庖。

三、对照比较，探寻律诗形式特征

出示研读材料二：

望湖楼醉书

苏　轼

黑云翻墨未遮山，白雨跳珠乱入船。

卷地风来忽吹散，望湖楼下水如天。

引导学生拿这首诗与《春夜喜雨》作比较阅读，主要研究在形式特征方面的异同。学生在自读领悟的基础上，交流研究结果，从而归纳出律诗的特征：八句，有五言、七言律诗，偶句押韵，颔联、颈联对仗工整等。关于律诗与绝句的关系、平仄、对仗等知识，教师可作引导、点拨和补充。

四、质疑问难，探究语言和意境

在学生充分诵读、自学、领会的基础上，进行分组讨论，一是研讨诗歌语言运用及意境创造，二是研讨杜甫生平、思想、诗歌构思、诗歌抒发的情感。然后由各小组一名代表发言。学生提出了以下问题，教师及时将这些问题板书展示出来：

1. “潜”能否改为“洒”或“落”？“润”“细”有什么表达效果？

2. “好雨知时节”“随风潜入夜”“野径云俱黑，江船火独明”所用修辞手法有何表达作用？

3. 诗人扣住春雨的什么特征加以描绘？

4. “野径云俱黑，江船火独明”是纯写景文字吗？如果不是，那又有什么用意？

5. 诗人为什么不写雨中的房屋、水雾、黄柳和青草？

6. 诗人写景的角度有无变化？“花重锦官城”是诗人眼见实景吗？

7. 诗歌抒发了怎样的感情？一场普普通通的春雨为什么能使诗人倾情如注、用墨如泼？

学生提出问题后，教师在板书展示的同时，将这些问题归纳为四类：

第一类：遣词、用语、造句。包括第 1、2 两个问题。

第二类：突出特征，塑造形象。包括 3、4、5 三个问题。

第三类：构思流程。包括第 6 个问题。

第四类：情感意旨。包括第 7 个问题。

然后教师适时指导学生精读、讨论、解答，分类别逐步解决，并着重处理几个关键问题。学生研讨情况如下：

第一，作者抓住“春”雨、“夜”雨去写，突出了雨有意润物、无意声张讨好的特点，是和风细雨，而非疾风暴雨。

第二，全诗抓住春雨的特质，以“好”字统摄全篇：运用拟人，说雨通人意，解万物之渴；将“野径云”的“俱黑”与“江船火”的“独明”进行对比，既色彩鲜明、富有画意，又说明天阴雨长，满足自然万物的需求；而“花重锦官城”的瑰丽景观，更是“好”雨的恩赐。

第三，诗人是按先“倾耳听雨”、再“举首望雨”、后“闭目想象”的过程和角度去表现春夜“好”雨的，抒发了诗人对雨泽万物的无限喜爱与赞美之情。

第四，一场普通的春雨，诗人为何倾情如注、深喜至此？这就要看诗人的生活经历、思想品格。杜甫作为伟大的现实主义诗人，一生遭遇坎坷，历经磨难，特别是经历了唐代“安史之乱”那个动荡的时期，写出了著名的“三吏”“三别”，表现了忧国忧民的深切情怀，即使落泊在野，生活困顿，也密切关注着国家的兴衰、百姓的疾苦。在秋风破屋、秋雨漏床之际，他想到的不是个人的疾苦，而是考虑“安得广厦千万间，大庇天下寒士俱欢颜”，而且倘能如此，“吾庐独破受冻死亦足”。一场恩泽万物的春雨紧连着千家万户的命运，他能不欣喜、能不如醉如痴吗！可以说，诗人杜甫就是春雨精神的化身！

说明：在引导学生质疑探索、提出问题时，教师集中精力，灵活地将问题进行科学分类，使问题解决的过程条理清楚；仔细倾听学生的讨论发言，适时解决学生提出的问题；同时，教师要对探索过程进行及时调控，还要适时点拨，不断激发学生的思维活力，使探究过程更加热烈、丰富、深入。例如：

1. 体悟“潜”“细”等字眼的表达作用时，引导学生联想朱自清散文《春》中描绘的春雨的情景，“像牛毛、像花针、像细丝，密密地斜织着”；与老舍《在烈日和暴雨下》用“砸”“扫”“倒”表现夏天的“雨点”“雨道”“雨瀑”的情景进行比较，体会不同之处。

2. 体悟“随风潜入夜，润物细无声”的诗意：假如你是一棵小树苗，请你对春雨说些什么；假如你是一场春雨，谈谈你的愿望和想法。有的同学对春雨说，那风刀霜剑的冬天，我无时无刻不在盼望着你的到来，你是历史涅槃的圣火，你是绿色生命的天使；有的同学对春雨说，我不会辜负你甘霖的哺育，几年后我会长成一片绿云，长出永恒的你。有的同学说，假如我是一场春雨，我会亲吻那焦渴的土地，让真诚和爱长出和平与富足……

3. 由“随风潜入夜，润物细无声”这一富有生活哲理的语句，你想到了生活中的什么人、物、事？有的同学说想到了边防战士、人民警察、清洁工人、邮递员、人民教师，想到了同学友谊、亲人关爱、文化哺育等。

五、内容整合，进行形象体认

将首联、颔联、颈联、尾联的“好雨知春”“和风细雨”“黑夜明火”“繁花满城”四幅画面整合为一，将诗歌内容从整体到局部、由近及远、由眼前景到想象景的表现过程，按照以下层次进行形象再创和口头描述：

1. 粗线勾勒：春雨、田野、小径、茅屋、江船、渔火。

2. 上彩着墨、变静为动：灰色的云，黑色的天，亮亮的渔火，细细的斜斜的春雨轻盈地飘进江水、田野、村落，水流潺潺、轻枝摇曳、细雨沙沙。

3. 换景特写：天亮了，太阳笑眯眯的，一夜间大地披了盛装。草色青青的，叶芽嫩黄嫩黄的，最惹人眼的是亭台楼阁边那片片彩云般的花木，花儿五色缤纷，打着朵儿的，绽开笑容的，还挂起晶莹的耳坠，闪闪发亮……其他同学边听边想，闭目、凝神、运思、微笑、激动……融入了意境，经受再创诗意的熏陶感染。

实施这一环节时，教师启发学生探究诗歌运行的思路，整合形象内容，充分展开想象；同时给学生留下了较充分的时间做准备，营造良好的氛围。

说明：形象体认的目的是让学生在头脑中自主形成关于诗歌语言、意境探索的有效途径和基本规律，即由整体到局部再到整体，由初步感知到深入理解再到意境体认。这样做既融合了诗情画意，综合起探索结果，又实现主体思维与客体思维的结合，从而为下一步迁移创造打下基础。

六、拓展深化，进行思维创新

教师创设情境：好雨当春发生之际，诗人是那样喜悦、兴奋、赞叹，那么，杜甫在春雨到来以前，站在破败的茅屋前观望，那会是怎样的景象？诗人会有怎样的向往和感情？假如你就是诗人杜甫，请以“无雨的春天”为表现内容构思一段话，然后开展口头作文比赛。学生的口头作文，思路相当开阔，有的说无雨的春天，尘土飞扬，禾苗枯死，杜甫心忧如焚，长声叹息；有的说，无雨的春天人们无以为食，人们啃树皮，吃草根，不少人背井离乡，沿街乞讨，杜甫看到“路有饿殍”后老泪纵横；有的说，无雨的春天，疫病流行，那是“万户萧疏鬼唱歌”的可怕景象。

说明：《春夜喜雨》句句绘景，句句写情，从倾耳听雨到举目观雨，再到闭目遐思，令人处处感受到诗人的存在，感受到诗人的举手投足、音容笑貌和炽热的情感。进行新情境下的想象表达，既能进一步拉近与诗人的距离，又利于学生在把握原诗思想灵魂和艺术技巧的基础上，进行思维创新。学生在原诗灵魂和技巧的观照下，展开联想，驰骋想象，或模仿，或翻新，或拓展，或创造，从而在这个过程中有效地促成了学生语言素养和探索能力的提高。

七、再创探索情境，实现能力迁移

比较阅读：课外研读唐朝李约诗《观祈雨》的语言运用、意境创造、情感观点，并与本篇课文《春夜喜雨》进行比较。

观祈雨

桑条无叶土生烟，箫管迎龙水庙前。
朱门几处看歌舞，犹恐春阴咽管弦。

这首诗歌的大意是：春旱无雨，桑条无叶，禾苗被毁，百姓不得不强颜欢笑，在龙王庙前吹箫奏乐，乞求龙神降下救命雨。而朱门里的豪门之人也在品味管弦，欣赏歌舞，他们并非唯恐老天不雨，而是“犹恐春阴”，担心丝竹之器受潮，演奏声音喑哑。

说明：设计这一过程，是为了实现诗歌赏析能力的迁移。李约也是唐代诗人，与杜甫生活在同一个时代，虽然名气不大，但这首诗无论在语言锤炼、意境创造，还是在艺术表现方面，都与《春夜喜雨》有相通之处，甚至有着异曲同工之妙，因此利于学生能力迁移和赏析能力提高。

（原载《语文教学与研究》2002 年第 8 期）

《华南虎》文本解读与教学设计

一、文本解读

老虎作为处于食物链顶端的食肉动物，有着“百兽之王”的美誉，它是不可战胜、不容侵犯的代名词。提起老虎，人们就会想到那苍莽的大森林、震彻山涧的长啸，就会心生敬畏。

诗中的这只华南虎，也曾经是大自然的骄子，但遭阴谋暗算，成为人类的“阶下囚”。众多的看客，带着幸灾乐祸的心态，轻慢地“用石块砸它”“向它厉声呵斥”“苦苦劝诱”。“落魄的凤凰不如鸡”，似乎这只虎跟一只野猫没有什么两样。

而在诗人心目中，这华南虎却是独特卓立的另一种形象：对于庸俗愚昧的看客及其卑劣的小伎俩“都一概不理”！它有着威武不屈的刚烈性情与英雄气概，面对囹圄的束缚、扭曲生命的环境，它用趾爪在“铁笼里，灰灰的水泥墙壁上”，挖出了“一道一道的血淋淋的沟壑”，即便趾爪被铰碎、牙齿被锯掉也在所不惜！这是何等桀骜的脾性和凛然的气节！

华南虎的形象为何如此与众不同？是什么塑造了这令人回肠荡气的诗篇？是诗人和与其同病相怜的生命遭遇以及这种遭遇带来的彻骨之痛。1955 年牛汉作为“七月诗派”的重要成员，被打入胡风“反革命集团”，拘捕囚禁了两年，年仅 32 岁的牛汉从此开始了 20 余年漫长的苦难生涯。“文化大革命”期间，他又被下放到湖北咸宁五七干校接受“劳动改造”。肉体的折磨，精神的摧残，人格的侮辱，令他的生命承载着深重的苦难，他被浸没于痛楚的深渊里。而且救世的天使再一次离他远去，他成了“少数几个不能入京的分子”之一。当绝望像无边的黑暗弥漫了他心灵的视野，当重获自由、尊严的希望化为泡影之时，诗人看到了这只被囚禁的华南虎，恍然间他仿佛在这个陌生的世界里找到了另一个“自己”：处境相同，被现实的牢笼囚禁着，生命失去自由；遭遇经历相似，无辜却遭迫害，反抗却招致严酷摧残；而看客们对华南虎的轻慢、呵斥和劝诱，则一如诗人所遭受的辱骂、批判和威逼。一场生命的邂逅使他内心沉积已久的悲愤被唤醒，他深味这世间浓黑的悲凉，借“华南虎”这一意象，蘸着汗水、血水和泪水向我们泣诉现实的荒诞与残酷、生命的磨难与痛楚、心中的愤慨和不平。

然而诗人并未沉湎于对多舛命运的咀嚼回味中，在与华南虎的生命观照与性格映衬中，他获得了情感的激发、灵魂的启迪和思想的升华。当血淋淋的破碎的趾爪和墙上“一道一道的血淋淋的沟壑”跃入眼帘，诗人的诗情一下被点燃了，“恍惚之中听见一声/石破天惊的咆哮……还有巨大而破碎的滴血的趾爪!”这幻象昭示了诗人思想的升华与抗争精神的觉醒：牢笼只能囚禁身体，却囚禁不住不羁的灵魂；生命可以被摧残，但追求生命自由的信念磨折不了、压迫不倒！它启示人们，无论生存环境多么残酷恶劣，都应该勇于超越现实苦难，固守人格的独立、追求精神的自由，捍卫生命的尊严！实际上，诗人将自己的悲惨遭遇融入华南虎身上，进而将历尽沧桑的生命镌刻在他的诗里，他所传达的，已经不仅仅是生命个体的痛楚与抗争，展现其“虽九死其犹未悔”“吾将上下而求索”的心路历程，更寄寓了特定环境下一代多难的追求者乃至几千年来中国知识分子的阔大胸襟与崇高人格：虽面对政治的、经济的、肉体的、精神的各种打击和迫害，但为了争取自由、追求真理、憧憬美好理想，屡经磨难却矢志不渝，粉身碎骨也在所不惜!

华南虎形象之所以撼人心魄、发人深省，本源于诗人深切的生命体验和善于发现的心灵，更因为诗人独特的艺术匠心：虚实相生使诗歌意味隽永。在立意方面，从载体上看写华南虎被囚禁笼中，被铰碎趾爪、锯掉牙齿，遭到众人的轻慢是“实”，写诗人坎坷多舛的生命遭遇及其不屈的抗争是“虚”；而从目的上说，前者变成了“虚”，后者变成了“实”。在意象创造方面，把虎当作人来写，与之对话，对虎的意图、行为进行解读，这是“实”，但这又是诗人的自白，传达其内心的体验和受到的震撼，因此又是“虚”；华南虎卧于铁笼中，背对游客，对那些小伎俩“一概不理”，是“实”，它“咆哮”着“腾空而去”则属于“虚”。然而这幻境又显得那么真实可信，因为它是华南虎性格发展的必然结果，而且真切地传达出诗人不甘屈辱、奋起抗争的渴望，因此它又是真实而触手可及的。这种虚实相生的艺术手法，或以虚生实，或以实生虚，使物性与人生、历史与现实、虚幻与真实相互比况隐喻，相互融合渗透，形成了发人深思的象征关系，不但使华南虎的形象特征和诗人的情感品格被表现得淋漓尽致，而且极大地开拓了诗歌的意境，给读者留下了充分的想象空间和沉吟回味的余地。

二、教学设计

【设计思想】

在《华南虎》这首诗中，诗人牛汉将自己的命运遭际、人生体验和人格追求熔铸到华南虎的形象身上，创造出了蕴涵丰富的诗歌意象，撼人心魄又发人深思。本课教学设计读虎、体情、悟理等过程，通过吟诵与欣赏、换位与入境、回味与反观，以欣赏诗歌形象的特征去触摸诗人心迹变化与情感发展的脉络，以探究诗歌的创作目的去领会诗歌深邃的思想内涵。

【教学目标】

1. 在情境体验中理解形象的个性特征；

2. 在诵读欣赏中体味诗人的情感历程；

3. 借助类比联想，探究诗歌的思想意蕴。

【教学重难点】

1. 重点：诗歌形象中寄寓的思想情感；

2. 难点：形象客体与抒情主体生命特征的相关联系以及由此所产生的思想意义。

【教学过程】

一、情境导入

诗人牛汉说，“如果尝到一滴蜜，我就可以死去”。在坎坷多舛的人生历程中，“我之所以没有向苦难低头……是因为我相信一定有一种更高尚的，超脱一切现实规范、一切利益计较的人文境界、人文精神，值得我去追求”。那么，诗人为了尝到那“一滴蜜”进行过怎样的追求呢？其中又给我们带来怎样的震撼和启示呢？让我们到《华南虎》中去探求答案吧。

二、阅读欣赏

（一）读“虎”，感受形象意蕴。

1. “虎”说。以“虎的倾诉”为话题，用第一人称叙说华南虎的遭遇和现时处境。

这就要从诗歌语言中提取相关信息，勾勒华南虎的生命遭遇，体会其“心理”状态；还需利用诗歌留白，展开联想和想象，对其遭遇和感受进行补充，比如如何遭阴谋被擒、失去自由的苦痛、肢体如何被摧残等。可采用改写原诗的方式呈现，也可用向好友讲述的方式。

2. “说”虎。身处囹圄中的华南虎是怎样面对生命劫难的？你读出了一只怎样的华南虎？

一是摄取不同视角下有关华南虎表现及肢体情状的特写镜头，体会其中展示的形象特征；二是品味诗歌富有张力的语言，理解形象的性情品格，如“悠悠”“血淋淋”等叠词和“凝结”“铰掉”等动词的表达效果，以及排比、设问、比喻等修辞的表现作用，进而领会华南虎傲岸不羁、不屈不挠、勇于抗争、追求自由、捍卫生命尊严的性格内涵。

（二）体“情”，探寻诗人内心情感的轨迹与产生原因。

1. 为诗节添加小标题。看虎的过程，诗人的情感经历了一番深刻的变化，试以“令人________的华南虎”的形式为诗歌的第 2 ~ 5 节分别添加小标题，梳理诗人情感变化的脉络。

诗人的情感随着观察角度的变化，不断被激发和推动，以至掀起波澜。而这个由失望到悲悯、激愤、敬佩，再到激越的情感过程，是融合在华南虎的形象当中的，是隐含在诗句内部的，需要深入挖掘和提炼。

2. 聚焦诗人牛汉的现实处境与生命遭遇。你对诗人有哪些了解？诗人在观望华南虎后“惭愧地离开”说明了什么？

牛汉的一生充满着坎坷与劫难。1955 年他因“胡风事件”被打入

“反革命集团”，遭羁押囚禁了两年，由此开始，其生命自由受到束缚，政治权利也被剥夺。这首诗作于“十年动乱”期间，诗人正在接受“劳动改造”，而且属于“少数几个不能入京的分子之一”，平反的希望十分茫然。一个偶然的机会，他在动物园见到了一只被囚禁在铁笼中，趾爪破碎、鲜血淋漓的老虎，产生了情感共鸣和心灵触动。他百感交集，情不自禁，写下了这首诗。

3. 探究诗人与华南虎遭遇的相似之处。揣摩诗人在观虎过程中的心理活动，以诗人心理独白的方式，说说诗人联想到了自己与华南虎哪些相似的地方。

诗人心灵之所以受到巨大震动，情感产生强烈共鸣，是因为诗人在客观世界中找到了自己生命的载体，即华南虎的生活世界与诗人的生活世界构成了隐喻象征关系。解读这种关系需着眼于华南虎和诗人这两个主体的有机联系，既要从整体上入手：自由被剥夺，尊严被践踏；也需从局部去分析：处境相同，命运遭际相似，精神品格相通。

（三）悟“理”，体会诗歌蕴含的人生哲理。

1. 诗人的感悟。诗中“我终于明白……”一句与下文所写华南虎发出“咆哮”“腾空而去”的幻觉有什么内在联系？

首先，需要通过“补白”领会“我终于明白”的内容是什么。其中应包括：欣赏其他生命包括动物生命的痛苦是一种耻辱；愚昧、庸俗的民众，需要灵魂的唤醒与精神的疗救；在厄运与困顿中动物尚且能够追求自由、坚守尊严、不屈抗争，人不能连动物都不如。

其次，应认识这幻象是诗人痛定思痛的觉醒，是思想认识的升华，它告诉人们，生命可以被摧残，但追求生命和自由的信念却摧残不了，因此它是“我终于明白”的“实际行动”和必然结果。

2. 自己受到的启迪。生活中你遇到过触动你心灵的生命现象吗？你从中获得了怎样的启示？

（原载《语文学习》2011 年第 1 期）

《送东阳马生序》教学设计

【设计思想】

《送东阳马生序》为明代文学家、翰林大学士宋濂的代表作之一，是一篇文浅而意深，言近而旨远，辞恳情挚、感人心扉的赠序，体现了宋濂作品雍容浑穆、神思飘逸、真纯清雅而“态度多变”的风格特点。在浅易清雅的行文里，既蕴含着真挚动人的情感，又体现了作者深厚精熟的语言功力，其典范的语言包含着丰富的学习资源，利于学生自主探究和方法的获得；文章以现身说法，从不同的角度叙说读书求知、从师问学的多方面的艰难困苦，令人感同身受，这就为学生进行角色体验创设了有利时机、营造了广阔空间；作者所表现的勤学精神、对苦乐关系的认识以及所恪守的从师理念，为学生自我观照、质疑析辨，造就了互动态势，提供了焦点话题。

在教学时，引导学生在通读全文、整体感知的基础上，由字词理解到内容理解，把握文章的中心观点，理解作者的思想感情。充分体现“学生主体”，注重让学生走进课文，进入角色深入体验，在师生平等对话的过程中建构文本的意义。

【教学目标】

1. 疏通文意，借助体验感受作者的苦与乐；
2. 领悟“勤且艰”的好学精神和坚韧不拔的求学态度；
3. 把握写作目的，领会写法的作用。

【教学设想】

1. 教学方法：讨论点拨法、延伸拓展法、质疑法；
2. 课型：教读课；
3. 教学手段：多媒体。

【教学过程】

一、情境导入

1. 教师引导：古今中外，家境贫寒，但是勤奋好学、终成大器的人屡见不鲜，同学们能举出相关的例子吗？

学生表现预测：爱迪生、陈景润，囊萤映雪的故事。

2. 教师引导：今天我们也来结识一位这样的人，看看他是怎样克服艰难困苦、自强不息，成为明代大学士的。板书题目及作者，并展示课件，让学生了解作者宋濂（1310～1381）：明初著名文学家，官至翰林学士，著作收入《宋学士文集》。

二、课文研读

（一）读通文意

教师指导学生给课文中的生字注音，并齐读两遍。

1. 教师引导：请先自己结合注释，疏通文意。要求能理解大意，并归纳一下本文的重要语言现象（给学生提示一两条方法）。再两人一组，或你读我译，或边读边译，并找出常见文言文现象。然后在班上展示你的方法和收获。

学生表现预测：梳理文意方法

（1）归类法。“以”在本文就有“用”“拿”“因为”“来”等意思和用法；“之”在本文中有“的”、指代、取消句子独立性等用法。本文涉及的文体文化常识可分为“称呼”“礼仪”“衣饰”“文体”等类别。

（2）联系推断法。联系所学文言词汇疏通文意。如由“言和而色夷”确定“久而乃和”两句中的“和”的不同意思，从“战则请从”去理解“俯身倾耳以请”中“请”的内涵，由“两岸连山，略无阙处”推断“略无慕艳意”中“略”的意思，由“或以钱币乞之”推断“或遇其斥咄”中“或”的意思，由“盖简桃核修狭者为之”推断“盖余之勤且艰若此”中“盖”的用法。

（3）活用变换法。活用的现象要按照实际意义解释，如“手自笔录”中“笔”应理解为“用笔”，“腰白玉之环”中“腰”应解释为“腰挂”。

（4）替换法。通假字要找出与之相通的字，然后进行解释。如“四支僵劲不能动”中的“支”与“肢”，“同舍生皆被绮绣”的“被”与“披”等。

（5）古今结合法。如文中的“汤”“走”“卒”“假”等词语古今意义不同，需要仔细区别。

（6）调补法。如“手指不可屈伸，弗之怠”与现代汉语顺序不同，翻译时要调整顺序；又如“又患无硕师名人与游”是省略句，翻译时要补充省略的部分。

2. 教师引导：大家疏通了文意，现在我们展示一下：假如你就是文中的“藏书者”“先达”“媵人”“同舍生”，试以“我所了解的宋濂”为话题说一段话，有创意地翻译课文。准备 8 分钟。

学生表现预测：

“藏书者”——宋濂是一个嗜书如命的人，家境贫寒，无钱买书，得知我家有许多书，便“厚着脸皮”从我家借书。但是我怕父母知道，给他限制期限，结果他总能按时归还，我觉得他还是很讲信用的。不过他还书时总是气喘吁吁的样子，像是跑着来的。有一次我想试试他是真读书还是假读书，他竟能详细地陈述整本书的内容，甚至有些内容能够背下来，令我吃惊不已。后来我才知道，他借书后亲自用笔抄书，即使在天气寒冷的冬天也是这样，因此每年冬天他的手总是生冻疮。

“先达”——我算是本地方圆百里内有道德有学问的老师了，由于我有一些声望，许多年轻人来拜师求学，我的弟子还不少呢。作为师长，不应在弟子面前温和随便，要保持严肃矜持。其中有一个弟子叫宋濂，非常好学，经常提出一些很有价值的疑难问题。他对老师非常恭敬，请教时，弯着身子，侧着耳朵，很用心。有时我斥责他，他表情更恭顺，礼节更加周到，一句话也不说；等我高兴了，他就再请教。

“同舍生”——在我们的同窗中，大都是富家子弟，穿着华丽的衣服，戴着红缨装饰成的缀着珠宝的帽子，腰上系着白玉环，左边佩着刀，右边挂着香袋，浑身光彩照人，像神仙一样。而宋濂算是家境贫寒的，穿着破棉袄、旧衣衫。但他并不在乎这些，学业上确实很出色，他也很以此为荣。

“媵人”——宋濂是一个求学若渴、能吃苦的人，他家离学舍路途遥远，又没有车马。有一回，是大雪天，他来到学舍后，四肢被冻僵了。我赶紧拿热水给他擦洗，又给它盖上被子。不知过了多久，他才慢慢暖和过来，总算捡了条命。住在旅店中，他一天只有两顿饭吃，没有新鲜肥美的东西可以享受。

（二）读懂人物

1. 教师引导：大家以不同的身份介绍了你所交往的宋濂，现在你就是“宋濂”，请归纳“你”求学历程中遇到哪些方面的艰难困苦，并说明“你”是怎样面对和解决的。请找出相关句子加以说明。准备 3 分钟。

学生表现预测：无书则借书——“无从致书以观……每假借于藏书之家，手自笔录”——致书之艰。生疑则求师——“又患无硕师名人与游，常趋百里外，从乡之先达执经叩问”——寻师之艰。求师而谦卑——“先达德隆望尊……俟其欣悦，则又请焉”——问师之难。求学而路艰——“负箧曳屣，行深山巨谷中……以衾拥覆，久而乃和”——行、住之苦。贫困而自乐——“主人日再食，无鲜肥滋味之享……缊袍敝衣处其间……以中有足乐者，不知口体之奉不若人也”——吃、穿之苦。

教师总结：本文是从致书之艰、从师之难、求学之苦这三方面来讲述了作者的求学生涯。马生读到这篇赠序一定会口服心服，受益匪浅的。这是因为什么呢？

2. 教师引导：老师这里也写了一篇《送东阳马生序》，请品鉴一下与课文相比孰优孰劣：

“贫困是一位良师，苦难乃一所名校。吃得苦中苦，方为人上人。业精于勤荒于嬉。良好的读书条件并非人皆具备。期望马生能珍惜年华，精心向学，终能成为吾国之栋梁之材。”

学生表现预测：宋濂的劝勉效果更好，因为他用自身的事实经历更易打动并说服马生。老师写的只是空头说教，说服力不强。

为达到教导的目的，现身说法、循循善诱比板起面孔说教能起到更好的激励作用。因而宋濂从自己当年的求学经历谈起，委婉地说到马生的好机遇，从而要求马生专心用功读书。

3. 教师引导：面对这些困难，作者没有退缩，而是勇敢地克服困难、战胜困难，最终成为一位学识丰富、文采彪炳的大文学家。现在请同学们再读课文，想一想作者是如何克服这些困难的，从中可以看出他是一个怎样的人。可以完成这样一个句式：从________（哪句话）中可以读出这是一个________的宋濂。也可使用其他句式。

学生表现预测："天大寒，砚冰坚，手指不可屈伸，弗之怠"——可以看出这是一个勤奋、刻苦读书的宋濂。"走送之，不敢稍逾约"——可以看出这是一个诚实守信的宋濂。"常趋百里外，从乡之先达执经叩问"——为了学习他跑了很远的路，可以看出这是一个有强烈从师愿望的宋濂。"色愈恭，礼愈至"——可以看出这是一个尊敬老师的宋濂。"俟其欣悦，则又请焉"——可以看出这是一个隐忍、坚毅的宋濂。"同舍生"条件优越，而自己的生活条件很差，但他能"略无慕艳意"——可以看出这是一个有志向的宋濂。

总结：正如韩愈所说，"业精于勤而荒于嬉，行成于思而毁于随"，要有所成就，环境条件并不是最重要的，重要的是勤奋、刻苦，勇于克服困难，自强不息。

4. 教师引导：文中表现了宋濂少年时致书之艰、从师之难、求学之苦，但他同时认为"有足乐者"，由此，你认为作者是怎样认识苦与乐的关系的？

学生表现：苦与乐相互依存，苦中有乐，乐中有苦；以苦为乐，其乐无穷；先有苦后有乐，有苦才有乐。

（三）读出自己

角度1　写法探究：文章运用了怎样的写法突出表现自己过去求学的艰难困苦？并举例说明这样写的好处。

学生表现预测：运用对比。如：老师的严厉与自己的谦逊形成对比，用富家子弟的穿着与自己的贫困寒酸形成对比，求学的艰辛与自己的执着形成对比。突出了学问、成就必须来自于勤奋刻苦的努力。

运用烘托。如第二段的景物描写表现穷冬烈风、冰天雪地的路途，极力渲染环境，烘托出求学的艰辛。

角度2　质疑反观：作者虽家境贫寒但执着求学，在老师面前毕恭毕敬，不敢出一言，对这种学习态度和从师方式，你有怎样的看法？请自由组合，分别以当代中学生的身份，或以“宋濂”“先达”的身份，开展一次对话活动。

学生表现预测：首先，彼时的师生关系、教学关系是中国旧式教育沿袭已久的、普遍的传统。其次，应领会作者的意图是勉励马生勤奋学习。再次，应肯定其中包含着尊师重教的积极因素，但也显得过于迂腐。要正确处理好尊敬老师与追求真理的关系，倡导教学相长，倡导与老师平等交流，各抒己见，甚至可以展开激烈的讨论，因为“吾爱我师，吾更爱真理”。

角度3　精神探究：作者一心向学，不辞劳苦，那么是什么力量使他如此执着呢？

学生表现预测：

（1）想当官，想赚钱。“万般皆下品，惟有读书高”，为了自己的将来。

但是如果这样的话，选这篇文章还有什么意义呢？难道国家倡导我们：读书吧，读书就可以当大官、赚大钱，你就可以在众人面前炫耀自己？

（2）一个没有知识的人是一个可怜虫，作者努力学习是为了丰富自己。知识就是力量。

人的内在精神追求甚于物质上的满足。作者便是这样。作者说“以中有足乐者，不知口体之奉不若人也”，对于作者来说这是一种乐趣。古人云“知之者不如好之者，好之者不如乐之者”，只要我们保持着一种纯正的追求，就可以领略到做学问的趣味，生活才更有价值。

三、结课

学习这篇课文，大家有了诸多的感触。其实，要想做成一件事，都会遇到重重困难，克服困难的过程就是拾级而上的过程，每上一个台阶都会遇到很多的困难，虽然苦，但因有勤和乐的相伴，最终会学有所成（顺势形成阶梯状板书）。这也是我对在座各位同学的期望和勉励！

（利津县虎滩中学胡振叶老师参与设计并执教本课，获2008年山东省优质课评选一等奖）

《端午的鸭蛋》教学设计

【设计思想】

《端午的鸭蛋》表现了汪曾祺“小叙事”散文的突出特点，写作者切身经历而又最能唤醒人们审美体验的平凡小事、乡情习俗，展现了端午风俗、高邮鸭蛋、端午鸭蛋等多个内容层面。他对事物深刻的颖悟、独特的发现、别具一格的艺术传达以及由此而形成的审美意蕴，为学生的个性探究提供了珍贵资源和宽阔空间。

作者从身边人们熟视无睹的端午风俗、家乡鸭蛋中，不但透视了其中深蕴的文化内涵，而且以原汁原味、淡而有味的“本色艺术”创造出令人赞叹的诗意，传达出浓重真挚的情感，具有感人至深的魅力。

作品用笔质朴自然，不事雕琢，然而就在不经心、不刻意中却显示出文脉的自由流畅，结构的浑然天成，甚至一些表面看来有悖事理的倾向也能得到读者的默许，一些看似蛇足的地方也有其独特的妙处。

有鉴于此，本篇课文的教学设计着力于三种策略的运用：一是倡导学生对课文所述事物特点的个性解读，充分展示学生的独特感受和体验；二是采用美读方法，体悟字里行间所洋溢的深情和语言的质朴典雅之美，以读带赏，以读促品；三是围绕课文的选材和表情达意创设质疑探究的情境，构建思辨求真的平台，从而实现对文本的深度解读。

【教学目标】

1. 整体感知内容，多角度体会文章所表现事物的多样化特征；

2. 涵咏语言，领会作者珍视民俗文化、热爱家乡、怀恋美好生活的深情；

3. 探究写法构思，辨析语言运用上的是非曲直。

【教学方法】

欣赏法，美读法，质疑法。

【教学时数】

1 课时。

【教学过程】

一、联系生活，导入新课

我国的传统节日是中华民族文化的重要组成部分，有着久远的历史、丰富的内涵和持久的魅力。从 2008 年开始，我国的法定假日增加了三个传统节日，那么其中的端午节是哪一天？本地过端午节都有哪些习俗？著名作家汪曾祺先生的家乡过端午又有哪些特别的风俗呢？今天让我们一同走进他的家乡高邮，欣赏《端午的鸭蛋》，领略“鸭蛋”的神采，品尝“鸭蛋”的滋味，感受端午生活的无穷乐趣。

二、自由朗读，整体感知

自由朗读课文，整体感知内容。要求学生根据课文所表现内容的不同，用小标题的形式加以概括。

明确：1. 魅力十足的端午风俗。2. 特点鲜明的家乡鸭蛋。3. 富含情趣的端午鸭蛋。

三、围绕目标，合作探究

1. 活动：欣赏“鸭蛋”，感知“鸭蛋”形态特征。

“鸭蛋”是内容的聚焦点，它是可观可赏可品的，对其作感性认知有利于展开对文章的深入探究。

思考并用自己喜欢的方式进行展示：作者家乡的鸭蛋有怎样的特点呢？阅读文章第二、三段，可以以“这是__________的鸭蛋，因为________________”为句式说一段话，可以用为高邮鸭蛋写产品说明书、拟广告词的方式，介绍高邮鸭蛋，突出高邮鸭蛋的特点。

倡导学生自主阅读，然后进行小组讨论，在此基础上展示。

用句式说话，可总结出鸭蛋“名声远扬”“质细而油多”“色彩鲜艳”“历史悠久”等多个方面的特点，而找出根据理由，就是让学生有选择地接触语言文字，通过筛选和概括，从整体上把握所表现对象的基本特征。

编制产品说明书，改换课文的表达方式，由叙述语言变成说明语言，其中需要整合课文内容，补充必要的材料，还应符合说明书格式要求，形成连贯完整的表达思路，这样可以为学生自主创新提供时机。

拟写广告词，进一步改换课文表达方式，并提高表达的要求，即在深入领会作者情感的基础上，模拟广告形式，用精练的语言突出鸭蛋的某些特征。例如“不识高邮人，先识高邮蛋；食用高邮蛋，愿作高邮人”“高邮鸭蛋，蛋白柔嫩，质细油多，让您垂涎三尺”“高邮鸭蛋，一蛋双黄，好事成双；喜宴必备，珠联璧合”等。

2. 活动：解剖“鸭蛋”，探究“鸭蛋”承载的文化内涵。

鸭蛋是家乡端午民俗文化的载体，作者所称誉的鸭蛋既与童年充满情趣的生活密切相关，又有家乡端午节日习俗的文化背景。

（1）本文题目为“端午的鸭蛋”，而开头一段却用了大量的篇幅来写故乡的风俗。那么作者写了哪些风俗？这样写是否偏离了题旨？

写了七种风俗。先写端午一般习俗：①系百索子；②做香角子；③贴五毒；④贴符；⑤喝雄黄酒。后写家乡特有的风俗：⑥放黄烟子；⑦吃“十二红”等。（出示幻灯片，展示风俗图片）

从文章思路来看，写端午风俗很有必要。吃十二红、挂鸭蛋络子都是家乡特有的端午风俗，不写端午风俗，就难以水到渠成地写端午的鸭蛋。从写法上说，先浓墨重彩地描绘出端午的气氛，就为文章主体“鸭蛋”预设了一个合理的背景。因此可以说，端午的鸭蛋是家乡端午风俗的见证，蕴含着丰富的民俗文化。

（2）端午的鸭蛋具有这么多特点和如此丰富的内涵，那么有鸭蛋相伴的童年端午又是怎样的呢？

童年的端午是快乐、幸福、美好、充满情趣的，因为这时候可以挂鸭蛋络子、吃鸭蛋、玩蛋壳等。具体来说，挑选到淡青壳的、秀气的鸭蛋装在络子里，喜不自胜；玩鸭蛋络子高了兴就将鸭蛋吃掉，尽享口福；而将萤火虫放进空蛋壳，亮光一闪一闪，颇具情趣。

3. 活动：品味“鸭蛋”，体会“鸭蛋”所寄寓的深厚情感。

高邮鸭蛋之所以令人心驰神往，就在于作者以平淡质朴的语言写出趣味和诗意，以不事雕琢的话语表现深挚情感和丰富意蕴。因而朗读是最简单也是最有效的体验方式，以读带析，以读带赏。

（1）请采用“美读法”并通过采取竞赛方式体悟在语言文字中包含的情味与意蕴。所谓“美读法”就是在确定情感基调的基础上，通过恰当的语气、语速、重音，读出语句所表达的情味和意蕴。

示例：“我走的地方不少，所食鸭蛋多矣，但和我家乡的完全不能相比！曾经沧海难为水，他乡咸鸭蛋，我实在瞧不上。”（其中“所食鸭蛋多矣”的“多”字读出升调和声音延长，重读“实在”等字眼，读出对他乡鸭蛋的不屑和贬斥意味）

通过美读竞赛和美读过程中师生的适时评价、纠正和补充等互动交流，学生能读得忘我投入，读得抑扬顿挫，读出褒贬爱憎情感，读出深厚意蕴。

引导学生小结：作者用淡而有味的语言表达对家乡的赞美，饱含自豪之情。这些都缘自作者浓浓的思乡之情，缘自对童年美好生活的深切怀念。通过写鸭蛋抒发热爱故乡、怀念童年的情感，这种写作方法就是“借物抒情”。

（2）本文语言除蕴含着深厚的情感外，还有哪些方面的特点？其表达效果怎样？

本文语言平实朴素，淡而有味，使所叙事物妙趣横生。如“鸭蛋有什么可挑的呢？有！一要挑淡青壳的。鸭蛋壳有白的和淡青的两种。二要挑形状好看的。别说鸭蛋都是一样的，细看却不同。有的样子蠢，有的秀气。”一个普通鸭蛋，作者能写得别具一格，情趣盎然：淡青色蛋壳就比白色蛋壳更有“格调”，而鸭蛋的形状也确实有蠢笨与秀气之别。

4. 活动：评说“鸭蛋”，领悟选材构思的方法技巧。

对于这篇妙趣横生、情深意切、风格独特的散文，请大家提出在学习过程中产生的疑惑或新的发现。比如有没有赘笔，有没有自相矛盾的地方。可以有疑而问，借助集体的力量共同解决疑难；也可以明知故问，以引起大家的思考和探究。

学生先自己思考，再在小组内讨论。教师可重点引导解决以下问题：

（1）课文结尾处写到东晋车胤囊萤夜读的故事，究竟是赘笔，还是属于很自然的联想，恰好体现了汪曾祺散文闲适自由的风格？抑或另有他解？

对此问题学生可以自由发散，可以认为是赘笔，也可以认为是体现了作者的风格，还可以另有他解，只要能言之成理、自圆其说即可。

（2）作者说不喜欢袁枚此人，他不会做菜，好道听途说，却又全文引用他的文字，这二者矛盾。你对此有什么看法？

可以引导学生从语言和情感、表面和本质的角度去探究，从而深入体会作者所表达的主观情感。

四、概括总结，提炼升华

教师引导学生根据对课文的理解，用自己喜欢的方式作总结：可以列表，可以画图，还可以使用对联，选择有创意的在黑板上展示。示例：

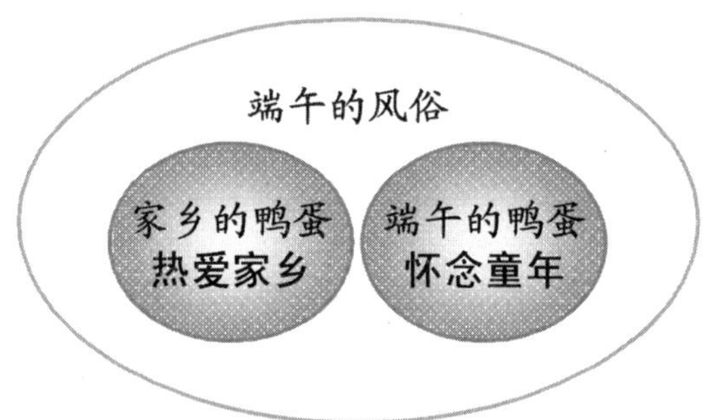

教师评价并总结：通过欣赏“家乡的鸭蛋”，我们感受到作者热爱家乡的浓郁情感；通过品味“端午的鸭蛋”，我们感悟到作者超然自在的童心，引发我们对童年生活的怀想。这二者本来就是难解难分的，儿时故乡的一切，在成年之后，都会罩上一层光辉；而“端午的风俗”是这种生活和情感的背景。当我们长大成人、离家远游之时，所有这些与童年、与故乡有关的美好记忆，都将被珍藏在记忆深处，并会在某个风清月明的夜晚，轻轻拨动你思乡的心弦。

（中国石油大学附属中学的薛薇老师参与设计并执教本课，获 2008 年山东省优质课评选一等奖）

《最后一课》教学设计

【设计思想】

《最后一课》通过淘气调皮的小弗郎士的视角描写最后一堂法语课的情形，把一个重大历史事件（普法战争）产生的悲剧性后果通过日常生活的一角揭示出来，把一个小学校里的一堂课的意义提高到向祖国告别的高度，以小见大，使这一堂课的任何场景、细节都具有了庄严的意义。

面对严肃的爱国主题，作者却选用了一个十分巧妙的表现角度。作品以一个淘气调皮的男孩作为主人公，从一个孩子的角度，展示其所见所闻，以他心理的变化，间接地写阿尔萨斯地区人民的悲痛和对侵略者无声的抗议，表现出他们对祖国的恋恋深情。小说还精心运用了大量描写，表现人们在最后一课上的种种反应，其中着墨最重的是韩麦尔先生。所以确定这篇小说的研读人物就是小弗郎士和韩麦尔先生。学生通过自己的质疑探究和亲身体验来把握小说中鲜活的人物形象和鲜明的爱国主题。

【教学目标】

1. 理解人物形象，体悟本文的爱国情感；

2. 揣摩对人物语言、行动、心理活动的描写，分析人物的形象，把握人物的思想感情。

【教学过程】

一、情境导入

一场残酷的战争，给千千万万无辜的人们带来了深重的灾难。人们被剥夺了生存的权利，甚至连学习本民族语言的权利也被侵略者野蛮地剥夺了。

今天，就让我们一起走进都德的《最后一课》，去感受一下战争带给人们的灾难。

播放有关战争场面的片段：给学生一种视觉的冲击，激烈的战斗让学生感受战争的残酷和惨烈，从而激发学生的情感，进入情境。

二、整体感知

1. 教师引导：看到这个题目，你有什么疑问？

学生表现预测：为什么以“最后一课”为题？（教师出示普法战争地图，帮助学生了解背景）

2. 教师引导：《最后一课》讲的是什么？结合画面和课文将故事复述一下。（出示课文情节画面）

学生表现预测：用简练的话介绍本文所写内容。（然后教师引导学生较详细地复述课文情节）

三、课文研读

1. 教师引导：这篇小说主要写了哪些人物？（韩麦尔先生、小弗郎士、镇上的人）

老师先谈谈自己对其中主要人物的看法。

我不喜欢小弗郎士：我认为他不是一个好学生，因为他贪玩、总迟到、不爱学习，还不关心自己的国家……

我也不喜欢韩麦尔先生：我认为他不是一个好老师，他体罚学生，拿戒尺打学生；不叫学生学习而去替他浇花；他甚至干脆给学生放假，自己去钓鱼；他也不热爱自己的国家，在这最后一课上还不认真讲课……

你对这两个人物有什么看法呢？也可以对我的观点进行反驳。

学生表现预测：不同意老师的看法。小弗郎士热爱法语，理解、敬爱老师，热爱祖国、痛恨侵略者。韩麦尔先生：好老师，教育法国人民，更是个爱国者，热爱祖国，痛恨侵略。

2. 教师引导：对于人物的这些特点，作者是运用了哪些描写方法去表现的呢？表达效果如何呢？

学生表现预测：运用了肖像神态、心理、语言、动作、细节等人物描写方法，细致、生动、鲜明地表现了人物的思想情感。

3. 教师引导：试想你就是文中的小弗郎士或韩麦尔先生，你能否将你最感兴趣或最能体现主人公形象特点的地方，通过你的表演给大家再现当时的情景？如小弗郎士走进教室、韩麦尔先生批评小弗郎士、课堂结束前的情境等。请准备5分钟。特别强调：在表演的时候要设想自己是那其中的一员，在国土沦陷、即将失去祖国的语言的情境下，究竟是怎样的心理和表现。

学生表现预测：自主选择，依次表演三个重要的情节场景，并做出评价。

4. 教师引导：课文中为什么还要写在教室后面听课的镇上的人？文中对郝叟的描写表现了什么？

无论是写教室里坐着听课的镇上的许多人，还是对郝叟老头的细节描写，用意在于说明在外敌入侵、国难当头之际，在即将失去民族语言的时候，人们是多么沉痛、多么留恋、多么勇敢和坚强！

四、想象与拓展

1. 教师引导：梁启超说过，欲新一国之国民，必新国民之精神，欲新国民之精神，必新一国之语言。小说中有一句话："亡了国当了奴隶的人民，只要牢牢记住他们的语言，就好像拿着一把打开监狱大门的钥匙"，这句话的含义是什么？

学生表现预测：

（1）民族语言是一个民族的标志。亡了国的人民，如果还说着自己的语言，保留着自己的文化，实际上就说明这个民族没有彻底灭亡，还在以自己的方式生存着。

（2）民族语言还能使民族内部产生凝聚力。人们把一个民族在千百年的共同生活经历中形成的语言称作"母语"，意味着语言对民族文化、民族性格的哺育作用。亡了国的人民，如果牢牢记住他们的语言，守住自己民族独特的文化，这个民族的人民之间就永远存在向心力，侵略者只能奴役其身，不能奴役其心。

（3）语言是一个国家、民族生存和发展的标志，一种语言的消失就意味着一个国家、一个民族的彻底消失。由此我们也可以真切地感受到他们深深的民族情、刻骨的亡国恨。

2. 教师引导：韩麦尔先生的课上到这里，请你展开自己的想象为课文续写一个结尾。

学生表现预测：可能出现学生们不愿离开教室的情景；可能出现有的学生悲伤痛苦地流泪的情景；也可能出现韩麦尔先生痛不欲生的情景……

3. 教师引导：爱国是一个永恒的话题，面对“和平与发展”的这个时代主题以及今天并不完全和平的世界局势，作为一名学生，我们应怎样去爱自己的国家？

学生表现预测：珍惜美好而宝贵的学习时光；热爱祖国的语言文字，掌握好汉语；丰富自己、提高自己，为国家的繁荣富强做出积极的贡献。

五、结课

今天我跟大家一起沉浸在都德那悲痛的《最后一课》中，我们都感到很不是滋味，但同学们今天课上的表现又给了我很大的鼓舞：热爱我们的祖国，建设好我们的祖国，这是我们共同的心愿。

让我们全体起立高唱《中华人民共和国国歌》，在义勇军进行曲激昂的旋律中，结束我们这《最后一课》。

［广饶县实验中学的李明老师（现任教于济南市育英中学）共同设计并执教本课，获2002年山东省优质课评选一等奖］

《学习心理描写》教学设计

【设计思想】

语文课程标准指出，“写作要感情真挚，力求表达自己的独特感受和真切体验”。侯金镜说：“文学如果不能描写出人的心理活动，就没有文学。”就写人记事的文章而言，文章能否以情感人，往往取决于人物形象的鲜活与否，因此，着力刻画人物的心理就显得尤为重要。它是读者了解文中人物的窗口，透过这个窗口就可以窥视到人物的精神世界；也是作者展示文中人物特点的平台，通过这个平台，人们可以认识形形色色的人物。在学生的作文中，“紧张、害怕、兴奋、激动”等抽象概述心情的词语比比皆是，人物的内心世界和思想品质不能得以凸显，从而使事件缺乏形象生动性、感染力和吸引力，难以引起读者共鸣。本课教学意在让学生体验、领悟并尝试进行心理表现，以提高心理描写的能力。

心理学家弗罗伊德曾经说过：“除非圣灵能够秘而不宣，常人的双唇即使缄默不语，他抖动的手指也在喋喋不休，他的每一个毛孔也都在叙说着心中的秘密。”所以，还需引导学生做生活中的有心人，学会“察言”“观色”，多角度、多感觉、多层次地写作，从而做到“知人知面又知心”，进而写出精彩动人的文字。

【教学目标】

1. 进入情境，体会心理描写的作用；
2. 品味经典，领悟方式方法和要求；
3. 有效借鉴，实践体验，以心写心。

【教学方法】

1. 情境教学法；

2. 点拨法；

3. 交流评价法。

【教学过程】

一、进入情境，尝试、体验对人物心理的描写

1. 教师引导：阅读下面的文字，看看其中的描写缺少了什么？或者存在什么问题？

出示材料：

很久很久以前，在地球上发生过一次大旱灾。许多人及动物都焦渴而死。

这是一个干燥的秋天，妈妈实在病得厉害，如果再找不到水，妈妈可能就撑不下去了。小姑娘焦急而又恐惧，拿着瓦罐走出了家门。她向着很远很远的一条小河走去，路上看到的情景令她难过不已。

走了大半天，小姑娘又饥又渴又热又累，她不由自主地倒在干枯的草丛里睡着了，而且还做了个梦。当她醒来往前看时，她面前就是那条小河，可是河里连一滴水也没有，她一下子跪倒在了干裂的河床上。

不知过了多久，她站起来，沿着河床往前走。突然她发现脚下有一丛泛着绿色的青草，便用干树枝往沙地里挖，挖到三尺深的时候，里面渗出了一捧清水……小姑娘抱着小半罐水高兴地往回走去。

学生表现预测：故事本身很感人，但只是叙述事件，许多内容写得不具体，特别是小姑娘的心理活动该写却没写。事件缺乏形象生动性、感染力和吸引力，不能更突出地表现人物的内心世界和思想品质，因而主题表现不够鲜明突出。

2. 教师引导：既然有许多地方写得不具体，不能引起读者共鸣，那么请同学们尝试着给补写、扩充一下吧。任选一处，看谁的想象力丰富，写得合理、生动、具体。

学生展示预测：

（1）“拿着瓦罐走出了家门”，这一句之后，可以增加一段文字写小姑娘的心理活动：可是去哪里找水呢？村头那口水井早就掏不出一滴水。唉，还是去很早以前妈妈曾经带我到过的很远很远的一条小河那里去看看吧。

（2）“路上看到的情景令她难过不已”，这一句可以进行扩展，具体叙述路旁庄稼长势旺盛但缺水的情景，道路两旁茂密的大树下面躺着饥饿的流浪者等。

（3）“而且还做了个梦”，这里可以描述一下梦的内容，例如她梦见妈妈在家中挖了一眼很深的井，井里冒出了甘甜的泉水。

（4）“她一下子跪在了干裂的河床上”，这里应该描述一下她的心理活动：例如怎么连这河里也一滴水也没有了？我还能去哪里找水呀？生病的妈妈还躺在床上在等着我呢！我这么辛辛苦苦来到这里，就这样捧着空罐回去吗？

（5）“里面渗出了一捧清水”，此处可以具体叙述小姑娘欣喜若狂的心情和即时联想。例如，看到挖出的小坑里慢慢渗出了水，继而变成了一条河，河水哗哗地流淌，小姑娘高兴得眼泪流了出来。她想，我要告诉村里的人来这里灌水，那将会挽救多少生命啊。

3. 教师引导：刚才同学们就是在做心理描写！同学们的扩展补充，有什么作用？还存在哪些方面的问题？

学生表现预测：

作用：（1）不但让人了解小姑娘做了什么，还让人清楚了小姑娘想了些什么，使故事丰富完整。（2）使小姑娘这一人物形象立体化、更鲜活。（3）使行文波澜起伏，却更顺理成章，也有利于与读者形成内心情感的共鸣。（4）能有效地展示出人物的内心世界和精神品质，有利于凸显主旨。

问题：（1）虽然写了心理活动，但还是不够具体。（2）与情境不符，大旱之年不可能有旺盛的庄稼和茂密的大树。（3）想象不够合理，小河里挖出一坎水是可能的，但不可能变成小河。（4）心理活动与人物身份不符，小姑娘挖到了水有可能想到妈妈，而未必能想到村里的人。

二、品味探究，领悟心理描写的方式方法和要求

1. 教师引导：心理描写十分重要，而写好心理并非是件容易的事，那么该怎样做才能写好人物的心理呢？心理描写有哪些表现形式？结合我们刚才的体验，看看我们能感悟到一些什么。

学生表现：(1) 揣摩人物所思所想，联想与想象要合理。(2) 要符合人物的身份、年龄特点和活动情境、生活处境等。(3) 要展现人物的心理状态和思想品质。

2. 教师引导：借助名家的一些作品，看看我们还能受到怎样的启发。

出示材料一：

一语未了，只听后院中有人笑声，说："我来迟了，不曾迎接远客！"黛玉纳罕道："这些人个个皆敛声屏气，恭肃严整如此，这来者系谁，这样放诞无礼？"心下想时，只见一群媳妇丫鬟围拥着一个人从后房门进来。这个人打扮与众姑娘不同，彩绣辉煌，恍若神妃仙子……黛玉连忙起身接见。贾母笑道："你不认得他，他是我们这里有名的一个泼皮破落户儿，南省俗谓作'辣子'，你只叫他'凤辣子'就是了。"黛玉正不知以何称呼，只见众姊妹都忙告诉他道："这是琏嫂子。"黛玉虽不识，也曾听见母亲说过，大舅贾赦之子贾琏，娶的就是二舅母王氏之内侄女，自幼假充男儿教养的，学名王熙凤。黛玉忙陪笑见礼，以"嫂"呼之。这熙凤携着黛玉的手，上下细细打谅了一回，仍送至贾母身边坐下，因笑道："天下真有这样标致的人物，我今儿才算见了！况且这通身的气派，竟不像老祖宗的外孙女儿，竟是个嫡亲的孙女，怨不得老祖宗天天口头心头一时不忘。只可怜我这妹妹这样命苦，怎么姑妈偏就去世了！"说着，便用帕拭泪。贾母笑道："我才好了，你倒来招我。你妹妹远路才来，身子又弱，也才劝住了，快再休提前话。"这熙凤听了，忙转悲为喜道："正是呢！我一见了妹妹，一心都在他身上了，又是喜欢，又是伤心，竟忘记了老祖宗。该打，该打！"又忙携黛玉之手，问："妹妹几岁了？可也上过学？现吃什么药？在这里不要想家，想要什么吃的、什么玩的，只管告诉我；丫头老婆们不好了，也只管告诉我。"一面又问婆子们："林姑娘的行李东西可搬进来了？带了几个人来？你们赶早打扫两间下房，让他们去歇歇。"

——曹雪芹《红楼梦》

对于这一段描写，脂砚斋是这样评说的："第一笔，阿凤三魂六魄已经被作者拘走了，后文焉得不跳跃纸上？"我觉得这里的精彩都源于人物细致而缜密的心理过程。请同学们揣摩一下王熙凤说的话，看她背后都想了些什么。

学生表现预测：

(1)“我来迟了，不曾迎接远客！”——这众人聚集的场合是我表现与众不同和特殊权势的绝佳时机，先提前吆喝一声，让他们知道我来了。

(2)因笑道：“天下真有这样标致的人物，我今儿才算见了！况且这通身的气派，竟不像老祖宗的外孙女儿，竟是个嫡亲的孙女，怨不得老祖宗天天口头心头一时不忘。”——我称赞黛玉的标致和气派，一要讨好老太太，二要让黛玉高兴，三不贬损邢、王二位夫人和“三春”姐妹，要照顾好她们的颜面。对，就这样说。

(3)“只可怜我这妹妹这样命苦，怎么姑妈偏就去世了！”说着，便用帕拭泪。——终究是黛玉的母亲、老祖宗的宝贝女儿去世，她们心里还痛着呢，我怎能喜而不悲呢？

(4)“正是呢！我一见了妹妹，一心都在他身上了，又是喜欢，又是伤心，竟忘记了老祖宗。该打，该打！”——本是讨好老祖宗呢，怎能惹老祖宗悲伤呢？打住！

教师总结：这一段文字描写王熙凤，运用了语言描写，形象生动地展示出她的内心世界，突出地表现了王熙凤刁钻狡黠、善于逢迎、灵活机变的性格特征。——这是通过人物语言展示人物心理。当然我们还可以通过人物的动作、神情去展示人物的心理。

出示材料二：

李中堂正要尝尝这津门名品，手指尖将碰碗边，目光一落碗中，眉头忽地一皱，面上顿起阴云，猛然甩手“啪”地将一碗茶汤打落在地，碎瓷乱飞，茶汤泼了一地，还冒着热气儿。在场众官员吓懵了，杨七和杨巴慌忙跪下，谁也不知中堂大人为嘛犯怒？

当官的一个比一个糊涂，这就透出杨巴的明白。他眨眨眼，立时猜到中堂大人以前没喝过茶汤，不知道洒在浮头的碎芝麻是嘛东西，一准当成不小心掉上去的脏土，要不哪会有这大的火气？可这样，难题就来了——

倘若说这是芝麻，不是脏东西，不等于骂中堂大人孤陋寡闻，没有见识吗？倘若不加解释，不又等于承认给中堂大人吃脏东西？说不说，都是要挨一顿臭揍，然后砸饭碗子。而眼下顶要紧的，是不能叫李中堂开口说那是脏东西。大人说话，不能改口。必须赶紧想辙，抢在前头说。

——冯骥才《俗世奇人》

这一处是在什么情况下进行的心理描写？有什么作用？这里是采用直接描写还是间接写的方式？

学生表现预测：是在剑拔弩张、千钧一发的紧要关头，在矛盾激烈冲突的时刻；其作用一方面为下面的事件发展积蓄动力，为问题的解决准备前提原因，另一方面鲜明地展示出人物机敏、圆滑和精于人情世故的形象特征；这是一种直接描写的方法，应算是心理独白。

教师总结：特别是在关键时刻和矛盾冲突中重视运用心理描写。

出示材料三：

面对虎妞的要挟，祥子想反抗又反抗不了，除了惶恐、懊悔、怨恨，只剩下了无可奈何。没有了主意的祥子，一声不吭，跟着虎妞，由南长安街一直走到北长安街，上北海天桥，过金鳌玉虫东。

桥上几乎没有了行人，微明的月光冷寂地照着桥左右的两大幅冰场，远处亭阁暗淡地带着些黑影，静静的似冻在湖上，只有顶上的黄瓦闪着点儿微光。树木微动，月色更显得微茫；白塔却高耸到云间，傻白傻白的把一切都带得冷寂萧索，整个的北海在人工的雕琢中显出北地的荒寒……他心中觉得这个景色有些可怕：那些灰冷的冰，微动的树影，惨白的高塔，都寂寞得似乎要忽然地狂喊一声，或狂走起来！就是脚下这座大白石桥，也显得异常的空寂，特别的白净，连灯光都有点凄凉。

——老舍《骆驼祥子》

这里的文字是描写什么内容的？有什么作用？

学生表现预测：是写环境景物的；是写祥子的心理感受的；是通过景物描写衬托祥子绝望、懊恼、万般无奈的心理活动；借景物描写暗示祥子空寂凄凉、失望无助到了极点以至于要发狂的心理状态。

教师总结：借景物描写衬托或暗示人物的心理。

3. 教师引导：经过上面我们的体验和感悟、提炼，你得到了哪些进行人物心理描写可以借鉴的方法？

学生表现预测：

（1）要揣摩人物所思所想，展开合理的联想与想象。

（2）要符合人物的身份、年龄特点和活动情境、生活处境等。特别是在关键时刻和矛盾冲突中重视运用心理描写。

（3）能与动作、语言、表情有机结合，要展现人物的心理状态和思想品质。

4. 教师引导：顺势归纳一下，心理描写的表现形式有哪些呢？

学生表现预测：

（1）可以作直接介绍：如直接描写心理和心理独白。

（2）可以进行间接描写：a. 通过表情、动作、语言等描写心理。b. 借助于梦境或幻觉表现心理。例如小姑娘躺在草地上做的梦、卖火柴的小女孩幻觉中的圣诞树等。c. 借助景物烘托暗示人物心理。

三、有效借鉴，二次尝试

教师引导：体验感悟了名家的手笔之后，我们不妨在此小试牛刀，请任选一到两处展开联想或想象，对空缺的部分进行补充、扩展。（出示材料）

很久很久以前，在地球上发生过一次大旱灾。许多人及动物都焦渴而死。

这一天，如果再找不到水，生病的妈妈可能就撑不下去了。小姑娘拿着瓦罐，（①）向着很远很远的有一条小河的方向走去，路上的情景令她难过不已。（②）

走了大半天，又热又累，小姑娘倒在干枯的草丛里睡着了，而且还做了个梦。（③）当她醒来时，发现面前就是那条小河，可是河里一滴水也没有，她一下子跪倒在了干裂的河床上。（④）

突然，她看到不远处有一丛泛着绿意的青草，（⑤）便用干树枝往沙地里挖，挖到三尺深的时候，里面渗出了清水（⑥）……小姑娘抱着小半罐水往回走去。

学生表现预测：

①小姑娘心想，到哪里去找水呢？村头的井里已经干了井底。去村外的池塘？那里只有干裂的淤泥。可是找不到水，妈妈可能就会死去……对了，小时候妈妈不是带我去过离家很远的一条小河吗？那小河的水又深又清，兴许那里还会有水吧？就到那里去！她望了望天空中耀眼的太阳……

②田野里的庄稼才几天怎么全变成了干黄一片？那树上的叶子怎么卷曲着像吓人的毛虫？这些树怎么光秃秃的如同冬天的样子？乌鸦令人悚然地叫着，飞到渴死的动物尸体上啄食，乌鸦怎么没有渴死啊？

③妈妈在床上呻吟着，不断地说着“水，水”。冥冥中小姑娘身上长出一双翅膀，她一纵身飞了起来，不久她的双脚落到了一个碧波荡漾的湖边，湖堤上是一些装满清水的木桶。她轻巧地把几只木桶挂在身上，一眨眼工夫就飞回了家。妈妈喝了清凉的湖水，病很快就好了。小姑娘便不断往返于清水湖和村子之间，她解救了村子里许多即将渴死的人和牲畜……

④这可是我最后的希望啊，连河里都没有水了，还能上哪里去找呢？我不白走这么远的路了吗？妈妈的病怎么办呢？

⑤有绿草，下面就该有水吧？对，妈妈说过，有绿草的地方就会有水。而且小河从这里流过，地下一定沉积了好多的水。

⑥真是苍天有眼啊，我找到水了！我找到水了！我得赶紧把水捧到瓦罐里，一定要小心点把水罐抱回去，妈妈喝到了水，病就会慢慢好起来的。想着想着，小姑娘流下了激动的眼泪。

（东营市胜利第五中学的王海珍老师参与设计并执教本课，获 2010 年山东省优质课评选一等奖）

因平等而亲密无间

——《山中访友》探微

《山中访友》是一篇脍炙人口的佳作，值得细细地揣摩品味。

一、独特的视角，新颖的立意

历代文人墨客大都钟爱美丽的大自然，他们或浓墨重彩，以摹其色；或粗笔勾勒，以现其形；或刻意点染，以传其神。不过，在他们眼里、心中，自然万物只不过是赏心悦目、寄托悲喜之情的载体，人是大自然的主宰，大自然是人类的附庸。而《山中访友》则是把自然景物当作朋友，试图建立一种人与自然的平等和谐、相依相存的关系，表现了高境界的人文情怀。将自然景物当作朋友去拜访，不但陡然消除了人与自然物种上的隔阂，而且使自然景物在瞬间变得活泼无比，充满灵性。这种独特的视角和新颖的立意，为形成文章巧妙的结构、进行有创意的表达奠定了基础。

文章呈现的新颖的内容与平淡的标题形成巨大反差：原来作者到山上要寻访的朋友，不是武林高手，不是隐者诗人，也不是和尚道士，而是如诗如画、灵性活现的自然景物！这种独出心裁的构思，令作品意趣盎然，让人耳目一新。

二、洋溢的情感，鲜活的意象

基于对人与自然关系的独特认识，作者对自然景物的热爱显得如痴如醉，感人至深。比拟手法的大量运用就是其感情炽热的一个佐证：仅作客观的描述、低俗的赞叹似乎已无法表达出自己对自然万物的情感，索性让景物摇身变为活脱脱的人，这样，既可观其貌、辨其形、闻其声，又可与之进行心灵对话和情感交流。于是，在作者眼中，老桥是德高望重的长者，山泉是捧着明镜的大姐，妹妹小溪吟诗邀“我”唱和，白云护士让憔悴的天空返老还童，瀑布的金嗓子唱出雄浑的男高音……这种万物平等、与大自然亲密无间的关系，是对传统思想中“人是自然主宰”观念的有力冲击。

不仅如此，在与景物的情感交流中，作者并未停留在朋友关系的层面，而是将自我融进自然，让自己成为景物的一员：作者使自己变成一棵树，脚长出根须，头发长成树冠，思想在年轮里旋转流淌。这就使人与自然的关系有了新的升华和质的飞跃。

作者深挚、美好的情感能引起读者强烈的共鸣，主要原因在于：作者不仅能抓住自然景物的特征，如涧水上小桥静卧的姿态和年岁的古老，树木如人躯体的形象，山泉的明净和山溪奔走的匆忙、悦耳的声响，瀑布的奔腾轰鸣和悬崖的高耸嶙峋……更重要的是作者依据它们的这些特征，把它们与有类似特征的人联系起来，并把它们当作人去描写，令读者也同灵气飞扬的景物融为一体，从而受到大自然美的熏陶和感染。

三、丰富的内蕴，深邃的哲思

由于他对人与自然的关系有独到的认识，大自然于人而言，也就宜师宜友了：那躬腰俯身、从不改变姿态、将流水从古送到今的老桥，是坚韧、执着灵魂的化身；山泉捧出明镜，启示我们要清白为人；山崖无言、云雀叽喳，却都从容纯朴、心无邪念；雨中老柏擎伞、金秋落叶入土，昭示着给予就是幸福，奉献才会永恒……

源于作者对人生的深刻思考和感悟，植根于对事物本质特征的深入把握，在此基础上，作者放飞思维，驰骋想象，以人写景，借物寓理，令读者在“赏景”中受到情感的陶冶，在品味中获得心灵的滋养。

总之，本文通过山中访友，带我们观赏了山中栩栩如生、充满活力的自然景物；通过与自然景物的对话交流，我们感悟到人与自然崭新的关系；而情、景、理的融合为一，更使我们获得审美享受的同时，对自然以及自我的认识也达到一个新的高度。

（原载《中学语文园地》2005 年第 10 期）

貌似神合，彻悟生命真谛

——《谈生命》赏析

翻开冰心的散文作品，那对母爱、童心、大自然、祖国的浓烈而深挚的讴歌和赞美之情扑面而来。母亲的爱“这样浓深，这样沉挚，这样博大无私”，是“开天辟地的爱情”，“这如火如荼的爱，使这疲缓的人生，一步一步地移向光明”；“除了宇宙，最可爱的只有童心”；“世界上最难忘的是自然之美”；对祖国的爱更是感人至深，客居异乡，心念祖国，“北京纵是一无所有，然已有了我的爱。有了我的爱，便是有了一切”。如果说这些都是立足于某种特定时间、环境、心情、经历的视角，抒写对现实世界体察、感悟的话，那么，《谈生命》则是站在能纵览人类生命历史进程的高度，对于生命的本质和规律进行归纳和提炼，作哲理性思考，可谓气度宏阔，蕴涵丰富。

一、寓言般精邃的哲理

“爱的哲学”是冰心散文的主旋律，作者试图以“爱”的张扬来实践艺术“为人生”的主张。冰心散文所表现的大多是对子女、童心、自然、祖国这些客体的爱，而表现对生命主体本身的爱，还是绝无仅有的，这是对“爱”的更深层次的感悟。而对生命本身的爱又源自对生命规律和本质的深刻理解和把握。《谈生命》就昭示了这样一个真理：生命本身是顽强向上、不屈不挠的，只要是生命的种子，就会蓬勃成长，尽管生命进程充满坎坷和曲折，但是任何力量无法阻碍他、压制他。这启示人们，生命是一个由小到大、由弱到强，终而归于消亡的过程，这是一种客观存在，也是必然规律，并且其间幸福与苦难、顺利与曲折相伴相随，“生命中不是永远快乐，也不是永远痛苦，快乐和痛苦是相生相成的”。由此推演，人类如此，动物如此，自然界其他一切生物也如此；生命如此，社会历史的发展、茫茫宇宙的变迁依然不能逃脱这个法则。“在快乐中我们要感谢生命，在痛苦中我们也要感谢生命”，这既是对自身生活经验的高度概括，更是作者积极人生观的注脚。这些就鲜明地显示出《谈生命》浓厚的哲理色彩，给人以深长的回味和悠远的思索。

二、绮丽鲜活的意象

关于对生命的深刻感悟和哲理性的思考，作者并没有板起面孔说教，而是以具体可感、生动鲜活的意象为载体呈现给读者，让人心领神会，获得启示。散文选取“一江春水”和“一棵小树”作譬喻，将生命发展的历史，寄寓到对自然景物的生命轨迹和历程的描写中，化笼统为具体，化抽象为可感；而关于这两种意象生命轨迹和历程的表现，作者驰骋想象，既高屋建瓴，“凌绝顶”而“览众山”，又细致入微，“极尽物事之形态”，层次分明地对两种意象在不同时期、不同环境下遭遇和特征的描述，构成了绮丽的画面和生动的形象，透露出生命蓬勃成长的活力与顽强奋进的气魄。不仅如此，在整体构思上，作者以拟人化的手法赋予意象以人的思想情感和精神气度，使自然景物化平凡为神奇，化僵钝为灵智，读来如食参果，如饮甘霖，于品尝中怡养性情，于咀嚼中潜省默悟。自然景物的运行轨迹、生命变化同人生历程的普遍特征二者貌似神合，这种描写与提炼、意象与哲理的天衣无缝的契合，使读者在审美的享受中获得深刻教益。

三、跌宕曲折的旋律

从总体框架看，本文开篇示题，明确以譬喻解读生命，然后浓墨重彩描绘两种自然意象的生命形态，收篇水到渠成，昭著内涵，揭示哲理。全篇不分段落，既浑然天成，又思路清晰。在具体意象的表现上，“一江春水”的奋进历程，时而挟卷沙石奔注，时而遭遇巉岩前阻，时而在细细的平沙上低吟，时而在晚霞和新月的温暖里恹恹欲睡，这些情景，既令人感受到生命阅历的曲折多变，又让人体悟到作者情感思路的跌宕起伏，引人入胜，感人至深。而关于“一棵小树”生命季节的呈现，如一幅幅经典名画，形神兼备，栩栩如生；像一组蒙太奇镜头，自然链接起生命全部历程；又仿佛令读者耳闻悠扬的短笛，欢快的小号，低婉的长箫……对于“春水”“小河”在生命结束后重新开始旅程的叙说，则是同乐章里的回旋，这就拓展了文章的深广度，揭示了生命生生不息、循环往复以至无穷的自然规律。不只如此，《谈生命》整体在意象表现和构思上有一种难以言传的内在韵律，如同一支交响曲，疾徐有致，腾挪跌宕，曲折蜿蜒，具有极强的抒情性和艺术感染力。

总之，本文明丽清新的感情色彩，情、景、理有机融合的意境，乐曲般的运思和抒情笔调，比较突出地体现了“冰心体”散文独特的艺术风格。

（原载《阅读》2004 年第 1 期）

第三章　课堂教学观察与评析

《最后一课》教学实录及评析

执教：梁立娟　点评：孟宪军

第一部分：教学设计

一、故事导入，营造气氛

师：同学们，今天老师给大家带来了一个故事，故事的主人公是美籍华人丁肇中。（投影展示丁肇中画像，文字显示其主要事迹。）丁肇中是1976年诺贝尔物理学奖获得者。按照惯例，获奖者应用本国语言做一个简短的致辞。丁肇中决定用中文书写自己的致辞，以表达自己对祖国的无限眷恋之情。但这一愿望遭到了美国官方的阻止。负责颁发诺贝尔奖的人士也提出：“我们这里没有中文打字机，你用中文书写，我们不能打印分发！”丁肇中说：“我用手书写，请你们代为复印！”……就这样，面对美国当局的百般刁难，丁肇中坚持用中文慷慨致辞。这也是诺贝尔奖设立76年来，首次用中文发表的获奖演说。

师：听了这个故事，你有什么感受？请简要地谈一谈。

（生思考并交流。）

生1：丁肇中是一个热爱祖国的科学家，他是值得我们骄傲的！

生2：语言是一个国家的标志，说母语也是维护祖国形象、捍卫祖国尊严的表现。

生3：无论何时，无论何地，我们都应爱自己的母语，有一颗中国心！

……

师：一个民族有一个民族的语言，一个国家有一个国家的尊严。有时，热爱、使用本民族的语言，就是维护国家的尊严！今天，就让我们怀着这种对民族语言的无比虔诚的心态走进法国著名作家都德的小说《最后一课》。（板书课题及作者。）

【点评】“生活中不是缺少美，而是缺少发现美的眼睛。”丁肇中的事迹大家大都耳熟能详，关键是教师能否发现其教学价值并为我所用。这个故事所创设的教学情境至少有两点值得称道。一是唤醒学生平静沉寂的思维和情感，学生在感悟故事内涵的过程中，热爱祖国、捍卫民族尊严的情愫被激发，思维迅速破冰。二是创造悬念，促使学生揣度这个感动人心的故事与课文故事的异同之处，为课文探究积蓄了势能。

二、走进“最后一课”

师：大家已经预习了课文，下面就让我们穿越时空，来到法国的阿尔萨斯，追随小弗郎士的行踪。看一看，小弗郎士在这天早上经过了哪些地方？在各处又见到了哪些人？

生4：小弗郎士经过的地方依次是锯木厂、镇公所、韩麦尔先生的小院子、教室。

师：你找得非常全面！在各处，他又见到了哪些人呢？

生5：锯木厂后边的草地上，他看到普鲁士兵正在操练；经过镇公所时，看到铁匠华希特和他的徒弟；进了老师的小院子，从窗户里看到同学们都在自己的座位上了，韩麦尔先生踱来踱去，胳膊底下夹着那怕人的铁戒尺；进了教室又看到了许多镇上的人：郝叟老头儿、从前的镇长、邮递员、旁听的人。

师：你的预习非常到位！在这些人当中，最不该出现的是谁？

（生略沉思。）

生众：普鲁士兵！

师：为什么是他们呢？

生6：普鲁士兵出现在法国领土上，说明他们是侵略者，而且已经占领了阿尔萨斯。

师：也正是他们使原本平凡的一天成了小弗郎士的最后一课，一场文化侵略的悲剧正在拉开序幕。

师：在小弗郎士见到的这些人当中，我们读者最为关注的人是谁或者说作者精心刻画的人是谁？

生众：韩麦尔先生。

师：韩麦尔先生是作者精心描绘给读者的人物形象。接下来，我们就一起走进韩麦尔先生深情而庄严的最后一课！

【点评】这个过程的“走马观花”还是很有收效的。对小说主要人物之一小弗郎士的行为进行“追踪”，完成了对课文主要情节的整体感知，可谓提纲挈领、匠心独运。借助小弗郎士的眼睛展示小说的生活环境和时代背景，为人物形象解读奠定了基础。而对人物倾心尽力的描写，引出对小说中韩麦尔先生这一主要人物形象的全面探析。可谓“一石三鸟”！

三、聆听“最后一课”

（一）端其貌

师：第一次站在我们面前的韩麦尔先生是一个怎样的形象？文中有一段对韩麦尔先生服饰的描写，我请同学给大家读出来。

生读第10段选文。

（多媒体同时出示：

我们的老师今天穿上了他那件挺漂亮的绿色礼服，打着皱边的领结，戴着那顶绣边的小黑丝帽。这套衣帽，他只在督学来视察或者发奖的日子才穿戴。）

师：对于老师的绿色礼服，小弗郎士先是一惊，后来他明白：老师穿上那套漂亮的礼服，原来是为了纪念这最后一课。同学们觉得韩麦尔先生在那天，在最后一课，穿这套漂亮的礼服还有没有别的用意呢？大家稍作思考。

（生思考后，交流。）

生7：强作镇定，维持自己的形象。

生8：韩麦尔先生穿这套漂亮的礼服为的是与祖国和母语作郑重的告别。

师："郑重的告别"，你已经入情入境了！

生9：用这套礼服表达他对就要失去的国土的敬意。

师：也有对最后一堂法语课的敬意，对祖国语言的敬意吧！

生10：对侵略者无声的抗议……

师：能不能稍作解释？

生10：正如"于无声处听惊雷"，韩麦尔先生此时衣着端庄，心情沉重，想得很多、很远。他期待着人民革命的力量重新壮大起来，最终赶走侵略者，赢得民族的解放，所以是一种无声的反抗。

小结：真是"此时无声胜有声"啊！韩麦尔先生的这套礼服包含着他对祖国的眷恋，对国土的敬意，还有对侵略者无声的抗议！正是这套礼服让我们感受到了韩麦尔先生高尚的气节、爱国的深情，也给最后一课平添了一种庄严的气氛。正可谓"存乎中而形于外"！

【点评】"衣着是人物身份、脾性和心情的广告"，正是基于这样的认识，教师设置了关于服饰的"挖掘点"，其作用在于：一是唤醒学生的生活体验，联想人们在怎样的时间、场合才会着礼服，从而领会人物这样做的用意；二是引导学生结合人物的处境、心情去揭示事物的前因后果；三是使学生领悟通过人物的形貌如着装去探析人物思想性格的方法。这种"从无到有"的创生过程，有效地培养了学生透过表面现象认识事物本质的观察体悟能力。

（二）品其言

师：同学们，在这最后一堂课上，韩麦尔先生和他的学生不仅要失去生于斯长于斯的土地，还要与朝夕使用的祖国的语言告别。但是，面对失去国土、告别母语的沉痛现实，韩麦尔先生没有义正词严的演讲，也没有慷慨激昂的宣告，他只说了几段意味深长的话。请同学们跳读课文，找到韩麦尔先生说的这几段话。

生明确：第11、18、19、20段。

师：首先请同学们把目光聚焦到第11段。韩麦尔先生宣布了一个令小弗郎士万分难过的消息。谁来给大家宣布一下这个消息？大家可采用美读法：1. 确定感情基调；2. 确定重音；3. 调整语气；4. 读出情境。

（多媒体出示：

我的孩子们，这是我最后一次给你们上课了。柏林已经来了命令，阿尔萨斯和洛林的学校只许教德语了。新老师明天就到。今天是你们最后一堂法语课，我希望你们多多用心学习。）

（生读。）

师：韩麦尔先生是用怎样的语气说这段话的？

生11：柔和而又严肃的语气。

师：为什么柔和，又为什么严肃呢？

（生思考。）

生12：柔和是因为对学生的爱和深情，他满眼里都是眷恋；严肃是因为这是一个令人沉痛的消息。

师：请你再酝酿一下自己的情绪，把你感受到的柔和与严肃用你的声音传达给我们。（配乐《故乡的原风景》）

（生深情朗读。）

【点评】对韩麦尔先生宣布不幸的消息。此处采用了品读结合、以读代品的方法，朗读的质量反映了理解的水平，“曲径通幽”，灵活有效。

师：请同学们再把目光聚焦到第18、19段。请同学们默读这两段文字，圈点勾画出关键词句作批注，看看韩麦尔先生这两段话中用得最多的一个词及其内涵是什么。

（多媒体出示部分文字：

大家天天都这么想：“算了吧，时间有的是，明天再学也不迟。”现在看看我们的结果吧。唉，总要把学习拖到明天，这正是阿尔萨斯人最大的不幸。现在那些家伙就有理由对我们说了：“怎么？你们还自己说是法国人呢，你们连自己的语言都不会说，不会写！……”

你们的爹妈对你们的学习不够关心。……我呢，我难道就没有应该责备自己的地方吗？我不是常常让你们丢下功课替我浇花吗？我去钓鱼的时候，不是干脆就放你们一天假吗？……）

（生读，圈点勾画。）

生13：责备。

师：韩麦尔先生依次责备了哪些人？

生14：阿尔萨斯人、孩子的父母、自己。

师：韩麦尔先生没有表达对异族的愤怒，甚至也没有倾吐失去国土的悲哀，有的却是对自己人的指责和批评。大家知道有句话叫作“言为心声”，你觉得韩麦尔先生的批评和责备表达了他怎样的心声呢？

（生稍作讨论交流。）

生15：鲁迅说“哀其不幸，怒其不争”，我觉得韩麦尔先生也是这样的心情。

生16：韩麦尔先生对于阿尔萨斯人散漫、颓废的生活状态由衷地悲痛，表现出他对祖国的恋恋深情。

生17：正所谓“苟利国家生死以，岂因祸福避趋之”，韩麦尔先生对大家的批评以及深深的自责，让我们看到了一位恪尽职守、道德高尚的爱国者的形象。

师：正所谓“爱之深，恨之切”！从中我们不难体会韩麦尔先生的一颗爱国心，一腔民族憾！真是：一番直言倾吐一腔忧愤之情，一腔忧愤难掩一颗赤子之心！

（多媒体出示：一番直言倾吐一腔忧愤之情，一腔忧愤难掩一颗赤子之心！）

师：如果你就是小弗郎士，听了这段话，你有什么感受？

（生思考后，交流。）

生18：我特别内疚、难过，因为今天早上我还想过要逃学，到野外去玩。

生19：我真想把失去的时间夺回来，好好学习，赶走普鲁士侵略者！

【点评】由于这两段文字包含着“言外之意”和“言外之情”，只有静下心来精读深思才能领悟其“责备”后面藏着的深意浓情。对这两段文字的赏析运用了圈点勾画词句的批注法，有效避免了浅尝辄止、走马观花现象的发生，并为交流感悟做好充分的准备。而此后让学生充当小弗郎士进行角色体验，揣摩听过韩麦尔先生这番话后的感受，则又一次为学生创造了思维创新的机会，进而从一个崭新的角度去领悟小说所包含的浓郁的爱国深情。

师：如果说韩麦尔先生的这番直言已点燃了小弗郎士的爱国热情，那么，接下来第20段中韩麦尔先生对于法国语言的描述则使这种爱国的热情在整个教室里蔓延。

（多媒体出示：

法国语言是世界上最美的语言——最明白，最精确；我们必须把它记在心里，永远别忘了它，亡了国当了奴隶的人民，只要牢牢记住他们的语言，就好像拿着一把打开监狱大门的钥匙。）

不仅如此，这句“最美的语言”，这把“打开监狱大门的钥匙”，甚至比《马赛曲》更为震撼人心。其迷人的魅力究竟源于何处？

请用“其迷人的魅力源于______________”的句式表达你的感悟或发现。

（生小组讨论后，交流。）

生20：其迷人的魅力源于能够激发人们对民族语言的热爱，对民族生存的坚定信念！

师：它能够使人们在国难中保持一种昂扬不屈的精神状态。说得太好了！

生21：其迷人的魅力源于告诉人们如何在危难关头团结一致，争取胜利。

师：它是人们心灵上的一面旗帜，指引着前进的方向。

生22：其迷人的魅力源于它寄托着人们对祖国的深情，对文化的坚守，对压迫的反抗！

生23：其迷人的魅力源于它是民族的灵魂，永远给人奋进的力量和必胜的信心！

……

小结：也许，同学们说到的这些就是这句话能够无视时间的流逝而成为一个多世纪以来世界各国人民共同呼声的原因。

让我们再次齐读这句话。

（生齐读。）

师：语言是一个民族的灵魂。失去了灵魂，这个民族也就失去了生命。所以，每一个民族的语言都是世界上最美的，我们要热爱、捍卫我们的民族语言！

【点评】“法国语言是世界上最美的语言”，“亡了国当了奴隶的人民，只要牢牢记住他们的语言，就好像拿着一把打开监狱大门的钥匙”，对这两个内涵丰富语句的理解是本文教学的难点。在这里，教师一方面运用了一个类比，即比《马赛曲》更震撼人心，因为捍卫民族的语言就是保卫民族的生存；另一方面运用了一种阐发感悟的言语方式“其迷人的魅力源于________”，这就为领悟民族语言与民族存亡的关系、热爱民族语言与热爱祖国的联系提供了台阶和情境，难点便迎刃而解。

（三）悟其神

师：韩麦尔先生的一番话使一颗爱国主义的种子在小弗郎士的心里生根、发芽。正所谓：稚子亦知亡国恨。而让韩麦尔先生如雕像般活生生立在读者面前的，则是他“宣布放学”的情景。这一幕就像一部无声的电影在我们的心头久久挥之不去。

同学们，如果让你将这一幕拍成一个短片，你想对韩麦尔先生进行怎样的特写镜头设计？请谈谈你的设想和理由。

（生分小组热烈讨论。）

师：下面我们来听一听同学们的创意！

组 1：我们想特写韩麦尔先生“脸色惨白”“站起来”，突出他的崇高、伟大、可敬的风采和极度痛苦的心理。

组 2：我们小组特写“我的朋友们啊，我——我——”，因为这是韩麦尔先生典型的语言，特别能表现韩麦尔先生痛苦、无奈、悲愤等百感交集的心情。

师：典型的细节，复杂的心情！

组3：我们要特写“哽住”，表现韩麦尔先生因激动、悲痛而不能自抑的心情。都说男儿有泪不轻弹，只因未到伤心处。

师：好一个“男儿有泪不轻弹，只因未到伤心处”，你已经走进了韩麦尔先生的内心世界！

组4：我们组要特写韩麦尔先生“使出全身力量写下‘法兰西万岁！’”的动作，因为这一镜头是韩麦尔先生爱国激情的迸发和集中体现，能够表现他对祖国必胜的信念。我们想采用慢动作，再配上画外音：无声的呐喊，心灵的坚守！（生鼓掌。）

师：确实有导演的潜质啊，特别注重意境的营造，值得期待！

组5：我们想特写韩麦尔先生的手势：“放学了——你们走吧！”因为这一镜头具有“此时无声胜有声”的艺术效果。读者可以感受到老师在最后一堂课下课时沉重、无奈、悲伤等复杂的心情。

小结：老师感叹同学们精彩的创意！作者正是通过典型的语言、动作、神态的描写完成了对韩麦尔先生这一人物形象的塑造，使他由一位普通教师真正成为一位爱国志士。不仅如此，作者也通过韩麦尔先生不朽的形象表现了法国人民深切的爱国之情，给我们每一个人以强烈的心灵震撼！

【点评】“宣布放学”的情景，是小说的高潮部分，是“最后一课”上韩麦尔心理活动最剧烈、情感最强烈的时刻，也是其精神品质表现最突出的地方。拍短片活动将这个感动人心的场面情境，分解成若干个特写镜头，让人物的举手投足、言语神态在学生的脑海清晰鲜明地浮现出来，并使其深味每一个细节的内涵意蕴，从而受到心灵的震撼。随着对人物形象解读的完成，一个光彩照人的爱国者塑像也就在学生心中矗立起来。

四、感悟“最后一课”

师：同学们，战争本应该远离学校这一方“净土”。可是今天，恶毒的文化侵略却把小弗郎士的课堂变成了“硝烟”弥漫的战场。这不能不说是对心灵的摧残，对人性的侮辱。作为学习和传承民族文化的我们，该如何避免“最后一课”的上演呢？

（生沉思，感悟，交流。）

生 24：我们要好好学习汉语，捍卫我们的民族语言，不做语言的亡国奴！

生 25：多读古代圣贤书，热爱传统书法、诗词等，因为它们是中华文明重要的组成部分。

生 26：不说“哈啰！饭已经 OK 了，请下来米西吧！”之类的话，用实际行动制止外来文化的入侵！

生 27：努力学习，奋发图强，捍卫祖国的领土主权和尊严！

……

小结：同学们的发言让老师感受到了大家都有一颗拳拳爱国心！语言是民族的灵魂和血液，她真实地记录着一个民族的文化足迹，延续着历史与未来……保护母语就是保护自己赖以生存的家园，就是守护华夏灿烂的文明！

【点评】《最后一课》给予学生智慧和精神上的教益和影响是丰富多元的，但此处感悟“最后一课”，教师为学生打开的是“传承民族文化”的入口，既保持了与课文话题内容的一致性，呼应课堂引入的故事情境，又与学生的学习生活实际有机结合，从而避免了学生感悟的空泛和“无病呻吟”，有利于真情实感的抒发和个性化思想的展现。

结课语：（多媒体出示：沉沦中的觉醒，绝望中的希望！）

同学们，“最后一课”结束了。但谁能否认这“最后一课”不是沉沦中的觉醒、绝望中的希望呢？它所播下的爱国主义的种子不仅在小弗郎士心里，也在我们每一个人的心里熠熠闪光。这也许就是《最后一课》超越时空，受到世界各国人民普遍喜爱的原因吧！

课下，希望同学们能运用我们这节课所学到的分析人物的方法，阅读都德的另一爱国主义名篇《柏林之围》，感受儒弗上校用生命诠释的爱国深情！

【点评】一个巧妙的结尾往往能给一篇文章增光添彩，一个精彩的结课语常常会使一节课的品位提高一个档次。这里，教师站在课文的思想艺术价值和社会影响的高度诠释作品，既揭示了《最后一课》感人肺腑、动人心扉的深层原因，又对本课思想内涵做出了画龙点睛的总结，言简意赅、发人深思。

第二部分：专家评析

教语文有如解牛。东剥一块皮，西挖一块肉，这砍一块骨头，那割一根筋，费时耗力却把牛肢解得七零八落，这是拙劣的厨师所为；“依乎天理，批大郤，导大窾，因其固然”，“以无厚入有间，恢恢乎其于游刃必有余地矣”，则牛“谍然已解，如土委地”，此乃“神庖”之所至。教语文又如探幽览胜，有品位的“导游”让“游客”无论从哪个角度上观赏，眼前都能呈现出“完美的图画”。教语文亦如烹小鲜，做到“鱼有鱼味，虾有虾香”算得一种本领；做到“色香味”俱全，称得上是一种技艺；做到令人回味悠长、“三月不知肉味”，则是一种境界了。梁立娟老师执教的这节课有一些神庖解牛的风采，算得一次“满载而归”的“旅行”，也创造出了令人心动容变的氛围和境界，值得追索品味。

不枝不蔓，经脉贯通。就阅读教学来说，内容的选择和确定，体现着教师的眼界，也制约着教学效率的高低。都德的《最后一课》作为经典篇目，有着深厚的思想意蕴和宝贵的艺术价值，其教学资源的丰富性不言而喻。这节课把焦点对准韩麦尔先生，通过“端其貌”“品其言”“悟其神”前后相承的赏析活动，多视角、多层面透视人物形象内涵，从而使其血肉丰满、肖然卓立，进而使形象所表现的捍卫国家独立、维护民族尊严的思想意义昭然若揭，实现对文本的深入透彻、科学有效的解读。至于小弗郎士上学、听课的见闻，前后态度的变化，出色的心理描写，乃至由小弗郎士形象的塑造所体现的思想价值，一概“淡化处理”或“置之度外”，可谓删繁就简、不枝不蔓、大气淋漓。尽管我们还不能妄称这是本课内容和探究意向上的最佳选择，但教师所开辟的这条教学蹊径，打通了解读这篇课文深刻内涵的经脉，而且舒展自如，“游刃有余”，创造出水到渠成、百川归海的教学审美过程，取得了相当不错的成效。

善假于物，别出心裁。在科学选择教学内容的基础上，教师并没有让学生赤手空拳地阅读赏析，而是巧妙地创建起教学载体，即将对教学内容的探究转化为一次观摩最后一课的活动，其中又分为“走进”“聆听”

“感悟”三个分步活动，因此，教学过程变成了上课看课、上课赏课、上课悟课，不但有效调动了学生的学习兴趣，提高了学习品位，而且由于活动营造了浓厚的探究情境，提示了明确的探究意向，因而有效激发了学生的思维活力和情感波澜，进而形成了多维互动的立体态势，有着丰富而精彩的生成。同时，由于三个活动的目标指向各有侧重，因而不但培养了学生的整体感知、筛选信息的基本阅读能力，而且使学生获得了鉴赏小说的人物形象和思想意蕴的方法，从而生成文学作品鉴赏的意义；不但使学生深入领悟到作品深刻的思想内涵，也从中获得情感的熏陶和精神的滋养。可以说三个活动使学生欣赏到了三幅风景迥异的“完美的图画”，赏心悦目，入目入心。而在探究最后一课“最后时刻”的动人情景时，则为展现学生的个性理解和创新思维提供了立体平台，韩麦尔先生这个人物形象在学生眼里、心中变得更为栩栩如生、神采奕然、感人肺腑，从而形成了探究的亮点。

诗意撩拨，知情共生。精美的构想作为课堂教学的愿景，只有通过教学过程中师生探究活动的“描绘”才能得以实现。而学生在课堂上能否全员参与、全过程参与、深度参与乃至收获的丰富程度，除取决于教师的学生主体意识的强弱之外，最重要的恐怕是教师创设情境的水平和随机应变、因势利导的机智以及画龙点睛的点拨本领。这里，教师的智慧是一个重要方面，教师的文学功底所展示的教学语言是另一个重要的方面，两个方面的结合一定程度上就决定了语文课的档次。梁老师的这节课就称得上是有档次的课。首先，用丁肇中的故事引入，表现出领异标新的智慧：故事本身热爱祖国和民族语言的情感，与本文的思想内涵不谋而合，打通了课内外的联系，搭建起学生思维情感由现实向文学作品过渡的桥梁，其势如箭在弦。其次，教师教学语言浓厚的文学意味和丰富的思想内涵促进了课堂教学的生成。梁老师的教学语言是经过千锤百炼的，诗意盎然，沁人心脾，不但具有形象美、情景美，而且具有含蓄美、哲思美和情感美，既令人心神怡悦，又让人回味不已。这样的语言，用于探究引导，具有激发性——我们发现课堂上学生已经沉入课文所创造的浓厚的爱国情感氛围之中；用于点拨评价，富于激励性——我们看到学生的表现精彩到位而且动人心扉；用于总结升华，则凸显其教示性和感染力。而且长此以往，经过耳濡目染，学生的语文素养便在潜移默化中自然得到升华和飞跃。只有诗意的教师，才会激发学生心灵的诗情诗意，也才会成就品位高雅、诗意盎然、异彩纷呈的语文课堂。有人称，高素质的教师本身就是宝贵的资源。这话，精到。

（原载《中学语文教学参考》2011 年第 10 期）

《安塞腰鼓》教学实录及评析

执教：季海宏 评析：孟宪军

第一部分：教学设计

【教学设想】

这篇文章气势恢宏，词语凝练简洁，句子铿锵有力。对于这样的文章，一定要指导学生多诵读：在听读中体会它的气势，实现整体感悟；在美读中读出情感；在品读中发现文章的内容美、形式美；在思考中探究文章的深意。

【教学目标】

1. 自选形式读出文中情；
2. 合作探究品味文中美；
3. 深入思考领悟鼓中蕴。

【教学重点】

利用多媒体教学，通过美读感受课文的激情与气势。

【教学难点】

自主学习，师生互动，品味文章形、神兼美的特色。

【教学方法】

谈话法、朗读法、讨论法。

【教学设备】

利用多媒体技术，增强直观性、生动性，提高教学效果。

【教学实录】

片断一

师：请同学们结合画面听录音范读课文，看看文字带给你怎样的感受。

（多媒体出示画面，学生听录音范读课文，部分学生小声跟读。）

师：本文带给你最大的感受是什么？

生1：我感受到了热烈、豪放与壮阔。

生2：从文字中我感受到了奇伟磅礴的力量，我觉得心潮澎湃！字里行间能够感受到作者的激情。

生3：我似乎看到了黄土高原上那茂腾腾的后生！

生4：我觉得这篇文章语言很具有震撼力，写得真有气势。

生5：我觉得本文写得很直白，又很有内涵，意蕴丰富。

生6：我觉得本文有一种豪壮之美，读它真是一种艺术的享受！

师：是啊，本文带给了我们艺术的享受！那么根据同学们的感受，我们这节课将共同完成以下三个活动任务：

（教师板书：1. 自选形式读出文中情；2. 合作探究品味文中美；3. 深入思考领悟鼓中蕴。）

师：那我们开展第一个活动，自主朗读体会文中情。

（通过多媒体听读课文。）

师：同学们在听读时很投入，那么你们有没有听出读得不当的地方？

生7：是“jiá 然而止”，而不是“gá 然而止”。

生8：是“rǒng 杂”，而不是“rōng 杂”。

生9：是“kàng 奋”，而不是“kāng 奋”。

生10：应该是“对她十分陌生了”，而不是“对她陌生了”。

师：读错音、读漏字的地方还有，读得这么精彩却还有纰漏，那我们怎么办？“择其善者而从之，其不善者而改之”。我相信同学们一定会比范读读得更准确、更有气势、更有感情。下面就请同学们大声朗读课文，可以一人放声读，也可以二人合作，或者三人分工，根据你的理解自选形式读出文中感情，读出气势，读出力量。

（学生自由朗读课文。）

师：哪位同学愿意试一试？

（学生踊跃举手，教师指定。）

师：你们几个人读？读哪部分内容？

生11：三个人齐读，读“使人想起……大彻大悟”。

（三人齐声朗读。）

师：他们读得怎么样？给点评一下。

生12：我觉得他们读得不错，没有字音的错误，停顿也恰当。

生13：我认为不好！朗读的语速太慢，缺乏力量，没有气势！

师：那你觉得应该怎么读？

生13：应该用节奏激昂的语调来读。

师：那你来试试？

（该生有感情朗读，学生鼓掌。）

（教师选择第二组学生朗读，效果有明显提高。）

（教师就其中一段范读，学生鼓掌。）

师：下面我们一起再来读其中的一部分，“骤雨一样……安塞腰鼓”。请看大屏幕，有的段落是女生齐读，有的段落是男生齐读，还有合读的部分。

（男女生分读、合读，效果较好。）

师：同学们读得越来越好了！我眼中似乎看到了烈火般的舞蹈，耳边似乎听到骤雨般的鼓点，真是好一个安塞腰鼓！好一篇气势磅礴的力作！太美了！

片断二

师：文章的美究竟体现在哪里呢？如果我们研究好这个问题，大家就一定能读得更加打动人心。让我们再一次走进文中，共同品味文章的美点。

请同学们先自主探究整理，然后小组合作交流，品味讨论课文美点，并用上下面的句式：

A.“安塞腰鼓”的__________________美，美在__________________。

B.《安塞腰鼓》的________________美，美在________________。

师：同学们仔细观察一下，A 与 B 两个句子是一样的吗？有什么不同？

（学生思考后回答。）

生 1：是不同的。A 是加引号的安塞腰鼓，它是腰鼓表演本身的美点；B 是加书名号的安塞腰鼓，指的是文章本身，就是写得美在哪里。

师：聪明！观察细致！那我们下面就可以从这两个方面品味文章的美之所在。开始吧，6 分钟时间。

（学生先自己思考并在书中作旁批，然后小组间展开讨论，交流收获。教师巡回指导。）

师：现在展示一下你探究的内容吧。

生 2：火烈的舞蹈场面美，美在场面描写的壮阔、豪放、火烈。

师：你是从哪里看出来的？请你有感情地读出来。

生 2：你看，"百十个斜背响鼓的后生，如百十块被强震不断击起的石头，狂舞在你的面前。骤雨一样，是急促的鼓点；旋风一样，是飞扬的流苏；乱蛙一样，是蹦跳的脚步；火花一样，是闪射的瞳仁；斗虎一样，是强健的风姿"。

生 3：激越的鼓声美，美在它的气壮山河，美在它的铿锵激昂。你听，"百十个腰鼓发出的沉重响声，碰撞在遗落了一切冗杂的观众的心上，观众的心也蓦然变成牛皮鼓面了，也是隆隆，隆隆，隆隆"。

生 4：击鼓的后生美，美在生命的热烈奔放，美在生命力的旺盛。你看，"后生们的胳膊、腿、全身，有力地搏击着，疾速地搏击着，大起大落地搏击着……"

生 5：变幻的舞姿美，美在它的匆匆变幻，美在它的艺术形式。你看，"每一个舞姿都充满了力量。每一个舞姿都呼呼作响。每一个舞姿都……"

师：呵！同学们理解得很准确！读得也比刚开始时精彩多了。那么文章写的美表现在哪里？

生 6：文中的修辞美，例如用了大量排比的句子，增强了文章的气势，加强了感情。

生7：还有，课文中用了许多这样的句子，如“发狠了，忘情了，没命了！”“只听见隆隆，隆隆，隆隆”等句子。

师：这种句式叫短句，文中还有吗？找出来读一读，体会一下有怎样的表达作用。

生8：还有“痛苦和欢乐，生活和梦幻，摆脱和追求，都在这舞姿和鼓点中，交织！旋转！凝聚！奔突！辐射！翻飞！升华！”这些短句精悍，急促、有力，语势激越、昂扬，有效表达了腰鼓的特点和作者不可遏抑的沸腾的情绪。

师：总结得太精彩、太到位了！我真有些自叹不如了。下面围绕本文的构思、语言内涵、思想等方面，看看有什么问题，请提出来。

生9：这篇文章多次出现“好一个安塞腰鼓”这类句子，有什么作用？

师：问题提得好，思考很深入。谁能帮助解决？

生10：多次出现“好一个安塞腰鼓”这类句子，在结构上，能显示出文章层次，又使首尾呼应。

师：那这四次赞叹有什么变化吗？

生11：四次赞叹语势应该越来越激烈，情感越来越奔放！

师：那让我们再一次试着读读这四句话，节奏逐渐加快，音量逐渐加大。

（生大声朗读。）

生12：“挣脱了、冲破了、撞开了的那么一股劲”，这句话中挣脱了、冲破了、撞开了什么？“一股劲”指的是什么劲？

生13：要挣脱、冲破、撞开人们身上的束缚，让生命自由宣泄。这股劲是重生的力量！黄土高原的人们虽然生活贫困，但他们也渴望变革，渴望冲破身上坚硬的外壳。

生14：为什么说“多水的江南是易碎的玻璃，在那儿，打不得这样的腰鼓”？

（学生有的摇头不语，有的交头接耳。）

生15：江南的流水多表现出柔媚的特点，也缺少文化底蕴；而安塞腰鼓需要承载这样原始、粗犷的生命力量的厚土，这厚厚的土层，正是生命元气的积蓄，也是黄土高原文化的深深积淀！

师：在同学们进一步的探究中，文中恢宏的场面怎不让我们亢奋十足，隆隆的鼓声怎不让我们心潮澎湃，元气淋漓的后生怎不让我们惊心动魄，匆匆变幻的舞姿怎不让我们叹为观止！真是好一个痛快了河山、蓬勃了想象力的安塞腰鼓！可作者仅仅是在赞美安塞腰鼓吗？它更是在赞美什么呢？

（学生思考后发言。）

生16：这更是在赞美蓬勃的生命力量！

生17：这更是在赞美充满希望的原野！

生18：这更是在赞美粗犷厚重的黄土文化！

生19：这更是在赞美积极进取的精神！

师：同学们理解得很到位！多么蓬勃的生命力量！多么充满希望的原野！这是怎样的气吞山河的民族魂魄啊！

（本课获2006年山东省初中语文优质课评选一等奖）

第二部分：专家评析

1. **高远的眼光与科学的定位** 眼光决定未来，层次决定质量。本课教学突破了解读普通文本传统方法的樊篱，将教学定位于“赏美”，即将这篇典范作品的情感意蕴美与结构语言美作为教学重点。这是因为教师对教材的价值有着深刻透辟的理解和新颖独到的发现，不仅认识到了其情感和语言方面值得探究，而且去发掘文本结构、意境、蕴涵等方面的审美价值。在这种高远的眼界下，所展示的腰鼓表演场面的录像，所选择的范读录音，效果好，层次高，具有强烈的感染力和教示作用，从而使学生的阅读探究站到了较高的起点。

2. **创新的设计与畅达的流程** 《安塞腰鼓》就像一处名胜，神奇瑰丽、摄人心魄，而又多彩迷离，令人目不暇接。本课教学以“安塞腰鼓”美和《安塞腰鼓》美为探究话题一统全篇，既删繁就简，纲举目张，又睿智奇拔，新颖别致，为学生智慧的充分发挥奠定了基础。此后的质疑过程则指向对文本的深层思想意蕴与构思写法等艺术手法审美价值的探究，与前者构成了局部与整体、原因与结果的逻辑关系，层次清晰又浑然天成。

3. **个性的张扬与丰硕的生成**　本课教学无论是探究意向的形成、朗读方法的确定、赏析内容的选择，还是阅读感悟的展示、问题质疑的角度，都给了学生充分展示自我、创新思维的自主空间。学生参与的深度、朗读水平的变化提高以及质疑的质量也显示出信赖学生所创造的美好境界。这样就实现了以教师个性化的设计催生学生个性化的解读，以教师的智慧促成学生对文本智慧的认知和个人智慧的有效发挥，有着优质而丰硕的生成。

[原载《东营教育研究》2007 年第 10 期，后收入《初中语文经典篇目解读与教学》（山东教育出版社 2009 年版，张伟忠主编）]

神游意象外，思聚情理中

——《望岳》活动体验性学习教学案例及评析

第一部分：教学设计

【教学目标】

1. 朗读背诵，品味语言；

2. 运用想象，创造性地描述诗歌意境；

3. 与诗人对话，感悟诗歌蕴含的情感和哲理。

【教学构想】

1. 遵循预测与生成并重的目标达成原则；

2. 突出欣赏与体验相结合的教学立意，“短文精教”；

3. 以活动为教学的载体，体现语文的实践性特点，让学生在有效情境中、在互动对话中自主建构知识的意义，并获得语言和思维能力的发展。

【教学过程】

一、辨读诗意

师：刚才大家初步感受了诗的节奏韵律和情感气势，对诗的内容有了一个大致的印象。下面请疏通诗意，把握诗歌所表现的内容。

（多媒体出示：1. 先自学，再交流收获。2. 提出你的问题，在组内、班内解决。3. 疏通诗意可口译，可笔译；可用白话文，也可尝试用押韵的现代诗。）

（生自学，讨论。）

生 1：“岱宗夫如何”中的“夫”字读几声，意思是什么？

生 2：读“fú”，是“那”的意思，指代山势。

生 3：读“fú”，是用在句中的虚字，凑足音节，没有实在意义，似乎表示喜悦的语气。

师：两位同学说得都有道理，都讲得通，看来都进行了比较和思考。如果非要选择的话，我倾向于后一种意见。

生 4：“荡胸生曾云”是说心胸情感激荡，如云气层出不穷吗？

生 5：我和你的理解正好相反。因见山中云气层出不穷，心胸为之荡漾。云海也是泰山景观一绝。这里由望生感，只是句子语序上做了调整。

师：如果没问题了，我们展示译读的结果吧。听的同学要作补充、纠正和评价。

生 6：泰山到底是怎样的情景呢？青色的山峦在齐鲁大地上绵延不绝。大自然将神奇和秀丽都集中到泰山身上了，山的阴阳两面一边明亮，一边昏暗，如同被巨斧劈开了一般。云气层出不穷，我的心胸为之荡漾；长时间地望着飞翔的鸟儿，眼眶似要裂开。有朝一日我会登上山顶，尽览渺小的群山。

生 7：“如何”说成“怎样的气魄”更恰当。“阴阳”说成“南北”是不是更确切些呢？

生 8：“归鸟”解释成“暮归的鸟儿”更好一些。“我会”应改作“终当要”。

生 9：我是用诗的形式译的，献丑了——

泰山啊，你究竟有怎样阔大的气势？你青翠绵延横跨齐鲁大地。

大自然把瑰丽和神奇给你聚集，你巍峨高耸把山南山北劈成晨夕。

那山中云气层出不穷变幻多姿，投林还巢的鸟儿令我凝神痴迷。

总有一天我终当要攀上顶峰，把四周矮小的群山一览无遗！（学生鼓掌。）

师：大家的掌声是对两位同学出色表现的热情鼓励。尤其后一位同学，诗意把握得准确，押韵很自然，读得还很精彩。

二、创读诗境

师：请同学们概括一下：诗人笔下的泰山有哪些特点？你是从哪里看出来的？

生10：秀美——“造化钟神秀”；绵延——“齐鲁青未了”。

生11：高峻——“阴阳割昏晓”；神奇——“荡胸生曾云”。

师：我们要饱览泰山巍峨、秀美的风姿，连绵广阔的态势，体悟诗人的情怀，还需要我们展开想象——

（多媒体出示：1. 闭目听读；2. 把意境想象成一幅或几幅画面；3. 用自己喜欢的方式，如图画、文字，有创造性地描绘出来；4. 圈画精彩词句并旁批。方式：个人思考—小组交流—班内展示。）

师：（让学生有感情地朗读课文两遍，提示学生选定画面，按照勾勒形态—着色敷彩—化静为动或添加声音的顺序展开想象。）

师：（出示诗意画面描述的范例：阴阳割昏晓——泰山主峰巍峨峭拔，直刺苍穹，蓝天下，山南明亮，山北暗淡，如巨斧将早晨和黄昏劈成两面。）

生12：“荡胸生曾云”——泰山像一位高大无比的巨人，特别在雨后天晴、日光下澈时，美丽的云彩被照耀得像绸带一般，环绕在泰山胸前；又如美丽的花环，把泰山装扮得更加神奇秀丽。

生13：“齐鲁青未了”——泰山山连着山，树挨着树，一片青葱；绵延不绝，起伏跌宕，如海上翻滚的波浪，又如童话里的翡翠世界，令人情不自禁地发出“江山如此多娇”的赞叹。

生14：“造化钟神秀”——大自然是神奇的画家，手握画笔，在齐鲁大地上描画出了泰山的神秀姿态：春夏之际，泰山像蜿蜒的巨龙，身披宛如翡翠的绿茵；仲秋时节，如同一个多姿多彩的神话世界，这里有金苹果，有红枫叶，还有迷人的悬泉瀑布；冬天到来，她换上了银白的羽装，如仙女扯下的片片白云。（师生鼓掌。）

生15：我画了一幅画。（上台投影介绍。）这曲线表示山势连绵；白云环绕在山腰，表明山很高峻，高过了云彩。这些树木和空中的飞鸟非常小，人们观察它们非常吃力。山脚下仰望的诗人和马车是比较大的，因为我是以此为观察点的。

师：谁来为他的画作个评价？

生16：画中有诗。很简洁，但意境深远，同时能引发人们联想，也合乎情理。

师：杜甫有诗云："为人性僻耽佳句，语不惊人死不休。"同学们的思路、思维这么开阔、奇特，定是深受诗歌精彩语言的启发，谈谈感受吧。

生17："钟"用得好，用大自然的钟爱反衬山的神秀，运用比拟，情味十足。

生18：用"割"，突出明暗判若昼夜的特征，刀削斧砍一般，突出山势高峻。

生19："决眦"表现出诗人痴迷于泰山美丽景色的情态，耐人寻味。

师：杜甫的诗写得好，泰山的景色神奇秀美，我看大家一定都渴望看到泰山的真实景观了。请欣赏——

（多媒体展示泰山风景短片，并让学生一边观赏一边吟诵与画面对应的诗句。）

三、悟读诗理

师：课文学到这里，我认为有必要把杜甫请到班上来。

（多媒体出示：与杜甫对话

对"会当凌绝顶，一览众山小"一句的理解：

1. 这两句诗与前边的内容衔接是否紧密？2. 它是否寄寓着诗人的人生理想和志向？3. 它包含着怎样的生活哲理？）

思考后先与同伴交流，再与杜甫对话。

大家把推选出的"杜甫"请到前边来。现在开始对话。

生20：最后两句有些突兀，本来是写景状物，这里又转而写所想，不够连贯。请问杜子美先生您是怎样构思的？

"杜甫"：当时我并没有登上山去，诗中所写都是在山脚所看到的美丽情景，景观太迷人了，令我产生了"凌绝顶"的愿望。实际上也就是借描绘神秀的景观抒发高远的志向。写了"眼观"，就不能写"心想"了吗？谁教你的？（众笑。）

生21：能否说这两句诗包含了或表达了您年轻时的人生志向？

"杜甫"：应该是。我当时只有二十四五岁，可谓踌躇满志，虽然"举进士不第"，但对前途仍然十分乐观和自信。这两句诗隐含着有朝一日登上高位，则“兼济天下”，即对国家、对百姓有所作为的理想志向。这可能与我受到的儒家传统教育有关吧。

生22：这既是你要攀登泰山顶峰的愿望，也是你要攀登人生顶峰的志向，对吧？

生23：杜甫先生，《望岳》之所以千百年来广为世人传诵，景写得好是一方面，更重要的是这两句诗的象征内涵——“登高望远”。您是否同意？

“杜甫”：差不多。还有“不怕困难，敢于俯视一切”的雄心和气概在里边。

师：你不愧是当代“诗圣”，你们不愧是杜甫的知音。“会当凌绝顶，一览众山小”所表现的理想，贯穿着诗人坎坷的一生。在那动荡的时局中，杜甫无论在朝在野，也不管处境多么艰难，他都心系国家的安危、百姓的疾苦：“致君尧舜上，再使风俗淳”“穷年忧黎元，叹息肠内热”。他在艺术创作上也是孜孜以求：“气劘屈贾垒，目短曹刘墙”。正因如此，杜甫在我国文学史上树起了诗歌和人格的两座丰碑，而这丰碑也将世世代代矗立在后世百代人们的心中！

让我们怀着赞美和崇敬齐背全诗。

师：学习了这首诗，你们有什么想法？

生23：我想登泰山。

生24：我想找杜甫的代表诗作读一读，老师能给我们提供篇目吗？

生25：我想研究一下杜甫的生平。

（板书生成：整体为山水画构型，两边是对联：绘神秀之景观，抒高远之志向。中间为由“秀美”“高峻”“绵延”构成的山形。）

第二部分：专家评析

一、有创意地设计教学，科学发挥教师的支架作用

首先，教学支架要高出学生现有水平，并落在“最近发展区”内。本课的三个活动，不仅整合了教学环节，而且呈现出由浅入深、由易到难的梯度，也比较准确地展现了学生“最近发展区”的最低点和最高点，因而

使有效学习成为现实。板书由对联、图形、文字构成，简洁、醒目、蕴藉。其创意在于不但集中展示了学生构建诗歌欣赏方面知识的意义，反映了思维的成果，而且构成了一幅图文并茂、意趣盎然的画卷，丰富了课堂的文化内涵，并成为新的教学资源。

其次，正视差异，尊重个性体验和独特感受。就学生的发展来说，语文教学本身也不过是一种凭借和载体，学生间存在着各种差异，因而教师要寻找每一位或每一类学生的需求点、生长点，并因势利导，促其发展。课堂允许学生用多种形式（白话或现代诗）译读诗意，选择自己喜欢的诗句，用自己喜欢的方式展开想象，创读诗境。这些既遵循了诗歌欣赏的心理规律，又科学地体现了教师的支架作用。

再次，“教是为了不教”，逐渐淡出支架。学生学习经验的增长和学习能力的提高不可能一蹴而就，是一个日积月累、循序渐进的过程。本课例让学生对诗歌意境作创造性描述时，就首先出示了范例，提示以原诗为基础，合理想象，这是“限制”；而用自己喜欢或擅长的方式描绘诗意，则是“放手”，是淡出支架、由学生自主建构的举措。最后学生提出了各种各样的想法，这些想法可能不怎么奇特和巧妙，却展现了新的探究意向，说明学生自主发展的趋势和潜能得到进一步强化和开发，而这正是语文教学最可宝贵的收获和理想的境界。

二、营造真实有效的学习情境，为学生实现关于诗歌鉴赏知识意义的建构和思维创新提供可能

学生是“探究—同化（或顺应）”的主动建构者，学习的质量是学习者建构意义能力而非重现教师思维过程能力的函数。对于诗歌意境和语言的理解和欣赏，也只能是由学生基于自己的生活学习经验而建构起来的，而非被动地复制。

首先，知识意义的建构，离不开真实新奇而具有诱惑力的情境，任何知识的意义都是在情境中产生的，离不开已有经验和外部知识意义的融合。教师就词句理解让学生注意发现和提出问题，就是引发自主探究的情境；根据诗歌意境进行联想、想象，这就是建立新旧知识经验的联系，并进行创新。

其次，知识意义的建构，离不开“协作”与“会话”。本课例关于探究意向的确立、有关作者及背景资料的搜集、诗歌意境的探究体验，都是学生协作完成的。而在学生整个学习过程中，独立思考与会话交流贯穿始终，与诗歌文本会话，与诗人会话，与同学、老师会话，并在会话中实现了关于《望岳》思想艺术以及诗歌欣赏方法的建构，实现了学生思维能力的养成和思维成果的共享。

三、突出体现语文的实践性特点

语文是实践性和体验性很强的学科，语文学习的过程需实现内隐活动（体验、思维、情感）和外显活动（耳听、口说、眼观、手动、容变、形演）的统一。如果不能创建立体化教学态势，给学生的语言实践、思维展现、情感体验提供契机，那么我们就会劳而无功。本课例中“辨读诗意”“创读诗境”“悟读诗理”就是富有挑战性的过程性活动。“创读诗境”，先由学生听读，使语言文字变成声音；然后学生进行联想和想象，将声音转换成画面；最后展现新的意境，用语言文字描绘画面。这样就使诗歌意境立体化，促使学生调动多种感官去感受诗歌意象；而想象的展开和创造性的描述，则促进了学生高层次思维的参与。

通过“与杜甫对话”，学生由学习者变成“诗人”，由对诗人的仰视变成了与之平等交流，由个体思考变成了思维互动碰撞。情境、角色乃至心理的变化，解放了学生的嘴巴、心灵和头脑，使其形成了对于学习的深度参与。

（该课例获2005年全国中语会教学课例评选一等奖）

月下有佳境，闲中意蕴深

——《记承天寺夜游》教学实录及评析

执教：谢影影　评析：孟宪军

第一部分：教学设计

【教材分析】

《记承天寺夜游》是苏轼的一篇小品文，写于他被贬黄州期间。文章仅 85 个字，却创造出了一个清幽宁静的艺术境界，传达了作者微妙复杂的心境。

【教学目标】

1. 诵读课文，积累重要的文言词汇；
2. 品味文章的景色描写并体会其意境；
3. 感悟作者的特殊心境和人生态度。

【教学过程】

一、回顾诗词，以“月”导入

（配乐展示有关月色的图片。）

师：每当一轮明月升上夜空，人们总会产生无限遐想。古往今来，文人墨客对月亮尤为青睐，创作了许多咏月的千古佳句。请同学们回忆学过的古诗词，你们能想到哪些与月亮有关的诗句？

生 1：举头望明月，低头思故乡；海上生明月，天涯共此时；小时不识月，呼作白玉盘；但愿人长久，千里共婵娟……

师：一轮明月牵动了无数古人的情肠。我们今天要学的课文中，苏轼对月亮又有着怎样的情结呢？他在月光下产生了怎样的感叹？就让我们一起跟随苏轼走进900多年前的那个月夜，随他去承天寺夜游，饱览那夜美丽的月色。（板书课题）

【点评】多媒体配乐展图片，创设教学情境，为学生营造了阅读氛围。由古诗文中对“月”的吟咏导入，自然地引出本文的情思与月的关系，较好地设置了阅读期待。

二、诵读课文，读出文章韵味

师：三分文章七分读。请同学们大声自由朗读课文。要求——

（多媒体出示：读得字正腔圆，读准字音，读好节奏。）

（生自由朗读课文。）

师：同学们在读的过程中有没有把握不准的读音？

（学生质疑，老师点拨。）

师：（点拨）文言文阅读，要读好节奏，句内完整的词、短语不要断开；要读得慢一点，语气舒缓一点。句首领字后需有一个小的停顿，如念、遂、盖、但，读这几个字的时候有小小的拖音。读出点文言味。

（板书：文言味。）

（学生齐读课文。）

师：老师也想给大家读一遍，和同学们分享一下我对文章的理解和感受。（师配乐诵读。）

师：同学们发现老师读得和大家读得有什么不一样的地方吗？

生2：我们读得还是有些快。老师读得有快有慢。

生3：老师读得抑扬顿挫。

生4：我们读那些停顿的地方很明显，但是老师读这些地方的时候只是把音拖长，是连贯的。

生5：老师读得很有感情。

师：老师之所以能读成这样，是因为理解了文章的意思，把握了作者的感情。如果同学们这节课积极投入，解决这两个问题，相信下课前同学们会读得比老师好。

【点评】对于文言文学习，指导学生朗读是必不可少的。在此环节，教师既重视对文言文朗读方法的指导，也侧重了本课特有的朗读方法。尤其教师的范读，起到了不错的示范作用。

三、译读课文，理解文章意思

师：接下来，请同学们结合课下注释和工具书，小组合作通译课文，解决重点词语的意思。如果遇到不能解决的地方就标画出来，并思考：你认为用什么方法才能正确理解重要词语？（多媒体出示要求。）

（学生小组合作翻译，全班质疑。）

师：你总结出了哪些可以正确理解词语的方法？

生6：我们小组总结出的方法是联系以前学过的知识。比如“欣然起行”，我们在《世说新语两则》的《咏雪》中学过：“公欣然曰：‘白雪纷纷何所似？’”“欣然”是高兴的样子，所以在这里欣然也该是此义。

师：文言文学习要注重积累，联系已学过的知识是个不错的方法。但是要注意有些文言词语在不同的语言环境中的意思有时也不一样。

生7：可以联系成语解释。“月色入户”的“户”，我们一开始以为是“窗子”的意思。但是我们想到在成语“足不出户”中“户”是“门”的意思。所以在这里，“户”应该也是“门”的意思。

师：古代汉语中有些词语的意思遗留在了现代汉语的成语中，所以用成语解释是个不错的方法。

生8：用加字的方法解释。在学习《童趣》时，我们学过这种方法。如“必细察其纹理”中“细察”可译为“仔细观察”。所以在本课中“交横”可理解为“交错纵横”。

生9：我们同样用加字组词的方法。“步于中庭”中“步”可理解为散步、漫步。

师：下面来检测一下重点词语和句子。

（多媒体出示：准确释词

月色入户　　欣然起行　　遂至承天寺　　怀民亦未寝　　相与步于中庭　　藻、荇交横　　积水空明　　盖竹柏影）

（生依次解释词语。）

师：理解了词语的意思，你能用一句话来概括文章的主要内容吗？

生 10：苏轼与张怀民夜游承天寺的所见所感。

师：夜晚给人的感觉是怎样的？

生 11：宁静的。

师：理解了文章内容再来读课文，相信大家一定会读得更好。这次要增加一点难度。我们知道古人写文章是没有标点的，即“无句读”。看一看还原了本真的无句读的文字，你能读好吗？先自己练一下。这次我们要读出点宁静味。（板书：宁静味。）

（生齐读课文。）

【点评】“言”是文言文学习的基础。此环节在准确疏通文意的同时，教师能够让学生利用自主、合作、探究的方式总结理解词语的方法，既关注学生习得，“授之以渔”，又充分调动了学生的主动性。

四、涵咏品析，品读文中快乐

师：你们读出苏轼夜游时的心情了吗？

生 12：快乐的。

师：文中有没有直接表明这种轻松快乐心情的句子？

生 13：欣然起行。

师：“欣然”是什么意思？

生 14：高兴的样子。

师：苏东坡曾在给朋友的信中说“我一生之至乐在执笔为文之时”。林语堂在《苏东坡传》中也说：“能使读者快乐，的确是苏东坡作品的一个特点。”接下来，让我们细细品读文章，找出文中的快乐之处。

（多媒体出示：细读课文，找出文中你认为快乐的地方，并结合语句品析快乐的原因，以批注的形式写下自己的理解。

示例：“月色入户”一句让我感觉到快乐。苏轼欲睡之时，明亮的月光映入门内，十分美好，就像友人一样不请自来，走入房内。看到这景致，苏轼心里该多么快乐啊！）

（学生自主品析。小组互相启发完善。师生交流，点拨提升。）

生 15：我在“欣然起行”一句感觉到快乐。“欣然”是高兴的样子，直接表明了苏轼的快乐。而从“起行”二字可以看出苏轼急于出门观赏月色的迫切心情。可见那快乐是多么强烈啊！

生16："念无欲为乐者"，想到没有可以和自己交谈取乐的人，也能看出苏轼此时是快乐的，所以才想有人分享他的快乐。

生17："遂至承天寺寻张怀民"，此时想到了好朋友张怀民能与自己分享这无边风月，苏轼该更加快乐万分。

师：把"寻"换成"邀"可好？

生18：不甚好。"寻"可见苏轼心中视怀民为知己，觉得他是和自己有同样志趣的人，才直接去"寻"。而若改成"邀"，看起来似乎张怀民并不欣喜于月色，苏轼只是找了个与他相伴的人罢了。

生19：志趣不同，即使邀人相伴也并不甚快乐。而心意相通才更加让人欣喜万分。

师：是啊！一个"寻"字可见苏轼与张怀民是志趣相投之人。明月相邀，知己相伴，自是人生一大乐事。

生20："怀民亦未寝，相与步于中庭"，苏轼去寻张怀民，怀民也没有休息，让人觉得快乐。和好朋友漫步于庭院之中也会倍觉快乐。

师：哪个字尤其让你体会到这种快乐？

生21："亦"字让人觉得尤其快乐，有种朋友间心有灵犀的欣喜。

生22：心有灵犀的朋友，那是知己啊！与知己漫步于庭中，心情该是多美闲适轻快啊！

师：同学们真正走进了苏轼的内心，体会到了他的万般喜悦。带着自己的理解读一读这句话。

（一生起来读。重读"亦"字，语气充满快乐。）

生23：我在"庭下如积水空明，水中藻、荇交横，盖竹柏影也"中读到了快乐。苏轼看到了这么美丽的景色，是因为有美丽的心情。

师：老师也很喜欢这句话。如果我把这个句子稍作改变，你们来看看发生了什么变化？从中体会到什么？用比较的方法体验探究作者的快乐。

（多媒体出示：

探究一：删一删，品修辞

原文：庭下如积水空明，水中藻、荇交横，盖竹柏影也。

改文：庭下积水空明，水中藻、荇交横。）

生 24：“如”是“好像”的意思，原文有“如”字，是说月光像水一样，更能看出月色的澄澈清明，而改句看不出月光的特点了。

生 25：“水中藻、荇交横，盖竹柏影也”，把竹柏影比作藻、荇，既是写竹柏的影子在月光下摇曳生姿，也是写月光的明亮。

生 26：原句给人虚实结合、动静相生之感，改后无此效果。

（多媒体出示：

探究二：调一调，悟心情

原文：庭下如积水空明，水中藻、荇交横，盖竹柏影也。

改文：庭下月色如积水空明，水中藻、荇交横，是竹柏影也。）

生 27：补出月色，又把“盖”改为“是”，却少了惊喜之情。

生 28：苏轼看到藻、荇交横时，一开始应该是有点疑惑的，院子里怎么会有藻、荇呢？抬头一看才恍然大悟，原来是“月亮惹的祸”。“盖”字里有恍然大悟的惊喜之情。

师：怪不得有人说苏轼是写月的丹青妙手。短 18 个字，无一字写月，却字字写月。既写出了月光的澄澈明亮，又透露出他恍然大悟的喜悦之情。自己读读这句话，读出这种感觉。

（生自由诵读后，教师点一生读。）

【点评】教师能独具慧眼，找准切入点，用“删一删，品修辞”和“调一调，悟心情”的方式给学生以抓手，引导学生涵咏比较，探究、揣摩写月句的精妙之处。

师：全文只有 85 个字。区区 85 字，竟蕴含了这么多的快乐：月色不期而至的快乐、朋友心意相通的快乐、知己相伴悠闲漫步的快乐以及欣赏月下景色而产生的恍然大悟的快乐。这次再读课文，我们该读出点什么味了？

生 29：欣喜味。

（板书：欣喜味。）

师：请同学们再读全文，展现这份曲折流动、摇曳多姿的快乐。读出点欣喜味。

（点名配乐读课文。学生读得声情并茂，很投入。）

【点评】本环节尊重学生的原初阅读、直觉认知，由学生的体会入手，并以“乐”为主线，咀嚼品味，以批注形式还原文中的快乐。用足够的时间留白，给学生以思考和表达的空间，教师恰当的追问不断激发学生去思考挖掘。

五、知人论世，体悟作者心境

师：苏轼在那月夜中真是快乐啊，欣赏到了让人心旷神怡、如水般澄澈的月光。苏轼为何能看到如此清澈空明、让人乐在其中的景致？

生30：何夜无月？何处无竹柏？但少闲人如吾两人者耳。

师：“闲人”是什么人？

生31：清闲之人。

师：“闲”仅指时间上、事务上的清闲吗？

师：孟子曾说过：“颂其诗，读其书，知其人，论其事。”要深入了解一个作家的思想，需要研究他所处的社会时代。这叫知人论世。大家来看一段背景资料，解读“闲”的深层意蕴，深入体会苏轼心境。

（多媒体出示：

背景资料一：元丰二年，苏轼被诬陷以诗诽谤朝廷，被捕入狱。这就是历史上有名的“乌台诗案”。审讯历时五个月，苏轼幸而死里逃生。获释出狱后，苏轼被贬往黄州任团练副使，但不得“签书公事”，做着有职无权的“闲官”，遂在城东租数十亩坡地耕种。）

师：从中你知道了什么？

生32：苏轼当时被贬官；当时他虽有官职，却是个没有职权的闲差。

师：所以这“闲”还有“赋闲”之意。因为被贬官才能做这清闲之人，得赏这无边风月。

师：苏轼的内心想做这样一个赋闲之人吗？

（多媒体出示：

背景资料二：21岁高中进士：“奋励有当世志”“致君尧舜，此事何难”；38岁任密州太守：“会挽雕弓如满月，西北望，射天狼”；40岁任徐州太守：抗洪救灾，力挽狂澜；43岁任湖州太守，同年因“乌台诗案”以诽谤朝廷新政的罪名被捕入狱；44岁，即元丰三年，被贬至黄州任团练副使。)

生 33：苏轼不想做这个闲人，而是不得不做这样的闲人。

师：你能用这样的句子表达他此刻的感情吗？

(多媒体出示：这快乐背后隐藏了多少________，这声“闲人”里包含了多少________。)

生 34：这快乐背后隐藏了多少落寞，这声“闲人”里包含了多少无奈。

生 35：这快乐背后隐藏了多少悲凉，这声“闲人”里包含了多少自嘲。

生 36：这快乐背后隐藏了多少辛酸，这声“闲人”里包含了多少感叹！

师：是啊！苏轼并不甘心做一个闲人。然而面对自身理想与现实的矛盾，面对人生中的困境，苏轼是用怎样的心态来对待的呢？回到课文中再读一读那些体现苏轼闲适快乐的句子。这一次，你从中又读出了一个怎样的苏轼？

生 37：遭到贬谪，苏轼心中虽然也有悲凉失落，却能在澄澈的月色中消解落寞，这是一种乐观精神。

生 38：苏轼虽报国之志不能得以施展，却能在空明的月色中获得快乐。我觉得他很豁达。

生 39：月色空明，我想这也代表了苏轼空明达观的心境。

师：这一声“闲人”包含了苏轼太多的心境。苏轼虽被贬黄州，但他没有沉沦丧气，而是遍赏江山风月来消解内心的孤独，在人生的低谷他完成了自己豁达乐观人生观的塑造。正是这份豁达，成就了黄州的那个夜晚，也成就了这一篇千古传诵的美文。

师：让我们带着自己的感悟，再次读课文，读出自己心中的苏轼。

(生自由读课文。)

师：这次我们该读出点什么味？

生 40：辛酸味、无奈味、豁达味、深沉味。

师：是啊！我们该读出这五味杂陈的感觉，读出点深沉味。哪位同学愿意来读一下课文？读出你心中的苏轼。（板书：深沉味。）

（一学生配乐读课文。看起来沉浸其中，很忘我。）

（全班齐读课文。）

【点评】知人论世并非三言两语的背景介绍，而是在学生理解有困难的地方恰当给予相关资料的补充，指导学生的朗读体验，一步步领悟作者微妙复杂的心境，感悟苏轼达观面对人生的态度。

师：不止是此夜，不止是此文，翻开苏轼煌煌近百万字的诗文著作，这样的乐观豁达比比皆是。

（多媒体出示：

贬杭州——“我本无家更安在，故乡无此好湖山”；贬黄州——“长江绕郭知鱼美，好竹连山觉笋香”；贬惠州——“日啖荔枝三百颗，不辞长做岭南人”。）

师：苏轼的一生屡遭贬谪，但是无论身在何方，他都能在江山明月中自得其乐。当我们的人生陷入低谷时，也读读苏轼吧。携着承天寺的这轮明月，让我们背熟全文，让经典永驻心间，让苏轼的这份豁达与我们一生同行！大家齐背全文。

第二部分：专家评析

《记承天寺夜游》是苏轼被贬黄州期间所作的一篇散文小品。文章仅用 85 个字就巧妙地勾画了一幅月下图景，用澄澈空明的月景传达出苏轼清空了世俗名利的豁达之心，似从胸中自然流出，回旋激荡，烟波生色。教授此文，应该重视这样几个问题：赏析月色，理解“闲人”，感受苏轼达观的人生态度。只是在如何让学生更自然地理解课文，达成教学目标上，需要匠心设计。

教师在教授此文时以感受“赏月”的情绪为主线，贯穿教学过程。课堂设计思路清晰，脉络分明。有以下几点值得大家思考玩味：

一、重视朗读，以读带析。朗读无疑是解读文言文的一把金钥匙。本节课，朗读贯穿于教学的各个环节。教师设计了四个层次鲜明的朗读活动：读出文言味、宁静味、欣喜味、深沉味，由浅入深，采用了丰富多彩的朗读方式引导学生一步步体悟文本的内涵，以读带析，让学生在不断的诵读过程中理解文中的快乐和作者的胸襟情怀。整个教学活动的推进都是以“读”为载体完成的。

二、循循善诱，步步深入。善于运用阅读期待激发学生的探究性阅读。例如在导入时，由明月牵引出这样的问题：“我们今天要学的课文中，苏轼对月亮又有着怎样的情结呢？他在月光下产生了怎样的感叹？”设置悬念，激发学生阅读期待，调动学生情绪。整个教学过程就是在不断解决阅读期待、激发学生探究的过程中完成的。

三、以学为主，合作共建。倡导学生运用自主合作探究的学习方式。在整堂课中，教师把疏通文意、探究文中快乐等环节都设计成了学生活动，让学生在合作学习中解决问题，真正成为课堂的主人。尤其值得一提的是，教师在引导学生感受作者情怀胸襟时，体现出循序渐进、由浅入深的层次性。由感受作者的“快乐”到领悟其豁达“胸襟”，水到渠成，衔接自然紧密，充分尊重了作品文本价值和学生解读文本的心理规律。

四、知人论世，深入挖掘。学生之所以对文言文产生畏难情绪，主要是因为学生与古文之间不可逾越的时空鸿沟和文字障碍。本节课教师能在学生“愤”“悱”之处提供必要的资源，进行“启”“发”，为学生搭建“支架”以深入理解苏轼微妙的心境，理解其豁达乐观的人生态度。

本节课也留下了些许遗憾，需进一步改进和提高：

首先，教师课堂应变能力需进一步加强。在师生交流时，学生说不到位的地方，教师缺少及时有效的引导，未能使学生更深入地理解文本。没有注意把问题的预设与生成相结合，不能通过及时的追问打开学生思维，使探究更有深度和力度。

其次，对于“闲人”的处理，层次性不明显。在课堂教学中，学生理解到了“闲人”之“闲”为清闲。教师应再进一步引导学生理解出“闲情”“赋闲”乃至贬官的落寞之意，进而理解苏轼的豁达乐观。层次清楚了，学生的思维也就明晰了，这才会有豁然开朗的感受。

（原载《东营教育研究》2013 年第 6 期）

向青草更青处漫溯

——2013 年东营市优质课评选教学评价

一、评价维度

语文优质课评价的维度大致是五个：文本、生本、创新、智慧、效益。

一是要正确认识并尽量独到地认识文本教学资源，搞清它之所以成为课文的条件和特征是什么，它对于学生的语文能力乃至素养的发展有什么价值。二是心中时刻想着学生，从课前到课上，从设计教学到实施教学，从预期到效益，都要考虑学生。学生的表现是否充分到位是课堂水平的外显标志。有的课堂设计看上去不错，但是学生不买账、不理睬，那也是白搭。三是教学设计强调创意，反对抄袭和搬用名师、专家的设计或实录，不欢迎山寨版课堂。四是教师善于为学生的学习创造情境、氛围或气场，教学过程充满智慧，重视语言与思维能力培养的有机结合。尽量提高教学的品位，追求理想的教学境界。五、追求课堂教学的长期效益和眼前效益。学生能够“眼前发亮”“头脑发热”“内心发颤”“口手发痒”，心动而痴迷，情动而辞发，欲罢而不能。

二、本次优质课评选课堂教学中的优点

1. 语文本色的回归。重视了语文基础的积累、语文习惯的培养和文本的解读。重视了用语文的方法、语文学习的规律教语文，而不是违反这个规律；让学生在发展语文兴趣中学习语文和运用语文，而不是以牺牲学生的学习潜能获得“成绩”。文言文教学重视文言文阅读基础知识和学习经

验的积累；现代文教学中重视引导学生去诵读、去赏析、去感悟，踏踏实实去解决语文学习中的实际问题。像过去那样过于追求形式华丽、外表热闹的课没有了。

重视了语文能力的培养和综合素养的提高。在课堂的性质定位方面，与以前相比有了长足的进步，学生能够静下心来沉入到文本中去。教师能够引导学生集中精力进行文本解读，重视语言的欣赏和思考力、想象力的培养。

2. 在改变教学理念和教学行为方面有了突出的进展。可以说，课堂上教师像过去那样越俎代庖、满堂讲授灌输的现象已经不复存在，而是更加注重让学生思考、交流、展示，正确认识了教与学、师与生在课堂教学中的地位、角色及其关系，基本上实现了由“以教为主”向“以学为主”思想的转变。

3. 教师的教学素质提高明显，具体体现在读得好、写得好、与学生交流得好以及教学素质好、应变能力好、文化底蕴厚实等方面。可以说80%以上的选手表现出很高的教学素质，至少有五六位教师表现出非凡的才气和大气。才气就是才华横溢，就是富有教学智慧和应变能力；大气就是底气和理念支撑，有丰富的学科积淀，能纵横捭阖，挥洒自由，能放得开、收得拢，是“胸藏万汇凭吞吐，笔有千钧任歙张”。素质好说明选手具备了上出好课的天资和基础条件，也说明这些教师具有了很好的发展潜能。只要具备了好的教学素质和厚实的学科底蕴，就会有不断发展的潜能，就能上出好课。只要不断提高和丰富自己，就会有快速的成长，教学水平就一定会有大幅度的提高。

4. 教学设计注重创新。于漪先生就很赞赏原清华大学教授、史学家陈寅恪教学主张的“四不讲”：“前人讲过的不讲；今人讲过的不讲；外国人讲过的不讲；自己讲过的不讲。”这是教师上课的最高境界，能做到其中的一条就很不容易了。要做到“四不讲”，就必须知道前人、今人、外国人都讲过什么，这就需要博览群书，博闻强记，深入研究。就语文教学来说，应该做到“别人讲过的不讲，自己讲过的不讲，学生已经理解的不讲”。这启示我们，语文教学要发展“自信力”，挣脱“他信力”的束缚，要在占有教参解读、名师经验的基础上，找到自我，张扬个性，力主创新。于漪先生的课就是自己的和个性的，也必然是创新的。此前我们一直就强调教学的创意，反对抄袭和搬用名师专家的教案和设计。

语文教师的作用和价值，就是能够使学生更好地学和学得更好，表现在教学设计上，就是给学生提供适宜的学习“支架”。如某教师执教《背影》，创意在于重视了苦难中的亲情和独特视角的解读。其思路设计为：儿子的偏见—从背影看父亲（父亲在艰难中对儿子的爱）—儿子的眼泪（儿子对父亲的感恩与想念）。这就突破了常规性的教学思路，具有独到之处。某教师执教《记承天寺夜游》，其创意在于将描写的月夜景致与作者快乐的情绪、作者坎坷的遭遇及勇于面对挫折的豁达胸襟有机联系起来。其思路为：由古诗文中对月亮的描写导入（中国有着丰富的月亮文化，苏轼就是这种文化的构建者之一）—疏通文意（着重由学生总结理解文言文的经验和方法，或者说是从方法和经验的角度去学习文言文，而不仅是积累字词，比如运用成语解词等）—品读快乐（找出文中作者快乐的地方，并批注原因。这就十分准确地抓住了文本的根本，整篇文章就是写“快乐”的，从月色入户到起行，到寻张怀民，到相与步于中庭）—欣赏庭中月光（运用品修辞、悟设谜、懂心情等方式）—解读闲人（快乐是属于苏、张两人的，别人没有这般快乐。他们为什么这么快乐呢?）—再读快乐（这快乐背后隐藏了多少__________，这声“闲人”里包含了多少__________）—品味苏轼。某教师执教《端午的鸭蛋》，其创意在于有层次地引导体悟作者个性鲜明的语言和个人化的情感认知。其思路设计为：端午的风俗（着重品鸭蛋络子，对话）—欣赏高邮的鸭蛋（产品介绍或广告语，以突出鸭蛋特点）—品味的家乡的鸭蛋（借助于美读，以读代析，以读带品）—链接作者生活事件，体悟非同一般的乡情（汪曾祺从北京回到家乡高邮，说明家乡是根）。某教师执教《社戏》，其创意在于大开大合，因果相承。其设计为主题式的教学构思：（1）欣赏戏中戏——“再也没有吃到那夜似的好豆，再也没有看到像那夜似的好戏了”是因为什么？（2）将文章删去的关于北京戏院里看戏的令人烦躁的环境等内容进行还原——领悟写作目的和作者情感。某教师执教《阿长与〈山海经〉》，其教学构思为：初识阿长（让学生填写《阿长档案》）—情系阿长（“我”对阿长的情感态度变化及变化的原因）—读懂阿长（品味阿长买到了书的重点段落）—怀念阿长（议论抒情段赏析）。某教师执教《关雎》，其教学构思为：一咏三叹吟《关雎》—诗情画意品《关雎》（这是一位什么样的女子？君子是如何进行追求的？请同学们任选一个画面，充分调动联想和想象，用优美的语言描述出来）—诗趣盎然读《关雎》—联系实际悟《关雎》。某教师执教《中国人失掉自信力了吗》，其思路为："且介亭"名字的由来—由提出的问题"中国人失掉自信力了吗?"到结论"我们有并不失掉自信力的中国人在"，这个结论是如何得出的?—设置两个演播室：第一演播室，采访国民党官僚和社会名流，解读敌论点与论据。第二演播室，采访鲁迅先生，解读敌论据应该推出的观点，并领会"驳论证"的批驳方法；解读"有不失掉自信力的中国人在"这一观点的论据，并领会"驳论点"的批驳方法。

无论构思、教学策略，还是从学生投入的程度和教学的效益，都显示出教师智慧的魅力。创新就是个人的创造性。有一些课看上去是很常规的设计，却能使学生对文本获得深入独到的解读，能上得感性处细腻饱满、理性处深刻有见地。只要能有效推动学生发生真实的学习，就算是有创意的课。有些课有耳目一新的形式，但是却未能带领学生走进文本，未能让学生发生真实而有力度的思维活动，学生心灵没有被真正触动，这不能算真正意义上的创新。

三、存在的问题

（一）教学内容的选择与确定方面的问题

选择和确定教学内容至少要考虑三个方面的因素，一是课文独有的教学资源，二是学生的学习需求或者说学情，三是教材的编写意图。这三个方面统筹建构，综合考虑。比如说《背影》，从"背影"而不是正面写父亲，而且是"困境中的亲情"，这是作者的个性生活经历和独特的情感认知；《斑羚飞渡》是人格化的动物求生故事；《记承天寺夜游》是借月夜游寺，抒发人生感慨、寄寓人生追求的小品奇葩；《我的叔叔于勒》是特定社会环境下底层人物生活的状况和由此而生长出来的畸形灵魂，以及对这种灵魂的救赎；《阿长与〈山海经〉》中的阿长，是平凡卑微而又品质高贵的性格化身……每一篇课文被编入教科书，都有其出色的亮点和宝贵的资源，我们教师认识到了没有？认识到什么程度？从这些课的情况看，有的认识到了，但程度上还有欠缺，认识还不够到位和深入。因此在课堂上的表现是平均用力、面面俱到，没有把重点突出出来，或者说重点被淹没了。

（二）教学构思方面的问题

1. 缺少初读和整体感知。我们的课堂教学比赛都是要求用一节课处理一篇课文。无论是长课文还是短课文，不存在这一节课是第一课时还是第二课时的问题。那么，长课文就需要在学生完全自主预习的基础上，用一节课进行处理。因此，比赛课既是新课第一课时，也是最后一个课时。这样一来，比赛课一方面要求有一个学生阅读感知的过程，没有这个过程就是结构上的不完整；另一方面学生在课堂上应该有一个完整的思维情感过程，初读就是这个过程的组成部分。这次有三四节课就存在这方面的问题，比如《斑羚飞渡》，教师在没有阅读的情况下让学生概括情节的开端、发展、高潮、结局；对于《我的叔叔于勒》，没有初读和整体感知，教师就让学生谈菲利普夫妇对于勒的评价；对于《端午的鸭蛋》，教师一开始就让学生谈高邮端午的习俗，然后谈鸭蛋络子；对于《故乡》，教师出示目标以后的第一个过程就是让学生“品味变化”。

2. 缺少解读文本的绝妙蹊径。首先是对于全篇的解读方面。如对于《小石潭记》，很多教师在处理内容写法方面缺乏路径，有一节课教师要求学生根据景物特点为小石潭起一个名字：“这是________潭，你看，她________”。这样做看上去突出了景物特征，却割裂了对小石潭的整体欣赏。再比如《最后一课》，有一节课设计的问题情境是“最后一课上，小弗郎士的思想感情有怎样的变化？你是从哪里看出来的？”“思想感情”显然是不准确、不具有覆盖性的，学生也不好说得出。应该是：小弗郎士的心理和态度有什么变化？（心理：疑惑不解—恍然大悟—悔恨懊恼—沉痛悲伤。态度：对韩麦尔先生的看法、对待学习法语课的态度）变化的原因是什么？（变化的原因应该是各种变化：校园上课前的环境、韩麦尔先生对“我”的态度、韩麦尔先生的穿着、教室里坐着的人。）其次是对于重点内容的解读方面。如《斑羚飞渡》中，“飞渡”的悲壮情景是学生的兴奋点，怎样让学生深入感受和进行有效体验呢？第一，可以让学生根据文章用语言描绘出来，或把飞渡的过程情景用笔画出来，这是情景的再现。第二，让学生把自己的画用自己的语言介绍出来，这是将想象转化为学生的语言，并与课文的描述作对比，领会课文中动词的表达作用。第三，品味其中的比喻句：“就像两艘宇宙飞船在空中完成了对接一样”“而老斑羚就像燃料已烧完了的火箭残壳，自动脱离宇宙飞船”“它像只突然断翅的鸟笔直坠落下去”，这些比喻句所表现的情感色彩有什么独特之处？而我们的老师在这个地方只是找出其中的动词，没有更有效的办法让学生去感悟欣赏。再比如《阿长与〈山海经〉》，阿长给迅哥儿买来了《山海经》，这是作者情感发展到高潮的部分，也是“我”心灵受到强烈震撼的时刻，是需要学生重点体验欣赏的内容。对这一部分的解读，可以作赏析式批注，体会用词的表达效果；可以是感悟式批注，谈这个片段写出了什么；可以是拓展式批注，说明这个情景让人想起了什么。可以让学生去美读，把“我”心灵受到震撼的具体感受，用自己的语言读出来，还可以表演出来。

3. 缺少明晰的思路。比如《我的叔叔于勒》，教师安排了读于勒、读菲利普夫妇，并安排了“一读”“再读”“三读”。但是通过这几读，学生并没有分别读出人物动作、神情、语言的深意，没有读出菲利普夫妇对待弟弟态度的变化，没有读出特定生活处境中人们的真实情感和品质。思路不清晰，出现交叉和重合。

4. 过程缺少层次性。一位教师执教《爱莲说》，首先引导学生疏通文意，然后提出问题：作者为什么喜爱莲花呢？因为莲花美，因为莲花品德高尚；然后是写法的品析。教师的这种“不作为”使教学陷于“无层次”的状态，没有按照学生认识事物的由表及里、由浅入深的规律体现出层次感。关于该课教学，首先，应引导学生赏形象。读《爱莲说》，首先呈现在人们眼前的是莲花亭亭玉立、卓然不群的风姿、形象。作者从外在形态和内在品质方面，着眼于莲花生存环境、形貌、气息的表现，这个形象可以让学生想象幻化成画面，这就是形象的审美。其次，领悟君子品质：一是洁身自好—出淤泥而不染，濯清涟而不妖；二是刚毅正直——中通外直；三是不攀附别人——不枝不蔓；四是自尊自爱——可远观而不可亵玩焉。再次，要知人论世。周敦颐在南安任职时，不畏强权、坚持正义的故事，就是君子品德的体现。第四，要领悟写法，从写法上体会作者是怎样突出莲花品质、表达自己的思想追求的，将其和菊花、牡丹作比，一是正衬，一是反衬。

（三）阅读策略方面的问题

第一种情况是没有把学生领进课文中去。要让学生有深入的感受、体验、领悟，必须要把学生引入作品所表现的生活情境中，走进人物或作者的心灵，在情感上与之产生共鸣。某教师执教《水调歌头》，读过之后，一上来就让学生进入下阕想象看到了什么画面，要求简单描述。学生还没有解决语言文字上的困难，还没有读出情味来，更重要的是学生还没有了解词人的生活经历、写作的背景，结果学生一言半语，说不出什么有价值的东西。接下来的问题情境是：苏轼的情感有什么变化？“从________句中，我读出了作者________的感情”。事实上，这里应该是意念的变化，就是心理上对生活、对人生的看法和态度的转折变化。学生根本无法说得准确哪一句表达了怎样的情感。最后一个教学情境是：你通过这首词看到了怎样的一个苏轼？这个问题提得好，但是由于前面学生对于词意没有深入的认识和理解，这里就有些空中楼阁的味道了。

第二种情况，领进去后，不给学生时间欣赏品味。《记承天寺夜游》描写月光的手法十分精湛，大家写小文功力非凡。老师提出的问题是：作者夜游承天寺，看到了什么景色？能用自己的语言描绘一下吗？这个问题提得有价值，应该给学生一定的准备时间，但教师紧接着就让学生回答，学生能描绘得好吗？

第三种情况，领进去了，没有策略和方法引导学生去解读。一位教师执教《我的叔叔于勒》，开头提出一个问题：菲利普夫妇对于勒的评价（态度）是怎样变化的？赚钱——盼于勒；占钱——赶于勒；有钱——赞于勒；没钱——咒、躲于勒。作为整体感知是很好的，但是没有具体的办法让学生去阅读概括，结果教师只能把答案展示在多媒体上。接下来教师提出的问题是：菲利普夫妇对于勒态度的变化情况是怎样的？若瑟夫与菲利普夫妇对待于勒的态度形成了鲜明对比，其作用是什么？再往下，说说没有正面出场的女婿这个形象的作用是什么。这些问题的情境看上去没有什么问题，但是学生说不出来，说出来也是很不到位，因为教师没有给学生提示领会理解的策略和途径，没有批注，没有演读，没有小组合作。问题的答案都由教师架空教材分析展示出来，包括后面小说所反映的主题也是如此。

（四）关于生本理念

所谓生本理念，就是要突出学生学习的主体地位；要设身处地考虑学生的学；教学的目的是让学生获得语文能力的发展提高。课堂上表现出来的问题有很多：

第一，究竟由谁来得出问题的答案？有许多课，教师给了学生阅读思考的时间，学生也展示了自己的认识与结论；在这里，教师要做的应该是在学生回答得精彩到位的时候给予肯定和鼓励，在学生认识还不够深入和到位的时候进行追问和进一步引导，使学生思路更加开阔，认识更加合理和深入。但现状是一方面教师没有充分重视学生的表现而因势利导，另一方面却是把预备好的标准答案啪啪啪地展示出来。教师过于注重问题答案的正确性有什么用呢？答案如果不是由学生感悟出来的，即使再准确，对学生理解能力的提高也毫无用处。

第二，问题究竟该由谁提出？为什么不给学生更多机会提出问题？为什么不敢从学生的问题切入课堂？为什么不重视学生的质疑呢？

课上多由教师提出问题，而不给学生提出问题的机会，这种现象比较普遍。首先，学生读完这篇课文后，一是会有收获和感悟，应该将其跟同伴和老师分享，而这些收获和感悟可以通过问题的形式呈现出来；二是会存留问题和疑惑，对有些东西学生确实会疑惑不解，即便在教师看来很幼稚浅陋；三是可能会认识到这篇文章的学习价值，这种学习价值可以转化成问题。在这种情况下，教师完全可以从学生的感悟和问题切入教学。其次，学生在初步理解了课文内容等方面之后，会有更深层次的问题产生，教师需要给学生提供机会和情境。

（五）关于诵读

统观本次比赛，总体感觉是不注重诵读和诵读不够到位。学生真正诵读得到位的课少而又少，微乎其微。无论现代文还是古诗文，都需要读出抑扬顿挫的韵味、感人肺腑的情味、丰富深刻的意味、醇美浓烈的气味和入情入境的美感。如果一篇课文的教学过程中诵读没有精彩的表现，那一定是有缺陷的课。诵读不仅仅是读的问题，它首先反映的是教师对文本的理解水平，教师若没有到位地理解文本，对于读就不会有高的品位；其次是反映学生理解的程度。一节课要读得很出色、很精彩，首先教师要读得很精彩。学生仅仅靠自己的领悟读得很精彩、很到位的很少，诵读要建立在对文本的理解这一基础之上。教师不能“空对空”地指导诵读，不能用技巧束缚学生的诵读。诵读是因声求气，深入地品味课文的思想情感。

在这二十二节课中，有几节课重视了诵读指导，如《关雎》《记承天寺夜游》《端午的鸭蛋》《雪》《与朱元思书》《乡愁》等。有的还有精彩亮点的出现，比如《关雎》《记承天寺夜游》《端午的鸭蛋》等。

只有对作品的情感意蕴有了深刻的感悟和体验的时候，才会产生精彩的诵读。如果学生在学习过程中读不到入情入境、绘声绘色和惟妙惟肖的地步，就不能算是走进了文本。如《变色龙》，通过人物语言呈现人物的心理变化、鲜明的性格特点，就需要读出那种言不由衷的虚伪、令人不寒而栗的媚态、令人生畏的跋扈、摇摆不定的态度、判若两人的尴尬，及其由此产生的令人鄙视、令人忍俊不禁的效果。又如《乡愁》，首先是写出了海峡两岸的人们共同的情思，这是中国特殊历史的产物；其次，诗人安排的这四个诗节具有意蕴的深浅和情感的浓淡，其情感不断增强，语气、语速、语调也要相应变化，最后是升华。

诵读之外，还需要默读，就是一种“精思”的“静默”状态的读。由感而悟，这是需要时间的，更是需要宁静的。因此从某种意义上说，精思和静思往往是联系在一起的。就是说，真正的动脑筋是要排除外部干扰、把眼睛闭起来的。外界的声音和形态，在这种时候，每每会干扰精思、静思、冥思，因此不只是听觉，连视觉信息都要拒之门外。故吟诵者往往闭目沉吟，神悟于心，陶醉于境。读和悟是因人而异的，而集体诵读，恰恰是以统一的速度裹挟着不同的学生追随统一的速度，学生在诵读中别无选择，其结果只能是放弃个体的体悟和思考。

（六）关于语文本体

2011 版语文课程标准指出，“语文课程是一门学习语言文字运用的综合性、实践性课程”。一是语文课不能上成思品课或者环保课等。语文对于学生情感态度价值观的影响是渗透、浸染、熏陶和潜移默化，不是说教和强加。二是要通过语言文字的学习，让学生领会作品的丰富内涵意蕴，感悟作品的奇思妙想和艺术匠心，而不是其他。在这次比赛中，至少有三节课，特别是与山水林木、风花雪月等写景内容有关的课文（如《与朱元思书》《小石潭记》《雪》，甚至《记承天寺夜游》），课上大量展示图片，不利于学生通过语言文字去解读作品的丰富意蕴，干扰了学生对语言文字的品味欣赏，干扰了学生思维活动的展开。张伟忠老师曾经说过这样的话：听了这么多上《三峡》的课，没有一节是很理想的，也没有人获得一等奖。我问为什么，他说展示了过量的三峡图片。语文课不是图片欣赏课，似乎也不应是纯粹的美学课。图片不是不可用，但要用得其所、用之有度、用之有效。

（七）关于亮点和效益

从本次比赛的情况看，虽然说好课也有缺陷和不足，差课也有可取之处，但是我们不能因此而降低对课堂教学理想的追求。这些课中有五六节课还是不错的，但是总感觉“不过瘾”，还能够上得更好。主要问题是有亮点的课少，而且亮点不够亮，不够精彩。尽管学生语文素养的发展有一个生长发育的缓慢过程，但我们还是应该去追求课堂的长期效果和眼前效果。正因为缓慢，我们才要去追求眼前过程的精彩和丰富的生成。没有精彩的亮点，就是说学生的情感没有被激发起来，学生的思维没有活跃起来，学生的心灵没有产生共鸣，学生的语言潜能没有得到有力开发。有些学生似懂非懂、似会非会的地方，或者重要的教学内容，教师却轻描淡写、隔靴搔痒，这些很值得我们深入反思。语文教学的追求是学生在课堂上的全员参与，全过程参与、深度参与，并创造出理想的教学境界和高层次的课堂品位。

（原载《东营教育研究》2013 年第 5 期）

第四章　语文考试评价

珠联璧合，出新入深

——2011 年中考文言文命题手记

文言文是我国古代灿烂文化的重要组成部分，也是中华民族文明的重要载体。阅读文言文，不但可以使我们在遣词用语、章法构思方面获得潜移默化的教益，更重要的是可以从中领略民族文化的博大精深和无穷魅力，从而获得心灵的滋养、性情的熏陶和智慧的启迪。

然而，要增强自身的文化积淀，为未来打下坚实的“精神底子”，仅凭课本上选取的文言文是远远不够的，还需要向课外扩展。这是我市今年中考文言文考查进行课内外比较阅读的根本原因。

不仅如此，从导向上说，一方面，如果抛弃课本只考课外，那就容易使课内那些典范的文言文变成应付考试的训练材料，十分可惜，因为教材所选的都是文质兼美的经典之作，是传统文化的精粹，抛弃了它，就等于浪费了优质的学习资源，也就抛弃了民族的珍贵文化遗产；另一方面，如果只考课内，设题又不能出新，那么，不但会使大家做一些机械的无效劳动，而且很容易误导大家去猜题押宝。

在确定课内外比较阅读的思路之后，接着要考虑选材取向的问题。我们的思路一是选名家名篇，二是选文具有较高的思想艺术价值。经过多方筛选，最终确定了周敦颐的《爱莲说》和李绅的《寒松赋》作为试题材料。这两则选文，不但语言凝练优美，艺术构思有着异曲同工之妙，均运用了托物言志、借物抒怀的表现手法，而且文中形象包含着丰富深邃的意蕴，给人以心灵的滋养和精神的陶冶，具有丰富的考试资源和较高的考查价值。

在具体试题的命制意向上，重视处理好以下几个方面的关系：

一是知识与能力的关系。文言文学习掌握大量的字词句的意义、用法是必要的，厚积才能薄发，但其目的不是让学生死记硬背这些知识，而是为了“学以致用”，不断提高学生阅读浅易文言文的能力。正是出于这种考虑，第9题要求解释句中加点的词，既体现了考查知识掌握情况的用意，如解释“独爱莲之出淤泥而不染”中的“之”字、“不可亵玩焉”中的“亵”字，又显示出考查学生根据语境推断词义的能力取向，如解释“穹石盘薄而埋根”中的“而”字、“甘冒霜而停雪”中的“停”字。这样既为学生运用知识提供了情境，又能使学生发挥自己的聪明才智，也许学习文言文的意义和价值正在于此吧。

二是基础与创新的关系。对于重点语句理解方面的考查，开始时像许多地区的试题一样，我们设计的题目也是语句翻译。对于一般的文言文，能够疏通语句、理解大意也就达到基本要求了，这样做是无可厚非的。但我认为，对于文学色彩较强的作品，仅作对应性的翻译是不够的，甚至是存在缺憾的，还需要进行鉴赏，需要创造性解读，这既是新课标对初中学生提出的阅读要求，也符合对文学作品体式解读的一般要求与规律。于是我们对第10题进行了更改，由原来的翻译语句，换成了展开联想和想象，用自己的语言描述“其贞枝肃矗，直干芊眠，倚层峦则捎云蔽景，据幽涧则蓄雾藏烟”所表现的情景。这样设题既隐含着正确理解作品字面意思的要求，更有对文意作创造性理解的明确指向，要求同学们融入主观想象和个性体验，去展现和再造作品所表现的物态情景。这样不但可以调动同学们考场答题的热情，将日常课堂学习与考试对接起来，使紧张的考试变成意趣盎然的自主发挥、自由展现的舞台空间，而且可以使大家的创造性思维活力瞬间被有效激发起来，在答题的过程中获得创造的愉悦和审美的享受。

三是探究与生成的关系。设置课内外比较阅读，目的绝不仅仅是要引导扩展同学们的阅读视野、增强传统文化积淀，规避重复性低效劳动和不良倾向，更是出于考查同学们分析比较以至生成新思想、新观点能力的需要，探究意识和研究性阅读能力是这类题目考查的价值取向。我们设计的第11、12两题，一是通过探究作者喜爱“莲”“寒松”的原因来引导对两则选文进行“比异”，一是借助探索两文写法的相通之处提示“求同”。这样设题的意向就是要检测一下经过三年的学习，同学们比较辨别、归纳提炼的能力达到了怎样的水平，审慎严谨的思维习惯是否初步养成，善于发现、长于创新的思想品质是否已经具备。

综上所述，文言文在中考中承担的考查目标是多角度和多层面的，提高文言文阅读能力和水平，需要我们付出汗水，更需要投入智慧。说到这里，或许同学们对于今后的文言文复习已经有了新的思路和好的方法了吧。

（原载《中学生阅读·初中版·中考》2009年第2期）

我们这样命制中考文言文阅读试题

文言文阅读在中考试题中的比例仅占10%左右，但是学习文言文不但可以提高我们阅读古诗文的能力，而且还能使我们从中感受、体认中华文化的丰厚博大，领悟民族文化的智慧，汲取宝贵的精神营养，以增强一个人的人文积淀，为我们今后的学习和发展打下深厚坚实的底子。而在时空较为狭窄和所占比重相对偏小的条件下，命制中考文言文阅读试题能做到公正客观地甄别评价同学们的知识积淀、阅读能力、探究方法和人文素养的不同层次和水平，并且能为古诗文教学做出正确科学的导向，其实并不是一件容易的事情。

首先遇到的问题是选材。我们认为应该从课内取材，因为教材中所选的古诗文大都是文质兼美的经典之作，是传统文化的精粹，完全不考或机械孤立地考，都不利于同学们重视并掌握我们民族的珍贵文化遗产。但是，命题角度和考查意向必须出新入深，否则考试就会重复学习内容，成为试题中的送分项，失去甄别作用；更重要的是很容易导致猜题押宝现象。如果全从课外选材，容易误导大家抛弃课本学习，或者把课内文言文变成应付考试的训练材料，或漫无边际从课外"觅食"。经过反复研究讨论，命题组确定了选材的基本构思：在上一年课内课外同时考、分别考的基础上，确立了打通课内课外、将课内课外融合到一起进行比较阅读的设想。

恰当巧妙的材料搭配是比较阅读的亮点，但同时也是命题的难点，它影响着试题的难易度，也决定着题目设计的质量。因此依据课内外比较阅读的构想，首先将课本精读篇目按照一定的标准进行分类，如按话题或内容分为劝学求知类、战争类、状物写景类、修养品德类、政论类、游记类等，然后再依照这些类型分别搜集一到两个课外片段与教材课文进行搭配，组成若干“搭档”。然后对“搭档”材料作分析和遴选，研究和发现两则比较材料的联系，看它们有哪些相关点（或称比较点），看这些相关点的相关程度如何。相关点包括：作者相关，比如两则材料出自同一作者或不同作者存在明显传承关系；人物相关，比如两则阅读材料涉及同一个人物或所涉及的人物不同但特点相似或相反；内容或主旨相关，如两则材料有相似或相近的主旨或思想；写法相关，如两则材料运用了相同、相似或迥然相异的写法和技巧。此外还有表达方式相关、语言特点相关等。就这样，我们从六对“搭档”材料中确定了相关点较多、相关程度较高、文意相对浅易的柳宗元的《小石潭记》和元结的《右溪记》作为命题材料。这两篇选文同出自唐代著名诗人和散文大家之手，均以无名溪潭景致为描写对象；尽管两文所写景物特点不同，但写作方法、情感倾向以及行文构思上均有不同程度的相通之处。

找到相关点之后，便围绕两篇选文的描写对象及其特征、行文构思、写作方法以及蕴含的情感等相关点进行“异中求同”和“同中比异”。异中求同，是从比较这两篇选文的个性特点出发，通过甄别筛选和归纳提炼，从中寻找出它们共同的地方：一是行文思路相似，都是先写景物，再写感受；二是运用的写法相同，都寓情于景，借景抒情。同中比异，是从两篇选文均为写景记游这个外部现象入手，细致剖析个体材料独有的个性，进而揭示出它们的本质特征：虽然都写了同一事物“水”，但其所展示的水的特征及其所运用的写作手法并不相同，一是突出潭水清澈透明、宁静温馨的物态情景，一是抓住溪水水流湍急、富有活力的特点；一是从侧面间接描写的角度，含蓄而富有情趣，一是运用正面直接描写的方法，热烈而直露；一是在忘情山水中折射出仕途坎坷的思想阴影，流露出寂寞凄凉的悲苦心境，一是在写景状物中寄予了景美而无人赏爱的感慨，隐含了怀才不遇的怅惘和荡涤凡尘污垢、净化世人灵魂的愿望。此外，两篇选文在语言方面凝练畅达、整散相间，遣词用语生动活泼，命题资源点充裕，如词语活用等。这样就形成了六个题目：

1. 解释下列加点的词。（1）以其境过清　（2）不可名状

2. 翻译下列句子。(1) 斗折蛇行，明灭可见。(2) 佳木异竹，垂阴相荫。

3. 从选文看，两文在思路上有什么共同之处?

4. 甲、乙两文各从什么角度写出了水怎样的特点?

5. 甲、乙两文在文中所传达的感情有什么不同?

6. 甲、乙两文在写法上有什么共同点？试举一例说明。

这六个题目其实也是备选题目，经过大家讨论，淘汰掉了两个：第 3 题比较浅易简单，缺乏甄别性；第 5 题难度相对较大，主要是课外选文《右溪记》，尽管作者在文中对情感、心迹有所表露，但缺乏背景介绍，同学们对该作者生平阅历也缺乏了解，容易误导同学们猜测答题，信度相对较低。

说到这里，也许同学们能对文言文比较阅读命题的基本思路有了大致了解，对你们构建科学的文言文复习思路和采用有效的学习方法是否也有所帮助呢?

(原载《中学生阅读·初中版·中考》2009 年第 5、6 期合刊)

2009年山东省东营市中考作文试题及满分作文评析

【中考真题】

三、写作（共50分）

25. 题目：我眼中的________

要求：将题目补充完整再作文，文体不限，不少于600字。

【试题解析】

今年东营市的中考作文特色突出：一、半命题形式提供了表达主体及捕获生活的途径，空缺处表现对象和生活内容，科学体现了客观性与主观性有机结合的命题思想，既具有规定性，又具有开放性，保证了试题的效度。二、题目植根于学生的现实生活和心灵世界，有利于激发联想、唤醒体验和抒写真情实感，有利于培养正确的写作态度和良好的写作习惯。

首先，题目视角指向学生个性化体验的展示。它要求学生从自身出发，在自己目力所及的生活视野中表现客观事物的外部形态和本质特征，不必漫游于脱离自我的陌生世界，也不会受困于缺乏切身体验的为文造情。其次，取材指向于考生耳闻目睹的、切身经历的和谙熟深知的整个生活世界。考生可以着力表现家庭、学校生活，又可以放眼自然、社会、人生；可以回溯历史，也可以面对现实；既可关注日常平凡的人、事、物、情、景，又可以聚焦社会热点。再次，立意指向考生对生活的观察发现能力和认识理解能力。是“眼中的”，也应是“心里的”；是客观的，也是主观的；是表面的，也应是深层的。因此，这个题目虽然突出学生主体，贴近学生生活实际，但要写出新意和深意，那就要看学生是否具有一双善于观察发现的眼睛，能否展示出鲜明独特的个性体验，能否深刻地认识事物的本质。

【考场佳作展示】

我眼中的幸福

山东省东营市一考生

在短暂的生命里找到永恒的幸福。

——柏拉图

我是一只幼蚕，我蠕动着肥胖的身躯在嫩绿嫩绿的桑叶上爬行。我贪婪地吮吸着上帝馈赠的甘露和自然给予的食物，欢欣地观赏着湛蓝的天空和飘动的白云，感受着那纤细的风吹绿草木枝叶。噢，多美丽的风景！

我享受着美丽的风景带给我的惬意，直到有一天，一只彩色的蝶从我眼前飞过，飞入那千丛万绿掩映、繁花似锦、莺歌燕舞的高山。我似乎如有所悟，那才是我所向往的奇美的天国乐园。见我羡慕不已，长辈们对我说：你也可以变成飞蝶，你也可以享受天国乐园的美丽风景，只不过你未必能经受住考验！我愕然，究竟是怎样严峻的考验？“不，我决心要变成一只飞蝶！”声音震彻整棵大树……

终于有一天，我开始吐丝了，一根根细丝不断将我缠绕，眼前的阳光与美景一点点消失，直到那天，无边的黑暗将最后一缕阳光遮没！无边的黑暗给我带来了无边的恐惧，我尝试着去冲撞那厚厚的茧装，然而，一次次的疼痛与失败消磨着我的自信心，我有些心灰意冷了。难道这就是所谓“作茧自缚”？抑或是别有用心的人为我设置的囚笼？我想不明白。“在黑暗的屋子里是不是感到憋闷与痛苦了？坚持就是胜利！”“你是谁？”“听说过浴火重生的凤凰吗？不经历苦难就不会有涅槃，我就是一只刚刚涅槃的凤凰。我飞翔，我歌唱自然，我歌唱生活，我追寻灿烂的理想……啦啦啦，啦啦啦……”凤凰说着说着唱起歌飞走了。啊，我要冲破这眼前的黑暗，冲破这壁垒！于是我一次次前后左右向厚厚的茧发起冲撞，但结果都是头破血流。终于我禁不住泪流满面，我悲叹自己悲苦的命运。朦胧中我昏昏欲睡：一只彩色的飞蝶徜徉于碧草绿树之间，在幽香与艳阳中翩跹起舞，斑斓的羽翼熠熠生辉……是一场梦！我醒来了，擦干脸上的泪水与身上的血迹，对着黑暗自言自语："我出世后被茧壳囚禁有三年的生命，而破茧成蝶的我也许只有三天的生命时光。不，我还是选择蝶变，我要以奋斗开创崭新的人生，我要拥有一份美丽，让蓝天大地见证我的美丽，我要在这短暂的时间里饱览大自然的旖旎风光……"

于是，我再次开始了奋斗。我凝聚所有的力量向厚厚的茧壁发起冲击……"嘣——"一声巨响震耳欲聋，一只彩蝶腾空出世！她的身躯有着斑斓的花纹，她漂亮的羽翼闪闪发光，这就是涅槃的我！我一跃而起，飞向那高高的山峦，尽赏蔚蓝的天空，悠悠的白云，葱绿的树木，多彩的花朵，潺潺的溪流……而我自己也成为大地最有活力、最美丽的风景。

美，固然是令人赏心悦目的，而享受美，固然也是幸福的，但追求和创造美的过程更是一种回味悠长、难以言表的幸福！这就是我眼中的幸福。

【满分理由】

这是一篇角度独特、构思新颖、寄寓着丰富哲思内涵的考场满分作文。

文章以桑蚕作茧蝶变的自然现象为素材，灵感由此得到激发，演绎出一段曲折艰难、扣人心弦的生命演变的历程。文章通篇运用的拟人化手法，把桑蚕拼搏追求的情景表现得生动活泼、立体可感、摇曳多姿。而第一人称的叙述角度，又将表达主体的生命体验抒写得淋漓尽致。故事是引人入胜的，但故事本身只不过是一个凭借，它所承载的思想意蕴更加耐人寻味、发人深思。文章看上去是呈现昆虫痛苦艰难的生命演变，其实质却是隐喻执着追求的人生，桑蚕蝶变的过程，不正是人们憧憬美、追求美、创造美、享受美实践活动的生动再现和思想轨迹的客观写照吗？而作者对生命的感悟——不畏艰难，以追求美好理想为幸福，不仅巧妙扣题，而且使文章的主旨升华到一个新的高度。

（原载《中学生阅读·初中版·中考》2009年第11期）

山东省中考试题答题失误分析

一、【试题原题】

6. 综合性学习。(4 分)

今年是农历牛年，右图是中国邮政发行的贺岁生肖邮票——欢奔的火牛。请仔细观察，完成下列题目。

(1) 介绍画面中牛的特征，并写出其寓意。

(2) 写出含有“牛”字的两个成语。

【正确答案】

答案示例：(1) 画面中的牛强健有力、双目圆睁、四蹄奔腾、尾巴高竖，表现出奋力向前的视觉效果，寄托着人们对牛年生活红火、事业兴旺的美好期望。(2) 对牛弹琴　汗牛充栋

【错误答案】

易错点集中在第 (1) 题。(1) 例一：画面中的牛呈现凶猛勇敢之势，表达了人们做事要轰轰烈烈，勇往直前。　例二：画面中的牛积极向前冲锋，寄寓着中国在新的一年里不断向前发展。　例三：牛的眼神中有一种坚定必胜的信念，意味着牛年中国会更好地发展。　例四：图案中，牛的眼神威武庄严，脚爪向后，似是飞奔，寓有吉祥之意。　例五：犀利的眼神，尖而长的角，四蹄向后，快速奔跑，表现出对美好未来的向往。　例六：强健。中国邮政要像牛一样冲向世界，像牛一样更加强壮有力。　例七：图为奔腾的牛，体现出它的青春与活力，牛头及牛身更是加入了中国传统的文化色彩，体现了中华文化的博大精深。　例八：“牛”代表今年是牛年，“欢奔的火牛”代表今年的中国朝气蓬勃，不断向前发展，展现出中华民族的腾飞魅力。　例九：牛象征着飞黄腾达，象征着勤奋拼搏。

中国人民会脚踏实地、勤勤恳恳地工作，中国经济会迅速发展。　例十：画面中的牛身躯很健壮，头很大，目光炯炯有神，牛角长而锐利。它告诉人们要树立信心，顽强拼搏，积极进取，自强不息。

【阅卷点评】

出现以上答案的原因有以下几点：第一，对图案中牛的特征观察不具体、不全面、不准确，如例一至例三。第二，对牛的寓意认识模糊、空泛、偏颇，如例四至例六。第三，没有认真审题，作答违背题目要求，如例八至例十。为避免上述问题的出现，首先，要仔细阅读题干，全面准确地把握考查意向。其中“介绍画面中牛的特征，并写出其寓意”就包含两项要求，一是要介绍特征，二是要写出寓意，不能顾此失彼。其次，观察要顾及整体和多个方面，不可拘泥于一点而忽略其他。再次，答题要结合语言环境和文化背景，正确领会设题要求。如解答牛的寓意就需要顾及题干中的“牛年”“贺岁”“欢奔的火牛”所包含的文化内涵和约定俗成的心理取向。此外，不断增强自己的生活积淀、文化积淀也是提高答题质量的重要前提。

二、【试题原题】

（一）

新　柳

杨万里

柳条百尺拂银塘，且莫深青只浅黄。
未必柳条能蘸水，水中柳影引他长。

7. 诗中的“新柳”有什么特点？(2 分)

8. “水中柳影引他长”中的“引”字有什么妙处？(2 分)

【正确答案】

7. 颜色浅黄，形态纤长、轻柔。

8. “引”字照应了“百尺”一词，描绘出一幅柳条和水中倒影相连的画面，优美而有动感。

【错误答案】

7. 例一：写出柳的好，表达了对柳的喜爱和赞美。　例二：柳条拂水，呈现浅黄，枝影映在水中。　例三：写出新柳颜色浅黄的特点。　例四：浅黄，随风摇摆。　例五：多而浓密，茂盛而有生机活力。　例六：青葱茂盛而富有生命力，新柳对生活有美好的向往。　例七：新柳多而长，生长速度快。

8. 例一："引"字表明柳条的细长。　例二：一个"引"字便生动形象地写出柳影的动态。　例三：运用妙词写出了新柳映在水中的姿态。　例四："引"字写出水的倒影引着柳条生长。　例五：运用拟人，生动形象地解释了柳条长的原因。　例六：写出柳条之长，可以和在水中柳树的影子相连接，突出了柳条的长。　例七："引"字把柳写活了，使我们充分感受到了春天的气息。　例八："引"字运用拟人手法，形象地写出了新柳勇于实现理想的精神。　例九："引"字写出柳树的蓬勃生命力和作者的喜爱之情。　例十："引"字写出了新柳积极进取、勇往直前的精神。

【阅卷点评】

7. 以上答案存在如下问题：第一，答非所问。题目要求答新柳特点，例一却答了表达的情感。第二，缺乏概括能力，或概括不全面。如例二只是翻译诗中有关词语，例三、例四只着眼于新柳的某个或某几个特点。第三，脱离诗意，想当然地凭空捏造。如例五、例六中的"多而浓密，茂盛而有生机与活力""青葱茂盛而富有生命力""对生活有美好的向往"均为无中生有之意。第四，错误地理解诗意。如例七将"长"理解为生长。要避免这些问题的出现，首先，要养成仔细阅读的习惯，不断增强语言感受力和审美发现能力，从而准确全面地把握诗歌的意象特征。从"未必柳条能蘸水"便可以推断出"长"字的意义；从诗中"拂""浅黄""引他长"这些字眼就可以将新柳的特征概括出来。其次，要立足于给定的语言材料，进行合理想象，做到不旁逸斜出，不牵强附会，不凭空捏造。

8. 以上答案反映出学生答题存在如下问题：第一，不能结合句意、诗意品味语言的表达作用，缺乏整体意识。如例一、例二、例三，只着眼于"柳条""柳影""新柳"个体事物的单一情态，不能放在整个意境中去理解欣赏。第二，对诗歌内容理解出现错误。如例四对"长"理解错误，例五、例六则陷入关于柳条长短的纠缠中，例七则想到"春天的气息"方面去了。第三，捕风捉影，牵强附会。不论是例八所说的“勇于实现理想的精神”，例九所说的“蓬勃的生命力”，还是例十所认为的“写出了新柳积极进取、勇往直前的精神”，均为撇开了整个诗意的“旁逸斜出”，是没有根据的无中生有，是缺乏对应的无的放矢。要避免这些问题的出现，一是要掌握正确的诗歌鉴赏方法，要在整体感知诗意的基础上去分析领会词句的表达作用，答题做到词不离句，句不离诗，意不离旨；要展开合理想象，体会诗歌意境，领悟诗歌妙处。二是增强文学积淀，提高语言品味能力。评价成败得失，要讲究真凭实据。

三、【试题原题】

（二）

于是入朝见威王，曰：“臣诚知不如徐公美。臣之妻私臣，臣之妾畏臣，臣之客欲有求于臣，皆以美于徐公。今齐地方千里，百二十城，宫妇左右莫不私王，朝廷之臣莫不畏王，四境之内莫不有求于王：由此观之，王之蔽甚矣。”

王曰：“善。”乃下令：“群臣吏民能面刺寡人之过者，受上赏；上书谏寡人者，受中赏；能谤讥于市朝，闻寡人之耳者，受下赏。”令初下，群臣进谏，门庭若市；数月之后，时时而间进；期年之后，虽欲言，无可进者。

——《邹忌讽齐王纳谏》

9. 解释下列加点的词。(2 分)

（1）王之蔽甚矣________　　（2）时时而间进________

10. 翻译下面的句子。(2 分)

四境之内莫不有求于王。

11. 邹忌劝谏齐威王的高明之处在哪里？(2 分)

【正确答案】

9.（1）受蒙蔽　（2）间或、偶然　10. 全国的老百姓没有不有求于您的。11. 邹忌以日常生活小事设喻，由己及君，由家事到国事，以小见大，说服力强，让人易于接受。

【错误答案】

易错点集中在第10、11两题。10. 例一：周边国家的人们没有一个不有求于大王的。　例二：方圆百里内没有不有求于王的。　例三：全国的老百姓没有不有求于威王的。　例四：东西南北地方的人都有事想求大王。　例五：全国上下没有不有事向大王请求的。　例六：举国上下的人都想求得大王的恩赐。

11. 例一：摆事实讲道理，令威王信服。　例二：以自身的事例为典型，更有利于说明道理，易于被人接受。　例三：用切身经历，以小见大，劝谏有说服力。　例四：用比喻的方法进谏，易于使齐威王接受。　例五：以生活小事设喻，避免了直言进谏，言辞委婉。　例六：借用自己的经历，巧妙地劝说威王，使其明白其中道理。　例七：语言既没有伤害到齐威王，又使齐威王认识到纳谏的必要。　例八：运用自身的例子，并不是直接进谏，更有利于威王接受。　例九：能通过形象生动的方式劝谏齐威王，使其愿意接受。

【阅卷点评】

10. 以上错误答案表现出的问题主要有：第一，翻译缺乏语境意识。其一是上下文语境，如例一、例二将“四境之内”理解为“周边国家的人们”或“方圆百里内”，就是由上下文语境意识缺乏所致，这里应指“全国的老百姓”；其二是交际语境，如例三将“王”翻译成“威王”，显然是忽略了这里的对话情境，译成“您”最为得当。第二，翻译方法不当。如例四对“四境之内”用了直译的方法，显然是不够确切的。第三，句意理解不当。如例四、例五均由于对关键词语“求”领会的不当造成了句意理解上的错误。要避免错误的发生，一是要分析考查点。凡是作为考查翻译的语句，一般都具有比较丰富的考查点，如词义、活用、句式等。二是要考虑语言背景，要整体把握文意，要设身处地进入情境，要运用正确的方法，力求使翻译客观、通顺、得体。

11. 解答本题出现的主要问题是：第一，对于劝谏所运用的方式方法理解不正确、不全面。如例一、例二、例三都没有谈到设喻说理，有的没有认识到以小见大的特点，有的则认为“摆事实讲道理”是邹忌劝谏的高明之处。第二，忽略劝谏的效果或作用。如例四、例五、例六只谈及了方式途径，却没有顾及劝谏的效果和作用。第三，解答笼统，含糊其辞。如例七、例八、例九无论方法还是效果，都不具体明确。要想避免这些问题的出现，首先，要重视审题，弄清题目的隐性要求。如本题要求谈邹忌劝谏的“高明之处”，就包含着两个答题要点，一是劝谏的方式方法，二是产生的效果作用。其次，要正确理解文意，学会进行妙点分析和对艺术手法的鉴赏。

四、【试题原题】

（三）

鲁人有好钓者，以桂为饵，锻黄金之钩，错[1]以银碧，垂翡翠之纶[2]，其持竿处位即是[3]，然其得鱼不几矣。故曰：“钓之务不在芳饰，事之急不在辩言。”

［**注释**］①错：镶嵌。②纶：钓鱼绳。③是：正确。

12. 下列语句中“以”的意思与其他三项不同的一项是(　　)（2分）

A. 以桂为饵　　　　B. 皆以美于徐公

C. 错以银碧　　　　D. 醒能述以文者

13. 读了这则寓言，你受到什么启发？（2分）

【正确答案】

12. B

13. 做事情不能片面追求形式，要讲究实效。

【错误答案】

易错点集中在第13题。例一：钓之务不在芳饰，事之急不在辩言。例二：钓鱼最重要的不在于渔具雕饰是否华美，事情的急迫不在于说辞。　例三：做事情不在于做得多么好看，而在于把事情做好。　例四：钓鱼靠的是技术而不是华丽的渔具，做事不能只是纸上谈兵，要脚踏实地地去做才行。　例五：要想成功地完成一件事，要从主观上去努力用功，而不是在客观方面使劲下功夫。 例六：我们不能只注重外在美，最重要的是心灵美。 例七：启示我们工作学习中不能只做表面文章，真才实学才是最重要的。 例八：做事不应过多修饰外在的东西，要用结果来证明一切。 例九：事情的成功与否，在于是否遵循客观规律。 例十：做事只求做得好，不在于做得多么华丽。

【阅卷点评】

以上解答存在如下问题：第一，照搬原句或机械翻译，没有答出寓言包含的道理，如例一、例二；第二，理解表面肤浅，提炼不到位，如例三、例四；第三，偏离材料的寓意。第四，语言表述不够准确和到位，如例八、例九、例十。要避免这些问题的发生，首先，要重视分析材料的因果关系，注重挖掘选文的深层意蕴，学会透过现象看本质。其次，学会用自己的语言表达阅读感悟，力求语言准确、清楚、到位。

（原载《中学生阅读·初中刊·中考》2009 年第 12 期）

中考古诗文阅读试题荐评

一、《记承天寺夜游》阅读题

（一）（2009 年山东泰安卷）古文阅读（12 分）

【甲】水陆草木之花，可爱者甚蕃。晋陶渊明独爱菊。自李唐来，世人盛爱牡丹。予独爱莲之出淤泥而不染，濯清涟而不妖，中通外直，不蔓不枝，香远益清，亭亭净植，可远观而不可亵玩焉。

予谓菊，花之隐逸者也；牡丹，花之富贵者也；莲，花之君子者也。噫！菊之爱，陶后鲜有闻。莲之爱，同予者何人？牡丹之爱，宜乎众矣！

【乙】元丰六年十月十二日夜，解衣欲睡，月色入户，欣然起行。念无与为乐者，遂至承天寺寻张怀民。怀民亦未寝，相与步于中庭。庭下如积水空明，水中藻、荇交横，盖竹柏影也。何夜无月？何处无竹柏？但少闲人如吾两人者耳。

1. 解释加点的词。(4 分)

（1）陶后鲜有闻　鲜：____________

（2）濯清涟而不妖　濯：____________

（3）亭亭净植　植：____________

（4）相与步于中庭　步：____________

2. 翻译下面的句子。(4 分)

（1）予独爱莲之出淤泥而不染。

（2）庭下如积水空明，水中藻、荇交横，盖竹柏影也。

3. 甲文运用了________________的表现手法，寄寓了作者不慕名利、洁身自好的生活态度；乙文运用了借景抒情的手法，抒发了________________心情。(4 分)

（二）(2009 年江苏南京卷) 古文阅读 (12 分)

【甲】元丰六年十月十二日夜，解衣欲睡，月色入户，欣然起行。念无与为乐者，遂至承天寺寻张怀民。怀民亦未寝，相与步于中庭。庭下如积水空明，水中藻、荇交横，盖竹柏影也。何夜无月？何处无竹柏？但少闲人如吾两人者耳。

（［宋］苏轼《记承天寺夜游》）

【乙】予初十日到郡，连夜游虎丘[①]。月色甚美，游人尚稀，风亭月榭间，以红粉笙歌[②]一两队点缀，亦复不恶。然终不若山空人静，独往会心。尝秋夜坐钓月矶[③]，昏黑无往来，时闻风铎[④]，及佛灯隐现林梢而已。又今年春中，与无际偕访仲和[⑤]于此。夜半月出无人，相与坐石台，不复饮酒亦不复谈以静意对之，觉悠然欲与清景俱往也。生平过虎丘才两度，见虎丘本色耳！

（［明］李流芳《游虎丘小记》，有删节）

［**注释**］①虎丘：苏州名胜。②红粉笙歌：指歌女奏乐唱歌。③钓月矶：在虎丘山顶。④风铎：悬于檐下的风铃。⑤无际、仲和：作者的友人。

1. 下列加点词意思不相同的一组是（　　）(2 分)

A. 月色入户　　木兰当户织

B. 然终不若山空人静　　徐公不若君之美也

C. 时闻风铎　　隔篁竹，闻水声

D. 生平过虎丘才两度　　道不通，度已失期

2. 下列句子中“于”字的用法和“与无际偕访仲和于此”中的“于”字用法相同的一项是（　　）(2 分)

A. 公与之乘，战于长勺

B. 万钟于我何加焉

C. 今吾以十倍之地，请广于君

D. 其受之天也，贤于材人远矣

3. 用现代汉语翻译甲文中画横线的句子。(2 分)

怀民亦未寝，相与步于中庭。

4. 用斜线“/”为乙文中画线的句子标出两处停顿。(2 分)

不 复 饮 酒 亦 不 复 谈 以 静 意 对 之

5. 用自己的话说说苏轼是怎样描写承天寺夜色的。(2 分)

6. 承天寺的夜色与虎丘的夜色有哪些共同特点？(2 分)

【推荐理由】

这两份试卷在选材上的共同特点是将课内外片段进行比较，而且材料具有较高的相关度，或都是通过咏物写景表达心志情怀，或均为表现作者特定境遇下眼中的自然景色，但都经通脉连，貌似神合。在命题意向上，着力于对考生求同比异能力的考查，如山东泰安卷的第 3 题，要求就两文写法和表达的情志作比较；江苏南京卷的第 6 题，要求就两篇选文所写夜色特点进行概括。此外，在基础积累的考查方面也注重了面上的扩展，如江苏南京卷的第 1、2 题，取例就涉及了多篇课文。

【参考答案】

(一) 1. [答案] (1) 少 (2) 洗涤 (3) 竖立 (4) 走　[评分] 4 分。每小题 1 分。

2. [答案] (1) 我唯独喜爱莲花，莲从淤积的污泥里长出来却不受一点沾染。(2) 庭院地面，沐浴在像积水那样清澈透明的月色之中，“水”中有像藻、荇似的水草交错纵横，原来是竹子和柏树枝叶的影子。[评分] 4 分，每小题 2 分，意思对即可。

3. [答案] 托物言志　壮志未酬的苦闷　[评分] 4 分。每空 2 分，意思对即可。

(二) 1. D　2. A

3. 怀民也还没有睡觉，我们一起在庭院中散步。

4. 不复饮酒/亦不复谈/以静意对之（每处 1 分）

5. 用比喻来描写夜色。用积水喻月光，藻、荇交横喻月下竹柏影。

6. 月色美好；幽静。（意思对即可）

二、《陋室铭》阅读题

（一）（2009 年福建三明卷）古文阅读（10 分）

【甲】山不在高，有仙则名。水不在深，有龙则灵。斯是陋室，惟吾德馨。苔痕上阶绿，草色入帘青。谈笑有鸿儒，往来无白丁。可以调素琴，阅金经。无丝竹之乱耳，无案牍之劳形。南阳诸葛庐，西蜀子云亭。孔子云："何陋之有？"

（刘禹锡《陋室铭》）

【乙】吾室之内，或栖于椟[①]，或陈于前，或枕于床，俯仰四顾，无非书者。吾饮食起居，疾病呻吟，悲忧愤叹，未尝不与书俱。宾客不至，妻子不觌[②]，而风雨雷雹之变有不知也。间有意欲起，而乱书围之，如积槁枝，或至不得行，辄自笑曰："此非吾所谓巢者邪！"乃引客就观之，客始不能入，既入又不能出，乃亦大笑曰："信乎其似巢也！"

（陆游《筑书巢》）

［注释］①椟（dú）：木柜、木匣，这里指书橱。②觌（dí）：相见。

1. 解释加点的词语。（2 分）

（1）有仙则名______________

（2）妻子不觌______________

2. 翻译下面句子。（4 分）

（1）孔子云："何陋之有？"

（2）辄自笑曰："此非吾所谓巢者邪！"

3. 用原文句子填空。（4 分）

甲、乙两文中的主人都热爱自己的居室。陋室的主人自评"______，______"，书巢主人的朋友评价"__________________"；居室的主人都情趣高雅，与朋友谈笑风生，这个意思可以用甲文中的"__________，______________"来表达。

（二）（2008 年福建厦门卷）古文阅读（14 分）

【甲】山不在高，有仙则名。水不在深，有龙则灵。斯是陋室，惟吾德馨。苔痕上阶绿，草色入帘青。谈笑有鸿儒，往来无白丁。可以调素琴，阅金经。无丝竹之乱耳，无案牍之劳形。南阳诸葛庐，西蜀子云亭。孔子云：何陋之有？

（刘禹锡《陋室铭》）

【乙】孔子曰：“吾死之后，则商①也日益②，赐也日损③。”曾子曰：“何谓也？”子曰：“商好与贤己者④处，赐好说⑤不若己者。不知其子，视⑥其父；不知其人，视其友。”故曰：“与善人居，如入芝兰之室，久而不闻其香，即与之化⑦矣。与不善人居，如入鲍鱼之肆⑧，久而不闻其臭，亦与之化矣。丹之所藏者赤，漆之所藏者黑。是以君子必慎其所与处者焉。”

（选自王肃《孔子家语》）

［注释］①“商”和下文的“赐”皆为孔子弟子。②益：长进。③损：减损。④贤己者：比自己贤良的人。⑤说：谈论。⑥视：看，比照。⑦化：融和。⑧鲍鱼之肆：卖咸鱼的店铺。

1. 解释下列句中画线的词语。(3 分)

（1）谈笑有鸿儒________________

（2）无案牍之劳形________________

（3）是以君子必慎其所与处者焉________________

2. 在《古汉语词典》中，“日”字有以下几个义项。请根据语境判断哪一个义项最适合乙文“则商也日益”一句中的“日”字。（　　）（只需填序号）(2 分)

日：A. 太阳　　B. 白天　　C. 日子　　D. 每天，一天天地

3. 将下列句子翻译成现代汉语。(4 分)

（1）斯是陋室，惟吾德馨。

（2）商好与贤己者处，赐好说不若己者。

4. 简答题。(5 分)

(1) 乙文中的“芝兰之室”，后人常用来喻指贤士居所。[甲] 段中的“陋室”以及文中提到的“______________”和“______________”都称得上是“芝兰之室”。(2 分)

(2) 甲文“谈笑有鸿儒，往来无白丁”，乙文“不知其人，视其友”“丹之所藏者赤，漆之所藏者黑”等，涉及的都是“交朋友”的话题。在交朋友方面你有怎样的个性化感悟？请联系文段内容，自选角度具体谈谈你的看法。(3 分)

【推荐理由】

这两份试卷突出的亮点有如下几个方面：首先，作为比较阅读选取的比较点准确巧妙，有利于激发学生的智慧投入，有助于客观考查学生的阅读水平。如三明卷第 3 题关于居室主人对居室的自评和主人高雅的情趣，均为选文的重要内容；厦门卷的第 4 题通过“芝兰之室”建立起两文的比较关系，角度十分独特，有利于考查学生理解文意、搜集信息的能力。其次，在求同比异的基础上，重视考查学生联系实际展示个性感悟的能力。如厦门卷第 4 题，具有一定的开放性，适合学生阐发独特的体验。再次，根据语境和给定义项，推断词语意义，如厦门卷第 2 题，既能较好地控制试题的难度，又有效地考查了学生的探究能力，是非常有益的尝试。

【参考答案】

(一) 1. (1) 出名（著名） (2) 妻子和儿女（2 分。每题 1 分）

2. (1) 孔子说：“有什么简陋的呢？” (2)（陆游）就自己笑自己（自我解嘲）说：“这不就是我所说的书窝吗！”（4 分。每题 2 分）

3. 斯是陋室，惟吾德馨（1 分） 信乎其似巢也（1 分） 谈笑有鸿儒，往来无白丁（2 分）

(二) 1. (1) 博学的人 (2) 使身体劳累 (3) 所以，因此（3 分，每个解释 1 分。酌情给分）

2. D（2 分）

3. (1) 这是简陋的屋子，只是我（住屋的人）的品德高尚，也就不

显得简陋了。 （2）商喜欢和比自己贤良的人相处，赐喜欢评论不如自己的人。(4 分，每句 2 分。酌情给分)

4.（1）诸葛庐（南阳诸葛庐） 子云亭（西蜀子云亭）(2 分，每空 1 分。出现错别字不得分) （2）答题要求：内容上扣住“交朋友”的话题，从正、反面谈皆可，要结合文段内容，语言表达清楚流畅。内容 2 分，语言 1 分。脱离文段泛泛而谈者最多得 2 分。例一：我认为交友对象的选择是需要慎之又慎的，所谓“近朱者赤，近墨者黑”，我们要选择那些可以给予我们有益影响的朋友，在潜移默化中，达到人格的自我完善。例二：交朋友应交有品位、有追求的人，与这样的人相处自己便能不断受到好的影响而不断提高。这就是所谓的“近朱者赤”，就如商一定会在贤于自己的朋友的影响下成长一样。例三：要保持君子本色，除了自身的修养之外，朋友的影响也是很重要的，所谓“丹之所藏者赤，漆之所藏者黑”，多与“善人”“鸿儒”交往，有助于修身养性。

（原载《中学生阅读·初中版·中考》2010 年第 4 期)

第五章 教学短品散论

一片落叶

金色的风
拖着你黄色的身体
带着秋的嘱咐
向大地轻轻飘去
树枝弯着腰
累累果实
静静地低下头
怀念你勤劳的过去

（原载1985年12月30日山东《中学生报·文艺副刊》）

谈人物肖像描写

对人物进行外貌、服饰、姿态、神情描写，是表现人物的重要手段。肖像描写的方法多种多样，但无论用什么方法，都应注意做到：

一、由内而外，抓准特征

写文章须首先清楚了解人物的内在品质，然后以能表现其精神品质的外部特征的描写，由内到外地表现人物。鲁迅先生是这样写孔乙己的衣着和神态的："孔乙己是站着喝酒而穿长衫的唯一的人……穿的虽然是长衫，可是又脏又破，似乎十多年没有补，也没有洗。""站着喝酒"而穿又脏又破的长衫，此人非孔乙己莫属。正因他贫穷寒酸，才站着喝酒；正因他摆读书人的臭架子，才穿着长衫。窃书，断腿，送命，便是必然的悲剧结局了。这样就既抓住了特征，又抓住了灵魂。老舍先生说，写人物外表，"不可泛泛地由帽子一直形容到鞋底；没有用的东西往往是人物的累赘"。要抓特征，不及其余；若面面俱到，就会淹没重点，破坏性格的表现。

二、肖像不可脸谱化

肖像描写要考虑人物的身份和性格，要合乎客观实际和生活的逻辑。人物的性格、命运会因不同的经历和境遇而变化，其肖像也会迥然有异。鲁迅先生的《祝福》，多次写祥林嫂的面色神情，新寡时"脸色青黄，但两颊却还是红的"，再寡时"脸色青黄，只是两颊上已经消失了血色"，沦为乞丐时则"脸上瘦削不堪，黄中带黑，而且消尽了先前悲哀的神色，仿佛是木刻似的"。人物受尽封建礼教的摧残，生活每况愈下，境遇愈来愈悲惨。

三、方法多变，不拘一格

肖像可正面描写，亦可侧面间接写。《红楼梦》中作者写王熙凤，“一双丹凤三角眼，两弯柳叶吊梢眉”，“粉面含春威不露，丹唇未启笑先闻”，是正面描写；《陌上桑》中的诗句“耕者忘其犁，锄者忘其锄。来归相怨怒，但坐观罗敷”，则从侧面表现罗敷的美貌和魅力。

四、巧妙修辞，形象传神

描绘肖像，运用鲜活的比喻，会给人以丰富的想象，有含义隽永之效。《故乡》中杨二嫂站立的姿态，有如一个瘦脚伶仃的圆规，漫画般勾勒出一个被压迫、遭侮辱、受伤害而又刁蛮放肆、市侩自私以至被扭曲了人格的妇女形象。

（原载山东《中学生读写》2000 年第 3 期）

曲　笔

——记叙性文体表现手法之一

记叙性文体中，就表现手法看，作者所描述的事物及表现的思想感情，常常是直接的、客观的，这是直笔。而有时，对客观事物的描述和思想感情的表达，采用委婉、含蓄的方式，这是曲笔。曲笔不是故弄玄虚，而是出于特定的需要；曲笔并非歪曲事物的本来面目，而是从独特的角度展示事物的特征，因而能更准确地状物叙事，表情达意。当然，更重要的是曲笔有更丰富的内涵，能产生言有尽而意无穷的效果。

曲笔有多种形式。

避讳是曲笔。朱德在《回忆我的母亲》中说："母亲离我而去了，我将永远不能再见她一面了。"这里不直接说母亲死了，作者对母亲的崇敬和因母亲去世的悲哀，就突出表现了出来。

反语是曲笔。《藤野先生》中写清国留学生"也有解散辮子，盘得平的，除下帽来，油光可鉴，宛如小姑娘的发髻一般，还要将脖子扭几扭，实在标致极了"，从温和的语调里透出深切的厌恶，对醉生梦死的丑态进行了愤怒鞭挞，从而加强了讽刺性，提高了语言表现力。

暗示也是曲笔。《药》的结尾，作者给夏瑜的坟头平添了一个花环。花环究竟是谁献的？没有考据。这只不过是作者爱憎情感的曲折表达而已。《药》对辛亥革命的失败是深表同情的，对民众的愚昧麻木也是深感痛惜的。平添的花环，一是为了启迪唤醒，二是为了表现作者坚韧的战斗精神。

曲笔就是这样包容了丰富深广的思想内涵，极大地拓展了作品的主题。另外，《从百草园到三味书屋》中关于美女蛇的故事，似乎与自由而富有情趣的百草园生活格格不入。但实际上，作者是借用这样一个带有传奇色彩的怪异故事，既写出了百草园的神秘感，又写出一种寓意：妖魔鬼怪常常是装扮出漂亮的面孔来害人的，从而曲折地表明，百草园的生活既充满魅力，又使人受到启发。

（原载 1987 年 4 月 7 日《中学生报》）

谈《荷塘月色》的通感描写

所谓通感，是指眼的视觉、耳的听觉、鼻的嗅觉相互沟通，彼此互换，是感受的交融。比如鲜花，视觉可以感受其形状和色彩，嗅觉可以感受其气味，如果运用听觉去描摹其形状、色彩、气味，则是通感。我国唐代白居易《琵琶行》中对琵琶曲的描写是："嘈嘈切切错杂弹，大珠小珠落玉盘""银瓶乍破水浆迸，铁骑突出刀枪鸣"。这是以形类声，当代散文家李曼在《偶遇》中写村姑的歌声："石榴开了，籽粒破了，渗出甜甜酸酸的汁儿。山间小溪化冰了，水里流着蜜，小站里的人用耳朵吞着这流来的蜜水。"这是将听觉移于味觉。

朱自清的《荷塘月色》中有两处通感描写，由于这两处描写出神入化，给全文增添了不少韵味。

一、将嗅觉移于听觉

"微风过处，送来缕缕清香，仿佛远处高楼上渺茫的歌声似的。"

朱自清笔下夏夜的荷塘，"月光也还是淡淡的"，"所以不能朗照"，荷叶田田相连，"叶子底下是脉脉的流水，遮住了，不能见一些颜色"。一切都斑斑驳驳，朦朦胧胧，隐现相嬗。视觉中，确有一些迷茫之感。然而这迷茫之境又有微微的晚风拂来。荷花的丝丝缕缕的清香，又随着这微风扩散，在空间里流动着，弥漫于荷塘月色里，这里由视觉进入嗅觉。然后作者进行创造，把晚风送来的荷花的缕缕清香，喻为"远处高楼上渺茫的歌声"，因而荷香不仅在空间浮动，而且在时间上与歌声一起流动。这样便将无形的视觉转入有声的听觉，既随处可看见，又随时可听闻。荷香是多么耐人寻味！

二、将视觉移于听觉

“塘中的月光并不均匀；但光与影有着和谐的旋律，如梵婀玲上奏着的名曲。”

空间是绘画的领域，时间是音乐的领域，视觉可以感受音乐。在这里，朱自清打破绘画与音乐的界限，融绘画和音乐于一体。首先看这幅“画”：“月光是隔了树照过来的，高处丛生的灌木，落下参差的斑驳的黑影；弯弯的杨柳的稀疏的倩影，像是画在荷叶上。”这里，荷塘景色的高低、明暗、光影，历历如在眼前。然而这是有形的，也是有限的，这种表面的图画是可以直接感受到的。朱自清远不满足于此，而是展开想象，借助有形的直观，创造出无形的蕴涵和意味来，把参差斑驳的树、月、光、影的谐和、跌宕、浓淡，喻为有着和谐旋律的歌曲，将视觉移于听觉，借有形的画面，表现无形的琴曲，再以无形的琴曲展现无限的蕴涵和意味。

总之，这两处通感描写，形象跨越感强，语言清新超俗。将嗅觉中的气息，视觉中的形象，皆入听觉，化为无形而有声的音乐，给读者留下最大的想象余地。

（原载1987年9月9日《中学生报》）

地方风采——主持人的话

东营，位于山东省东北部，东临渤海，西连滨州、淄博，南接潍坊，地处黄河三角洲，全国第二大河流——黄河就从这里汇入大海。

这是一片古老而又年轻的土地。战国时期著名军事学家孙武的祖籍就是乐安（今广饶县）；隋朝末年，秦王李世民征战至此，曾在这里安营扎寨，因而取名“东营”；在广饶县城，至今保存着雄伟壮观的南宋大殿。受丰厚的历史文化积淀的滋养，这里的人们创造了并正创造着辉煌灿烂的文明。这里有国家一级自然保护区——黄河口湿地生态园，有省内最大的人造湖泊之一——天鹅湖，有享誉国内外的华泰、金岭、万达等几十家企业集团。在建市不到二十年的时间里，荒芜的盐碱滩上神话般地长出了一座楼房林立、绿树成荫的美丽城市。

这是一片贫瘠而又富庶的土地。北部碱滩，处黄河岸边，曾经“三十里不见绿树，五十里不见人影，八十里不见村落”；如今绿稻无垠，荷田阡陌，鱼虾养殖池塘连成片。全国第二大油田——胜利油田的生产基地就建在这里。站在高高的黄河大坝上，你会欣赏到如织的电网、成队列行进的油田作业车队和星罗棋布的自动运转提油机……“油地校共建”“对外大招商”，使东营市的城镇建设驶入高速运行的轨道。

遴选的这几篇作品，小作者从不同的侧面反映了东营的地域形貌、风俗人情、时代特征及改革成果。愿您读过这些作品之后，能够喜欢上东营这个地方。倘若您已经饱览奇山秀水、古迹名胜，不妨来东营一游，体验一下人类是怎样在艰难的环境中谋生存、求发展的，观赏一下人们改造自然而创造出的胜景奇迹，或许会有意想不到的收获和感悟。

（原载《中学生读写》2003 年第 3 期）

后　记

追寻美好的教学理想

同每一位语文老师一样，我深深地敬畏并挚爱我们的语文教学事业。“让深夜的灯光漂白了四壁”“为伊消得人憔悴”，是语文老师的真实写照。语文教师所付出和承受的比其他任何学科的老师都要多得多，而收获的感悟也最多，因此，虽有遗憾，却并不后悔。

20 世纪 80 年代末期，我从教于一所高中学校，招收的学生为全县 45 所初中学校各自的前 10 名，生源质量在全市首屈一指。面对这样的学生，作为语文教师需要精研教材，充分备课，上课“讲”深透、“讲”精彩，“讲”得天花乱坠，甚至脱稿“讲”，用普通话“讲”（这在当时是很需要勇气的）。因为当时上语文课就是教师给学生“讲”知识，“讲”对课文的分析，讲得好就是好课，也似乎讲得好学生才能取得好成绩。而且，当时在全国颇有影响的宋遂良、于漪、钱梦龙等先生的课就是海阔天空、滔滔不绝、入情入境地“讲”。正当我陶醉在自己“独到”的分析和夸夸其谈的讲解之中的时候，我发现，虽有不少学生面带着赞赏和投入的表情，但有更多的学生昏昏欲睡，靠后排的学生干脆低着头做起了数学题；更为尴尬的是，时常有学生会贸然打断我的“精彩”讲析，提出十分刁钻的问题，让我猝不及防，汗流浃背。

一段时间之后，我不得不反思一下我的教学了，便安排两个班的课代表从同学们中收集对语文课的意见和建议。不久我召开了一次座谈活动，同学们纷纷发言。有的说，老师讲得很精彩，什么时候我们能讲得跟您一样精彩就好了；有的问，老师讲的一些东西很新鲜，我们到哪里去找到这样的书？有的说，老师讲的那么多，大部分记不住，能不能讲得少一点；有的提建议，能不能给我们提几个问题，让我们思考讨论……

我庆幸自己与学生之间的和谐融洽，庆幸自己还不是那种“撞到南墙不回头”的人，庆幸举行这次座谈，它让我铭记一生。我的语文教学从此发生了巨大的改变，而对语文教学的探索也就此起步。首先，变“满堂讲”为“半堂讲”。一是灵活确定“讲”的时机：可以在课堂开始讲，可以在课堂中间讲，还可以在课堂的后面讲。二是正确确定“讲”的内容：根据学生的需要确定“讲”的内容，比如讲难点、重点、疑点、盲点。其次，力求运用“启发式”教学。再次，培养学生的自学能力。学校要求每位教师确定教研课题，我的课题是“语文教学如何培养学生的自学能力”。教务主任翻看着说了一句：“培养学生自学能力？还不如研究如何提高学生的阅读能力呢！”后来我找了一个合适的时间想就这个课题向主任做点解释，主任很不耐烦且带有挖苦的意味：“学生都会自学了，你们语文教师岂不都回家抱孩子去！”听了这话我愣了半天，说：“是，该回家抱孩子去了！”这话是说给那个官气十足的主任听的。

培养学生自学能力和习惯这种想法的形成，主要源自日常教学的深刻感受，也可能与切身经历的两件事有关。第一件事，课代表跟我说他们班要搞一次辩论会，请我出辩题，并邀我届时去班里观摩。我说就以“近墨者黑/近墨者未必黑”为辩题吧。一周后辩论会如期举行，令我赞叹不已的是学生安排的辩论是那么有条有理，学生口才之好和辩驳能力之强大大出乎我的意料。他们的思路也很开阔，有的学生能联想到周总理、革命年代地下工作者生活在敌占区却能出淤泥而不染，是因为他们身上涂有一层思想的蜡质。碰巧的是这一届学生第二年参加高考，作文题目就是“近墨者未必黑”，这两个班的语文高考成绩平均突破 70 分大关，创历史纪录。我得出的结论是，对于那些学困生，可以“授之以鱼”；对于那些学有所能者，可以“授之以渔”“授之以欲”；而对于那些学有余力、智力超众者，指明其努力方向也就足够了。第二件事，听一位我并不佩服的同科老教师上课并为我这个青年教师“传经送宝”：“语文很奇怪，有时候费了力气考不出成绩，不费力反而会考好。某届学生，我上课有几个学生使坏，我一气之下整整八个月没给这个班上一节课！到毕业最后两个月讲了几套试卷，高考结果你猜怎么着？考了个全校第一！”这位前辈叙说的经历让我又惊愕了许久。事后仔细考证，其中有的话是水分大了些，比如他把两个班的第一，说成是“全校第一”，而他所教的这两个班在全年级是倒数第一和第二！即便是这样，也似乎证明了一个观点：有些教师的语文课，上还不如不上！我从同事言谈中得知，这位老教师不只向我一个人宣扬自己的“高见”，以致跨越二十年之后，就在前年，某省级领导在会议上拿这个例子批评语文教师的“语文课上还不如不上”。在我看来，这算是特例，不能称之为典型，也根本说明不了语文教师的作用价值问题，我倒是认为其中透露出了很重要的信息：学生的自学能力是一种潜伏的客观存在，自学应该成为教学的前提；语文教师如何投入主体智慧帮助学生“更好地学”和“学得更好”是问题的关键。

也许是我的课还比较受学生欢迎的缘故，也许是我教的班高考语文成绩还不错的缘故，也许是由于正赶上学校语文教师青黄不接的当口，学校让我连续四年带毕业班语文，此时已经进入 20 世纪 90 年代。我认为与教师的日常教学相比，无论高考还是中考，都是始终走在教学改革前面的。研究 1990 年及以后的高考试题发现，高考已经不考静态的语文知识和课文内容，而是全方位体现出命题的“能力立意”。这一点从当时全国高考语文命题组核心人物章熊先生在河南濮阳高考会议上的报告得到进一步的证实。于是以教师的讲授为主的教学方式在当时高中学校立刻被打入冷宫，而代之以大容量的“训练”。其根据就是叶圣陶的工具理论：“知识是教不尽的，工具拿在手里，必须不断地使用才能练成熟、练得技能的。语文教材无非是个例子，凭这个例子要使学生能举一反三，练习阅读和作文的熟练技能。”我的语文教学也开始了融入了“训练”的洪流之中，当时我的教学构想便是“突出双主体地位，强化双基训练”，这一点跟钱梦龙先生的“以教师为主导，以学生为主体，以训练为主线”的思路大同小异。开始是“少讲精练”“精讲多练”，后来是“不讲只练”，甚至把课文也当作训练的材料；课上练，课下练，新课练，复习更要练。过去讲知识，从知识入手，拿课文印证知识，而这时是借助训练掌握知识，以训练代替理解、感悟、探究。还要讲究序列性，搞分门别类的训练，否则就会出现知识和能力的断层；讲究层次性，否则就会使训练陷入机械重复。于是过程由易到难，由浅入深，“训练”力求做到宽到边、高到顶、深到底。最后的结果是各个“专项”和“综合”的训练越来越复杂，越来越艰深，越来越玄奥，老师和学生都被搞得晕头转向。无论是语言运用类题目还是阅读类题目，问题的选项设置越来越模糊，甚至把错误选项当作正确选项完全可以讲得通。有一次讲评统考的语文试卷，有一个选择题的标准答案给错了，可我没有发现，仍然把这个题目的是非讲得“一清二楚”，课下一位学生拿着一本复习资料找到我，说：“这书上的和考试的答案不一样。”我接过书，看着看着，禁不住大汗淋漓……连续几年带毕业班，之后又从高一开始带，天天这么“训练”，我越来越感受到，“训练”的确比讲析更具进步性，至少学生有更多时间去触摸语言了，他们在不断“碰壁”“疗伤”的过程中，变得越来越“狡猾”了，“猜谜”的本领越来越高了，但是收效跟付出的代价相比实在悬殊。“训练”的问题日渐突出：第一，深厚丰富的语文被简单化、技术化、标准化了，失去了生命活力，抛弃了它的血肉和灵魂，只在躯壳上做文章；第二，语文的整体性被肢解了，学生被置身“庐山”而不识其真面目，或者被一叶障目不见森林；第三，学生“孤军奋战”，因此变得“孤立”“偏执”，爱钻牛角尖。

到 20 世纪 90 年代末期，北京一知名作家做高考题不及格被作为奇闻爆料出来，《北京文学》一篇《误尽苍生是语文》的文章轰动了整个中国社会和教育界。随后《中国青年报》等报刊指责语文教育弊端的言论引发了大规模的语文教育大讨论，并在一定程度上促成了 1999 年的第三次全教会的召开，也引发了 2001 年的全国基础教育课程改革。事实上问题绝不仅仅存在于语文学科，需要改革的是整个的中小学教育。但我的语文“训练”却就此休矣，由于工作需要我被调至市教研室工作。这个时期的教学经历和感悟就体现在《对高中语文教学高耗低效问题的思考》一文中。

刚到教研室就参加了对乡镇初中的调研工作，让我感受最强烈的是教师素质的粗陋、教学理念的落后和教学效益的低下。问卷和座谈反映出了语文学科存在的若干问题，其中作文存在的问题最严重。作文训练缺少计划性，教师批改反馈严重滞后，有的教师甚至半学期没有批改一篇作文。于是我倡导开展了全市“初中全过程快速作文改革”实验活动。一是研究建立多课型作文思路；二是主要实行双课时快速作文教学改革，将“导”“写”“改”“评”放在两课时中全部完成。这样既解决了写作与反馈周期过长失去时效的问题，又解决了全部由教师批改作文、负担过重、反馈滞后、效率低下的难题，还让学生参与作文的评批，调动了学生参与的积极性。此后市里所有的初中都开展了这样的改革，产生了良好的教学效益。即便今天拿课改的眼光去看，其中体现的教学理念也不落后，直到现在许多教师仍然沿用这种思路进行作文教学。

教学大纲环境下的教材，写作注重的是“工具”性，重视体裁、审题、结构、表达技巧等形式要素方面的指导，这是很有必要的。课改之后，课标实验教材中写作构思方法等形式要素被全部抛弃，鲜明地彰显语文的人文性，按人文话题和生活主题编排单元，突出“生活语文”的理念和“语文的实践性”，无论阅读还是写作都强调积累与感受，强调实践参与，这些都是必要的基础，但仅此而已就显得有些欠缺了。课标实验教材将阅读、口语交际、写作、综合性学习捆绑在一块，看似加强了与生活的联系，解决了生活积累问题，体现了综合性，但实际上却无法操作，综合性学习、写作、口语交际都成了摆设。同时，写作设计缺乏层次性和内在的逻辑，只是阅读的附庸，没有螺旋上升的能力训练线条，所有话题作文都处在几乎同等的能力层面，这当然很难保障作文教学目标的完成。课改十年，写作教学计划性和写作教学内容是缺失的。有鉴于此，我们于2010年召开了全市写作教学研讨会，倡导开展“重建写作教学过程与策略系列”的课题研究，致力于从“教学内容”“过程方法”“写作教学策略”三个维度建构初中学段独立的写作课程。这项改革因为涉及作文课程开发，需要教师付出艰辛和智慧；由于厘清了课改以来写作教学存在的问题，解决了许多教师的困惑，明确了写作教学改革的方向和任务。目前市实验中学和胜利一中在这方面的改革已经卓见成效，其他学校也在进行着积极的探索。《启智扬思，引领创新》就从写作价值取向的角度阐述了我在这方面的思考。

语文课程改革的最大成功在于，通过彰显语文的人文性去实现“树人”的价值取向。实践已经证明，脱离思想内核的语言技术“训练”，并不能有效发展学生的语文素养。而且语言及其承载的情感思想是水乳相融、血肉相连的关系，不可分割。首先应树立“文化”理念，即以“语”“育”人，以“文”“化”人。语文教学以培养和造就有识见、有智慧、有品位的“人”为己任，就必然关注学生的精神、情感、体验和价值之世界。语文课程作为文化的组成部分，它是传统与现代文化、异域和本土文化、教师和学生文化、书本和生活文化交汇贯通、碰撞、相互吸纳的地方。学语文就是学文化，要继承和传扬中华民族优秀的传统文化，尊重和吸收外来文化，接纳和融入现代文化。古今中外的典范作品蕴藏着丰富的哲思物理、情感智慧、精神品质和深厚的艺术功底，学生在品尝、咀嚼和消化的过程中，逐步形成积极向上的人生态度、健康高尚的人格品质和丰富深厚的文化底蕴，进而为一生发展打下坚实的精神底子。其次，需要构建“有情语文”，课堂上教师、学生、课程三者之间要形成情感意绪的交流甚至共鸣，语文教学必须想办法使师生“入境”，做到“随物以宛转”“缘情以悲喜”，这也是语文“感性”特征的必然诉求。再次，课堂上师生情感不能无节制地泛滥而使语文课变质变味，也不能因情弃文，应使情感成为语文课堂的一种氛围和品位，在学习语言文字的运用的过程中潜移默化渗透情感教育。像《〈观沧海〉解读与教学设计》《〈小石潭记〉教学创意》《〈最后一课〉教学设计》等，在体现语文的“文化”理念方面做了一些这方面的探索。

新的课程改革促使我们从不同的维度向语文教学改革的深处探索。

第一个维度：学生主体。在这方面我们确立了“以学为主”的教研课题，倡导语文教学要由教师讲解明白转变为学生省悟明白，课堂上由教师提出问题转变为学生提出问题。突出学生主体，一是要尊重学生的人格，把学生当作具有思维、情感、生命活力、独立个性，与教师有着同等人格地位的人，教师不能以长者或师者身份凌驾于学生之上。关注学生的未来，着力于学生生命成长和终身发展所必需的语文学习志趣、习惯、能力和方法的培养。二是要尊重学生的学习感悟和学习成果，其中包括一些不正确的理解和有偏差的观点。三是要适应学生语文学习的需求和遵循学生语文学习的一般心理规律，要在教学构想上从单纯重视“教”转变到既重视“教”又重视“学”上来。把学生的“学”作为“教”的起点和终点，树立“教”为“学”服务的意识，以“学”定“教”，以“教”促“学”。要正确把握学生的兴趣关注点、情感激发点、思维聚焦点、疑难困惑点，不愤不启，不悱不发，因势利导，为学生的学习创造空间和机会，以满足学生的学习诉求。但在实际操作过程中，却常见若干不良倾向：一是“真自主”，一是“假自主”。我曾到一所学校看一位教师执教语文课，教师就说了三个字“开始吧”，之后未做一件事，剩下的时间就是学生自己学习，小组讨论，班内展示。我承认，这些学生的投入程度、胆量乃至口才并不亚于后来我所看到的杜郎口中学的学生。我问上课的老师，每篇课文、每节课都这样上吗？老师做些什么？回答是：都这样上；什么也不做。没有教师主体智慧参与的教学就是突出了“学生主体”地位吗？学生自己学习能走多远？直到今天我仍十分钦佩这位教师的改革精神，这是没有任何干扰的“真自主”。以阅读教学为例，按照非构思阅读教学理论的观点，阅读的个性化、生成性特征要求教师归还阅读权力，解放对学生的束缚，抛弃对目标、内容、阅读途径、教学载体乃至阅读策略的预设，让学生原汁原味、无拘无束地以个体去构建文本的意义。这样既颠覆了传统的构思性阅读教学的理论，又践行了新课标的学生主体理念。这，是十分美好的理想，但一方面，中学生的阅读能力还处在一个生长期，受多种因素的制约，仅靠个人甚或同伴是根本不可能在学时极其有限的情况下去有效构建起文本的意义；另一方面，教育是有目的的行为，阅读教学自然也渗透着国家课程理念、教材编写者和施教者的主观意图，体现着教育者积极的价值取向，如果失却了这些，学生的阅读就会像飘絮般四处游荡，既无目的也无着落。因而，阅读教学应是教师、学生、文本等多维交流对话、共同建构的过程，是多种智慧激烈碰撞、新的思想不断产生的过程，无论走向哪一个极端，都不会产生预期的状态和效益。二是“假自主”（“新瓶装旧酒”）。这种教学构思不是考虑学生如何“学”，而只是考虑教师如何“教”。表面上看学生有自学，也有合作和展示，但这些都只不过是“走教案”，一切都进入教师预设的“套子”；说给学生 5 分钟阅读思考，实际上不到两分钟就被教师叫停；让学生展示自己学习的感受收获，教师也承认说得很精彩、很有见地，但紧接着教师把预备好的“标准答案”又用多媒体打出来。关于在语文教学中如何体现“学生主体”，《探索—发现—再创式课堂运作思路例说》一文是一个简单的注释，《自主合作，体认创新》则从探究性学习的角度体现学生自主，其他的教学设计也都贯穿了学生自主建构语文知识意义的理念。“学生主体”的研究发展到今天就是进行分层教学和针对个体的教学。

第二个维度：活动建构。按照课程论，对历史上课程本质的认识分为两种，一种认为课程即知识，另一种认为课程即活动（经验）。语文课程标准多次提及“实践”“体验”，它们是新课标所倡导的重要语文教育理念。语言习得的过程是人的内部活动（体验、思维、情感）与外部活动（听、说、读、写）的统一。如果没有大量的语言材料、语文范例的积累和反复多次的言语体验、实践活动，要提高理解和运用语言的能力是不可能的。新课标教材中初中阶段北师大版，高中阶段苏教版、鲁教版，均以多种形式的体验性活动学习为中心进行设计，一个单元或模块形成一个活动体验的话题，几个活动体验的板块构成一个单元的活动内容。活动体验这种形式实际上已经成为语文教学的必要途径和重要载体，离开了它，语文教学“实际上需要教什么”“实际上最好用什么去教”的问题就不能得到妥善解决。事实上我们通过活动建构在课堂教学改革方面取得了显著的成绩，2008 年我市三位教师均获得省优质课一等奖，此前此后每一届也都有一到两名教师在省优质课中夺得桂冠，这都与创建了合宜的活动载体密切相关。《谈语文教学中的实践体认》《以活动促探究，开辟科技文教学新蹊径》等都是集中谈这方面问题的。

第三个维度：文本解读及教学智慧。课程改革发展到今天，制约语文教学效率的瓶颈竟然是“教什么”的问题。许多语文课被称为无效的课，甚至“上还不如不上”，其中一个最主要的因素便是文本理解。首先，教师缺少对文本个性有价值的解读，不能正确认识文本的教学资源。教师理解到的问题，学生已经理解到；学生没有发现的东西教师也没有发现。其次，教师对文本解读不够深入细致，只强调作品的共性，却忽视它的个性和差异，在还原作品思想意义的过程中出现抽象化、肤浅化、公式化的现象。语文教学改革发展到今天，必须要突破文本解读的瓶颈，倡导多元、多层的解读，聚焦文本的细部，呈现作品独特的美和与众不同的价值。一些教师认为，对文本的解读，那是课程专家和教参编写者的事情，专家学者已经解读得很深刻、很独到、很到位了，再也无法做其他解读了，因而在教学中不能把课程内容、教材内容转化为实际的教学内容，而这个过程最需要教师对教学资源的认识、开发和运用的能力。我们应该坚信每一篇课文都应该有更新颖、更切合作品实际的解读，只是我们还没有发现，没有找到合适的角度罢了。《〈华南虎〉文本解读与教学设计》《激情满沧海，浩气吞日月——〈观沧海〉解读与教学设计》《因平等而亲密无间》等，就算是做个例子，期盼我们的老师能克服畏难心理，积极去尝试，一定会有丰富的收获。

有不少的老师向我倾诉：课程改革，教师的理念转变了，大量的时间留给了学生，自主、合作、探究也用上了，教师采用启发式、讨论式教学，但是为什么课堂教学很难达到理想状态？为什么学生的语文能力还是难以提高？很惭愧，我可能给不了这些老师完满的解释，却令我想到了以前那些产生了深刻影响的优秀教师，他们没有接受新课改的洗礼，但他们的课令老师和学生终生难忘，而且用今天的标准去衡量，那也毫无疑问是高效优质的好课。可能这是因为一方面他们悟得了语文教学的精髓，另一方面他们投入了丰富的智慧。宁鸿彬先生执教《分马》一课，教材内容是老孙头、老王太太分别分到了青稞马、热毛子马，他设置了一个情境：根据人物性格，想象一下，假如老孙头分到了热毛子马，老王太太分到了青稞马，那么，在换马时老王太太和老孙头将会有怎样的表现呢？这种根据人物性格推断和想象人物言行举止，由已知推断未知的做法，极大地调动了学生探究的热情和创造性思维活力，学生精彩的表现和语文学习的效益自可预期。看来教师不能躺在新课改理念和表面现成的教学方式上睡大觉，还需要投入智慧！根据学生的需求选择教学内容需要智慧，创建教学构思和预设教学细节需要投入智慧，有效选择教学策略需要投入智慧，灵活调控教学过程、促进课堂生成更需要智慧。可见要教好语文，理念、识见、智慧一样都不能少。《阅读教学构思的五种视角》《用智慧浇灌，让阅读课堂结出丰硕果实》以及有关的“教学设计”，算是班门弄斧、井底之见，借以抛砖引玉吧。

第四个维度：质量评价。关于考试评价，本书作品中多有涉及，在此我想阐述几点看法。首先，坚持以课程标准为指导，坚定不移地贯彻落实课标要求。语文课程标准明确提出了国家对义务教育阶段关于语文教学的综合目标、五个分项目标、评价目标及若干要求，这就是考试评价的唯一依据和标准，如果评价迁就某狭小区域的教学现状，削足适履，势必会降低要求，甚至会导致区域性教学质量的严重落后，这种责任没有谁能够承担得起。从 2002 年开始，我有幸连续八年参加山东省中考语文试题的命题工作，从张伟忠先生身上学到了很多宝贵的东西，心中常存感激。其中使我受益终生的是很多新的教学理念，以及如何将这些理念贯彻到考试评价中去。我市自 2010 年以来自主命制的中考试题，不谦虚地说，每一个板块甚至每一个小题背后用以支撑的理念，我们都应该而且可以说得清楚，也能经得起推敲。遗憾的是，由于工作繁忙，一线教师大都很重视研究试题考什么，却并不思考为什么考和怎样考，“只知其然却不知其所以然”，这样的教学和复习很难有理想的收效。其次，坚持甄别性考试与学业水平测评的有机结合。中考要为高中学校遴选具有相应语文素养的优质生源，要让初中学生在学科素养的较高水平上区分高下优劣，以促进学生语文能力的优质发展，因此语文教学既应面向全体学生，又必须重视因材施教和推进精英教育，否则学科水平就会普遍下降。学业水平过关也不等于学生语文成片地得满分或优秀率超过 50%，那就颠覆了母语学习的基本规律。再次，坚持评价改革与教学改革同步进行，并尽量通过考试评价引领教学改革。要引导学生不断增强积累，加强学习习惯的养成，在生活和活动中提高学生理解和运用语言文字的能力，尊重学生的个性化体验、独到的思想认识和多元思维方式，加强文学教育，张扬创新精神等等，都体现出鲜明的改革精神，并应力求纠正教学中出现的不良倾向，使语文教学向着健康、高效的方向迈进。

我一直感到并且越来越强烈地感到，语文是充满诗意的，语文教学更是充满诗意的，只可惜我们有不少人在语文工作中没有感受到诗意，也就很少体会到沉入其中的幸福。或许这是因为当我们到达“风景名胜”的边缘时，已经心力交瘁、疲惫不堪而不肯再挪动脚步了，甚或只满足于近处浅处的“花红柳绿”，殊不知那动人的奇观盛景，那令人心醉的诗意，都隐藏在语文的深处……

我确是一个愚钝的并且现在还“眼高手低”的语文人，好在思想并不十分懒惰，一直在朝向语文教学的深处行走，探寻那浓郁的诗意。“愚者千虑，亦有一得”，本书所述权作是“愚者之得”吧。如果能对您有一丝一毫的价值，那将是我莫大的安慰；如果您要把它当作反面典型，则当为吾莫大之荣幸焉！

谨以此书，献给我所钟爱的语文教育事业和我所敬爱的教育同仁！

孟宪军

2014年9月于山东东营